興亡の世界史

大清帝国と中華の混迷

平野　聡

講談社学術文庫

目次

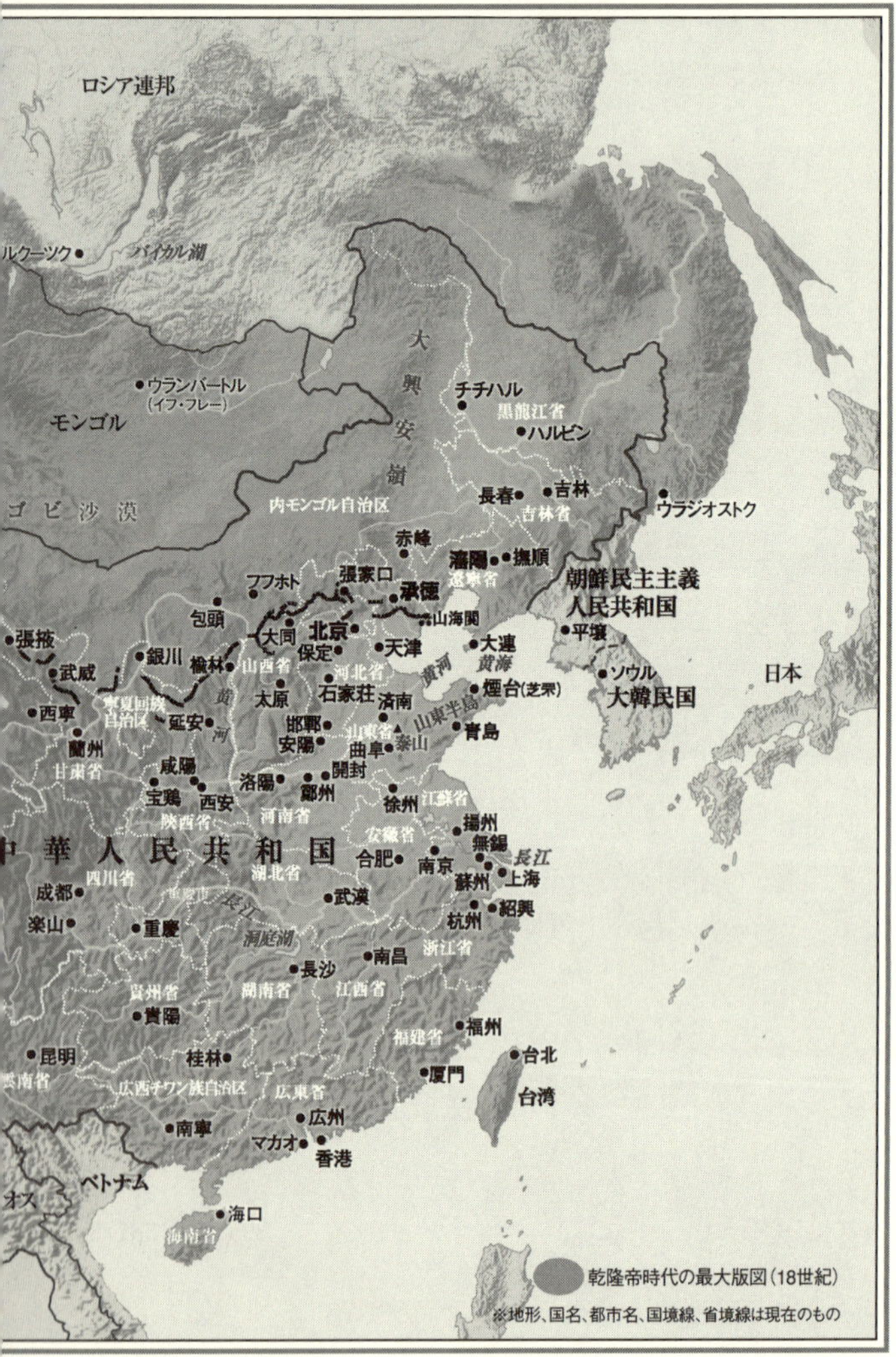

乾隆帝時代の最大版図（18世紀）

※地形、国名、都市名、国境線、省境線は現在のもの

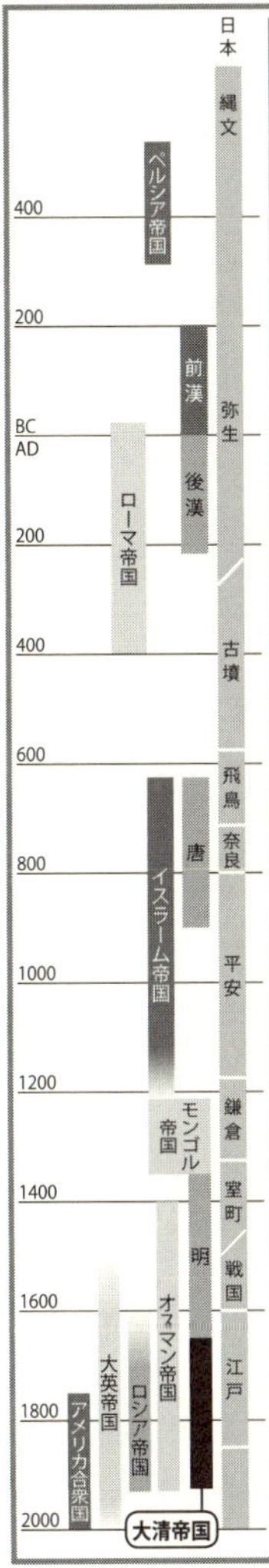

内陸アジアの帝国・大清帝国

現在の中国東北部に興った満洲人の国家は、明帝国が滅ぶと長城を越えて北京を都とし、やがて、漢人にとっては「外国」でしかなかったモンゴル、新疆、チベットをも従えた。この巨大な版図に「近代中国」のさまざまな矛盾が生じることになる。

地図・図版作成
ジェイ・マップ
さくら工芸社
山口至剛デザイン室

興亡の世界史

大清帝国と中華の混迷

序章　「東アジア」を疑う

黄帝紀元と神武紀元の乱反射

現代社会と春節

本書は、前近代の「東アジア」から内陸アジアにかけて生起した巨大な帝国である清《しん》の興亡と、それが周辺地域にもたらした影響を考えることで、今日のさまざまな問題にもある種の見通しを切り開こうと試みる「旅」である。その振り出しとして、筆者が本書執筆開始の景気づけに訪ねた、二〇〇六年一月二九日の横浜中華街の風景にふれてみよう。

この日は、明治維新以来太陽暦を採用している日本では、単なる日曜日でしかなかった。しかし、日本以外の「東アジア」諸社会では、この日は月の満ち欠けを基準として定められている農暦《のうれき》＝旧暦（太陰暦）の正月にあたり、「春節《しゅんせつ》」と呼ばれる。古来一貫して農暦にしたがって祭事を行い、太陽暦を採用した今でも一年の生活のリズムは農暦を中心に組み立てられている中国・韓国・台湾・香港などでは、この春節は各地に散らばっていた家族が故郷に集い、水入らずのひとときを過ごすことを通じて一族の結束を確認する大切な時間である。そして、都市で働く人々は、あらゆる苦労をも耐え忍びながら故郷との間を往復し、春

春節の横浜中華街　2006年1月29日、筆者撮影

節という儀礼を通じて自らの拠って立つ源《みなもと》を確認しようとする。

その結果、ここ十数年ほどのあいだに莫大な数の農村人口が都市に移動した中国では、春節の前後になるとあらゆる交通網が危機的なほどの混雑に陥っている。いまや中国政府にとっては、毎年約四〇日にわたる春節輸送をいかに滞りなく済ませることができるかが一大国家事業となっているほどである。じっさい、春節輸送に対するメディアや一般庶民の関心も、日本の帰省ラッシュとは比べものにならないほど高い。

もちろん、このような書き方はいささか誇張しているかもしれない。それでも、中国の人々が春節輸送の阿鼻叫喚《あびきょうかん》に恐れおののきつつも、春節と故郷に限りない情感を寄せているのは確かである。一度だけこの時期に中国を旅行したことがある筆者は、広大な駅前広場が人で埋めつくされた湖南《こなん》省西部の駅で切符が買えずに進退きわまり、客引きをしていた出稼ぎ農民専用バスにやむを得ず同乗すること四〇時間以上、混沌の広州《こうしゅう》駅前に放り出されて辛うじて香港に「脱出」した経験がある。しかし、後で知ったことだが、もし列車に乗っていたとしたら、窓から乗ってくる膨大な乗客で立錐の余地もなく危険な状態になった車内で数十時間耐えなければならなかったので、出稼ぎバスを選んだのは正解であった。

ちなみに、年中行事の違いという点でいえば、日本では正月と並んで旧盆を重視する。しかし中国・韓国・台湾ではとくに中秋《ちゅうしゅう》を祝うことになっている。旧盆と中秋、どちらも祖先を想う儀礼であるが、その大きな分かれ目は、仏教儀礼か、それとも暦にしたがって「家礼《かれい》」（儒教的な影響による）を執り行うのかにある。もちろん、日本においても正月や旧盆といった、一族が時間を共有する儀礼が重要であることはいうまでもない。それでも、この春節や中秋という儀礼的時間と、そこに注ぐエネルギーの違いから、時間と地縁に対する感覚が日本と他の「東アジア」各国・地域とのあいだで異なっているのかもしれないことを、何となくおわかりいただけただろうか。

横浜中華街の「黄帝紀元」

とはいえ、近年急増した在日中国人の人々からみれば、春節ごとに航空券を購入して故郷との間を往復することは容易なことではないだろう。そこで、横浜中華街は近年、望郷の念を抱く人々が首都圏各地から集まり、春節休みの気分を味わうための場所として重視されているようであり、中華街のいたるところで中国各地の方言が飛び交って大盛況であるのを目にした筆者は隔世の感にとらわれた。加えて、みなとみらい線の開通で中華街への交通は飛躍的に便利になったことから、ふつうの日本人観光客や韓国・欧米からの観光客も大いに増え、街全体が満員電車並みの人出で埋まっていた。筆者が知る一九九〇年代の中華街の春節

黄帝　漢人社会の伝説上の帝王。『黄帝魂』より

龍と「4703年」のディスプレイ　黄帝紀元の年号を示す。春節の横浜中華街にて。筆者撮影

はのんびりと楽しめる催しであったことが夢のようである。

しかし、もともと横浜に生まれ、いまも神奈川県に住む筆者としては、横浜市立の学校に通えば必ず覚える横浜市歌（森鷗外作詞）にいう「わが日の本は島国よ……あらゆる国より舟こそ通え」という精神を良しとするものである。横浜という場所にこのような異文化空間が根づき、二〇〇五年春に危機に陥った日中関係の難しさにもかかわらず、民間交流の飛躍的な拡大を反映するかのようにこれだけの賑わいがあるのは喜ばしいことだ。

こうして、経済や文化面におけるより良き接触を通じて、現実のさまざまな困難が少しでも氷解することを願った矢先、筆者は龍のレリーフの前に立てかけられた「四七〇三年」という大きな数字を目にして、「東アジア」における歴史の断層が改めて大きな裂け目を見せているかのような愕然とした思いにとらわれざるを得なかった。

龍と四七〇三！　目の前を行き交う日本人観光客は、

その深い意味を何も知らないまま記念写真に熱中し、「四七〇三とは、だいたい中国五千年ということか」という会話に終始していた。

いうまでもなく、龍はかつての皇帝のシンボルであり、今や漢人社会と文化の永続性や偉大さを示すシンボルとされている。それでは四七〇三とは何か……漢人の社会と文化を最初に創始した伝説上の帝王である「黄帝《こうてい》」が、今日の陝西《せんせい》省で即位して理想の統治をはじめて以来の年数とされており、一般に「中国史」の枠組みにおいては「黄帝紀元」と呼ばれている。

しかし、この四七〇三という数字、さらには「中国五千年」という呼び方は、中国ですら、もともと自明ではなかった。漢人の社会、そして「天下」を支配する皇帝を戴く前近代「東アジア」の帝国が、伝統と近代の狭間で激しく揺れ動いたなか、とくに近代日本に対する憧憬と反発がないまぜになった葛藤を深めて行く過程で自意識を突出させた表現なのである。そもそも、この「黄帝紀元」という、一人の伝説上の人物を基準にすべての歴史を考えようという時間軸の立て方そのものが、漢人、そしていわゆる中国文化に固有の発想ではなかった。

「世界の時間」を誰が決めるのか

それでは、漢人、あるいは「東アジア」大陸部の人々は、いったいいつからこのような時間軸、あるいは歴史認識の方法を手にしたのか。

ここで筆者がまず注意を喚起したいのは、まさにこの、「時間の流れ方・組み立て方の違い」を知るという問題である。現代のグローバル化した世界を覆い尽くしている時間の流れ方とは、英国のグリニッジ天文台を基準とした時間であり、イエス・キリストの誕生を出発点とした太陽暦たる西暦であろう。もとはと言えば西洋土着の存在だったはずの時間軸が「普遍」なものとなっていったのは、もちろん西洋の影響力が全世界に拡大していったことのひとつの結果である。そして、かつての「日の沈まない」大英帝国はもはや見る影もないとしても、英国は相変わらず「世界の時間」の中心にあるために、やはり輝ける「帝国」の座を占めていることに変わりはないのかもしれない。しかし、その是非を問うことはここでの目的ではない。何らかの時間軸を国際的に共通のものとして便宜的に採用しなければ、多くの事柄に支障をきたしかねない。文明の基準とは、より多くの人々が依拠しやすい枠組みを示して運用できることであるとすれば、現在の西暦と、六十進法による標準時は、十分にその要件を満たしていよう。

とはいえ、本来あらゆる文化や社会ごとに独自の時間の流れ方があるのもまた確かであり、どれが「正しい」暦であるとは断定できない。たとえば、預言者ムハンマドがメッカからメディナへ移住した年を起点とした完全な太陰暦（閏月《うるうづき》がない）であるイスラーム暦はその代表的なものであろう。断食月ラマダーンをはじめ、ムスリム（イスラーム教徒）の宗教面を中心とした生活はこれによって規定されているが、この暦では季節と年中行事がまったく一致しておらず、断食の季節が毎年少しずつ変動する。それは一見、季節と暦が一致した太陽暦を採用している人々にとって違和感が大きいものである。それでも、ムスリムが日常生活ではイスラーム暦に依拠しながら自らの社会と文化を成り立たせ、いっぽう必要に応じて太陽暦との換算を行うことで、ムスリムでない人々とも共存できるのならば、ほかにどのような問題があるだろうか？

しかし、かつて「東アジア」の大陸部で強大な権力を誇った帝国は違っていた。皇帝自らの名前を年号とし、周辺の国々＝皇帝に朝貢する国々もそれを共有して日々用いることこそ、天によって認められた天子たる皇帝の麗しい支配を実現し証明するために欠かせないシンボルであった。そこで、それぞれの帝国が定めた年号を用いる暦は「正朔《せいさく》」と呼ばれた。たとえば、かつて日清両国の属国として清に朝貢使節を派遣していた琉球（今の沖縄）が公文書で用いていた年号は、歴代琉球国王の治世に対応した年号ではなかったし、江戸時代の年号でもなかった。それはあくまで、雍正《ようせい》・乾隆《けんりゅう》といった、清の皇帝たちの名前を冠した年号であった。

時間と「正統」——朝鮮・日本の場合

同じことは、明《みん》・清の両帝国に朝貢してきた朝鮮王朝についてもいえる。朝鮮半島の人々は、今でこそ西暦、または北朝鮮（朝鮮民主主義人民共和国）では金日成元国家主席の生誕にちなんだ「主体（チュチェ）」年号を用いているし、あるいは朝鮮半島における伝説の王・檀君《だんくん》にちなんだ「檀紀《だんき》」を新聞の片隅に掲載し、「半万年の歴史」を誇示しようとしている。しかし、日清戦争の結果、朝鮮は清の属国であるという立場が全面的に否定され、主権国家として独立するまで、公文書レベルでは間違ってもこのような、明・清の皇帝たちに対して無礼極まりない年号を用いることなどできなかった。

むしろ、第二章であらためて触れるが、朝鮮では明が滅んで清に服属することになってからも、明が朝鮮に与えた恩恵（たとえば豊臣秀吉の侵略に対して明が援軍を送ったこと）に感謝し、「北方の野蛮人」である満洲人が皇帝として君臨する清の覇権を激しく憎む立場から、非公式な場面では多くの知識人が、明の末代皇帝・崇禎《すうてい》帝の悲劇的な最期を起点とする年号（崇禎後紀元）を使おうとしたのである。朝鮮王朝の知識人にとって、どのような年号を「正しい」ものとして用いるのかという問題は、自らの政治生命や忠誠心に直接かかわる難題であり、そこでは朝鮮半島固有の年号ではなく外来の年号が「正しい」こともあった。

正しい暦！　時間軸と歴史の表現のされ方は、究極のところひとつでしかないのが「東アジア」における帝国の姿だったのであり、それをどう選択するのか、強制するのか、拒否するのかという問題が、あまりにも痛切な歴史意識をつくりだすことにもなった。あるいは、時間を占有することによってひとつの王朝は「帝国」たり得たといってもよい。

たしかに、かつての日本帝国も、明治六年の太陽暦導入をきっかけに、『日本書紀』の記述に基づいて計算した神武天皇即位以来の紀元である皇紀を立て、帝国主義的な拡張とともに各地の植民地・占領地においても共有させようとした。しかし、「正しい」時間と歴史があり、それはただひとつでしかないという社会的・文化的な経験を経てきた人々にとって、それは到底受け入れられるものではなかった。

このようにみてみると、国家と世界、または「天下」の運営のあり方には、複数の時間を許容、あるいは並存させるシステムと、原則として単一の時間しか認めないシステムの二種類があることがわかる。現在のグローバル化した国際秩序、そして植民地化や外来の政治社会的影響のもとで苦しんだ人々の場合は前者であり、朝鮮や琉球との関係からみた「東アジア」大陸部の帝国、そして植民地支配を進めた西洋や日本帝国は後者に属しているといえよう。

通算する歴史と分割された歴史

ここで興味深いのは、イスラーム暦が特定の人物に由来して通算可能な歴史と時間の軸を用いてきたのに対し、「東アジア」大陸部の帝国においては、あくまで個別の皇帝たちが定めた年号の年数を足し算することによってはじめて歴史・時間を通算できたということである。したがって、今日からみて「連綿としているはず」の文化と社会、そして歴史の蓄積は、じつは細かく分断されている。むしろ「正しい時間と歴史」とは、そのまま個別の王朝の興亡とともに入れ替わるはずのものであり、ゆえに「東アジア」大陸部において、歴史は一般的に「二十四史」と呼ばれてきた。この「二十四」とは、「天下」を支配した王朝の数である。

そこで、「東アジア」大陸部の帝国に住んでいた人々、そしてこれらの帝国に朝貢していた国に住んでいた人々にとって、時間と空間をとらえるうえで依拠できるものは、さまざまな王朝が入れ替わり立ち替わり支配している漠然とした「天下」の広がりと、それに比べればはるかに実感をもってとらえられる親しい故郷＝郷土、そして時々の皇帝が頒《わ》け与えてくれ、農作業の目安として便利な農暦であったことになる。

このことはおそらく、明治維新以前の日本においても同様であろう。まず、江戸の公儀《こうぎ》様＝徳川将軍が政治の実権を握る「天下」があり、その中に各藩の領地がちりばめられて「おらが国」があったこと、そして京都の禁裏《きんり》様が定めた年号と陰暦を用いていたことを想像すればよい。

筆者が思うに、春節という祝い事が古来ことのほか重視されてきたことの背景には、かくも漠然とした、そして断片的な時間と空間の中で、より確かに依拠できるものを再確認したいと考えるような意識が多くの人々の中にあったのではないだろうか。

ただ、このような時間に対する感覚の違いや変遷は同時に、歴史のとらえ方そのものをめぐる重大な問題を突きつけずにはおかない。これまで、漠然とした王朝の時間、そして小間切れの年号だけを通じて歴史をとらえていた人々が、より一貫した、通算的な歴史の軸を手に入れるということは、それ自体が物事をとらえるうえでの根本的な大革命に違いない。

じっさい、明治維新とは、日本人の時間と歴史に対する感覚を根本から変えた大事件であった。原武史氏の『鉄道ひとつばなし』によると、この新しい時間のとらえ方は、寸分違わぬ時刻の遵守を求める鉄道網の拡大と、そこを定時に走り去る天皇のお召し列車に向かって人々が敬礼したという出来事とともに全国へ波及していったという。同時に、いわゆる国民

（臣民）教育・普通教育の拡大によって、古今一貫した歴史の流れと空間の広がりをとらえる思考様式が広まっていった結果、日本列島に住む互いに見ず知らずの人々が、「万世一系」という歴史イメージとともに、いわば「運命共同体」であると想像することが容易になった。こうして形づくられたのが近代日本帝国であり、戦前における日本国民（臣民）としての意識であったといえよう。

「中国史」にみる近代日本との連鎖

少なくとも明治日本が、西洋を参考として一貫した歴史・時間軸を採用したこと自体は、あくまでも当時の日本人の自発的な問題意識によるものであった。しかし、あらゆる物事は連鎖するものであり、日本人が直接関与していないところで、まったく別の新たな反応を引き起こすこともある。一九世紀末になると「東アジア」大陸部の人々は、日本が自分たちの与《あずか》り知らないあいだに時間と歴史のとらえ方をすべて改めて富国強兵に成功し、その結果「堂々たる天下の中心」であったはずの自らが敗れてしまったことに限りない衝撃を受けたのである。

清末きっての政治家・ジャーナリストにして、近代中国ナショナリズムの歴史における最大の立役者のひとりである梁啓超《りょうけいちょう》は、日本と清の命運が分かれた原因を、このような国家意識と歴史認識の結びつき方の違いに求め、日本のやりかたを我々も取り入れなければならないという渇望から、当時政変に敗れて亡命していた東京で「中国史叙論」という文章を著

梁啓超　清末の政治家・ジャーナリスト。戊戌の政変後、日本に亡命

した（一九〇二年）。

梁啓超はこの中で、日本が「日本史」「国史」という表現を手に入れて国民教育を強めてきたいっぽう、自分たちはこれまで「天下」を支配する「天朝」を自任してきたばかりに、ただ個別の王朝の名前とその歴史があることを知っているのみで、それぞれの王朝をつないで記述する歴史の語り方も、それらを一貫する時間軸も、さらには「英国」「ドイツ」「フランス」「米国」「日本」といった名前に対応するような自らの国名すらも持っていなかったこと（！）を痛烈に嘆いたのである。そこで梁啓超は、日本の「東洋史」研究が、「二十四史」の枠組みに現れた歴代の帝国の興亡を中心に記述していることに範をとり、この「東洋史」が語る内容に、自らの文化的な美称であった「中国」という名称をかぶせて「中国史」と呼び始めた。じつはこの瞬間から、当時清が実効支配していた範囲における各王朝の歴史を、「中国史」という一貫した歴史軸の中でとらえることが可能となったのである。

本来境界がない中国文明

ただ、それは決して生易しいことではなかった。これまでの漠然とした「天下」「天朝」

の広がりでは、儒学者たちが唯一「正しい」と信じている文明と、それが行われている場所を意味する「中国」を中心に、天命をうけた皇帝の支配がどこまでも限りなく広がってゆくはずであった。もちろん現実には、皇帝が直接支配できる範囲には限りがある。それでも、皇帝の徳を慕って朝貢する国々が増えれば増えるほど、こうした国々が「天下」の隅々まで皇帝の支配の「正しさ」と広がりを代弁してくれるはずであった。

伝統的な儒学者にとって、自分の命よりも重要なのは「中国」で生まれた文明であって、しかもこの文明が民族や文化の違いを超えてすべての人に「偉大だ」と認められることにあった。その文明の源である「中国」を他の土地から完全に切り離して、一定の地理的・人的範囲を指すものとしてのみ用いることなど、原理的に考えられない。そうであるからこそ、時折侵入してくる異民族の王朝であっても、もちろん抵抗はあったにせよ、最終的にはその王朝が「中国」の文明を実践していると認めることによって、その支配を受け入れてしまうこともできたのである（もちろん、後で第四章で触れるように、それはそれで屈辱的なことであった）。満洲人という、「中国」の文明をつくった漢人ではない人々によって造られた清という帝国が「天下」「天朝」を代表することができたのも、このような、ひとつの文明を基準としてつくられた帝国の支配が無限に広がってゆくという観念を前提に、満洲人の皇帝も「中国」の文明を実践できていると儒学者たちが認めたからこそであった。

文明の広がりには境界線がない以上、歴史の語りが対象とする範囲にも境界線がない。この世のすべての人々の歴史＝「天下」の歴史は、「中国」の文明が広がってゆく歴史である。

そうであるならば、どうしてわざわざ「中国史」というものを創り出して、「天下」の歴史から「中国」だけを切り離す必要があるのだろうか？　もちろん、前近代の儒学者にとってはその必要はなかった。だからこそ、歴史とは個別に興亡・盛衰する帝国の歴史であって、「中国」の文明が「天下」に広がってゆく過程を語る「天下の歴史」であった。その中には、朝貢する各国の歴史も「各国志」というかたちで含まれていた。

「天下」の崩壊と近代中国の成立

「中国」の文明が広がってゆく範囲が、一定の国境線によって区切られた範囲にすぎないと認め、その中に歴代の帝国の興亡を押し込めて「中国史」を語ることや、「中国史」や「東洋史」という歴史が「世界史」なるものに従属しており、西洋人の歴史や日本人の歴史と同列にあるとみなすことは、「中国」の文明を信じてきた人々にとってとてつもない発想の転換であった。

梁啓超という人物は、「中国史」が示す地理的な範囲の扱い方や時間の計り方を、西洋や日本から取り入れただけでなく、「中国」の文明、すなわち「中国」によって語られるはずの世界が崩壊したことを、図らずもはっきりと示してしまったのである。

「天下」が「世界」になり、「中国」は「天下の中心」から「世界のなかの一部分」になることによってはじめて、われわれが今日呼ぶところの、一定の範囲で区切られた国家としての近代中国が出現した。このような思想的大事件が起こったのが今から一世紀少々以前であることをふまえるならば、「中国五千年」という表現は、たしかに文明の歴史としてはそうかもしれないが、国家の歴史をめぐる厳密な認識であるとはいえない。梁啓超の「これまで天下あるのみで国名がなかった」という記述に照らせば、「中国百年」という表現の方が適切なのかもしれない。しかも、やはり梁啓超の議論にしたがうならば、個別の帝国の興亡史であった歴史をすべてつなげて「中国五千年」と呼ぶことは、日本の「東洋史」を参考にした歴史観であって、中国固有のものではない。

「伝統」は借り物としてつくられる

「天下」が「世界」に置き換えられて崩壊したとき、日本人の「中国」「東洋」イメージを借りてくることによって、あらためてつくり出されたのが近代的な中国人の歴史認識であると考えるならば、中国ナショナリズムとは日本がつくり出したものである。

ただ、ひとたびこうして近代中国という狭い空間と「中国史」なる歴史の軸が創り出され、過去のあらゆる出来事をその中に並べはじめたところ、この考え方はまたたく間に清末の知識人のあいだに広まっていった。もちろん、そのこと自体、清末という時代のただならぬ雰囲気や、日本に敗れた衝撃の深さを物語っているのかもしれない。

しかし、何事も前提がなければうまくいかないし、この発想の大転換があまりにも大きなものであることを考えれば、その広まり方の速さは逆に驚きにも値する。すると、この大転換の背景には、長い年月のあいだに積み重ねられた「準備」があったのではないかと考えることもできる。本書ではその具体的な、しかし痛ましい道筋を示すことになるであろう。

もっとも、梁啓超の発想がたとえ日本人からの借り物であったとしても、それは同時に日本への屈辱感にもとづいている以上、間違っても日本人とその歴史に劣るものであってはならない。さらに、帝国主義列強がうごめく弱肉強食の世界で自分自身の拠って立つところを確認するためにも、伝統というものがあらためてはっきりと、鮮やかに描き出されなければならない。「伝統」と信じているものは、往々にして危機感の中から新しく、かつ都合よく創り出されるものなのである。とくに、「中国史」の出発点は遥かなる昔であるほどよい。神武天皇の即位以来の時間よりも「中国史」が短いことは許されない（この点で、「孔子紀元」は都合が悪い）。

そこで、二〇世紀初頭に続々と東京や横浜に集結し、弱体化した清を打倒して満洲人を追い払うことによって漢人中心の革命を実現しなければならないと考えた人々は、梁啓超によって提示された「中国史」という新しい見方をさらに突出させた。彼らは、漢人の伝説上の帝王である黄帝を出発点に、漢人の国家が古来栄枯盛衰を重ねつつ拡大してきたことを表現し、満洲人中心の国家を否定しようとしたのである。その具体的な表現こそ「黄帝紀元」である。

一応、今日の漢語圏では、西暦を「公元《こうげん》」と呼んで正式に用いている。もちろん、他者である西洋の時間軸がなぜ「公」なのかということ自体、西洋近代を理想化して追いつき追い越そうとする近代中国の性格を物語っている。また台湾では、辛亥革命にちなんだ中華民国紀元を同時に用いている。このため、黄帝紀元は日常的に用いられているわけではない。それにもかかわらず、近代世界の中に巻き込まれていった漢人が、従来の歴史をめぐる表現を一新して「中国史」を創始したこと、そしてそのシンボルとして「黄帝」という人物を前面に掲げたこと自体、西洋と日本に対する限りない葛藤の表れであった。近代中国ナショナリズムの歴史は、まさにこのような「日本体験」から出発しているのだということを確認しなければならない。朝鮮半島の人々が同じ頃「檀紀」を創出したのも、「黄帝紀元」と同じ発想によるものと考えてよい。

経済発展がもたらした逆説

「東アジア連帯」の気運と暗転

そしていま「東アジア」という地域は、歴史認識をめぐる問題を引きずったまま、共存か対立かという大きな岐路に立っている。

「東アジア」とは、戦後日本における共通了解にしたがうならば、東シナ海を取り巻く日本・中国・朝鮮半島などからなる、歴史的に漢字文化と農耕文明を共有してきた地域を指しており、しかも今や世界経済を主導する地域のひとつでもある。そして古来しばしば日本の人々は、日本文化の大きな部分を形作った要素のひとつである「中国文明」に対して憧れを抱き、一九世紀以後は西洋列強の出現という情勢の中で、日本と中国の連帯を主な原動力とした「アジア解放」の夢を説いてきた。もっとも、それは結果的には近代中国に対する過剰な干渉と侵略を引き起こしたことは否めない。それでも、戦後の日本人は侵略戦争を起こしたことに対する深い罪悪感と、真の「アジア連帯」の願いにもとづいて、中国、そしてかつて植民地支配や戦争被害をおよぼした国・地域との関係改善につとめてきたはずである。そして、少なくない人々が「悠久の歴史」を持つ中国に対して深い関心を寄せ、少しずつかつての偏見を乗り越え、「アジア」との対等な関係を模索してきた。

一九八〇年代から九〇年代初頭を境として、かつて戦争と革命、そして独裁にあえいだ「東アジア」は、ようやく経済と文化の花開く時代を迎えた。世界史からは東西冷戦という名の大きな壁が取り払われた。とくに、人間の能力が世界を理想的にコントロールできるという、ある種非常に強引な共産主義イデオロギーの「正しさ」は挫折し、市場経済というシステムと多様性という価値が、北朝鮮を除く「東アジア」全体を覆いつつある。

それは少なくとも、近代以後一九七〇年代までは考えられなかった新しい展開である。しかもこの中では、いずれかの国がいずれかの国を強制によって支配することもなく、互いの存在を経済的パートナーとして重視している。かつて多くの人々が夢見て挫折した「アジア連帯」「運命共同体としての東アジア」は、いま初めて目の前に現れつつあるといえるのかもしれない。

しかし、一体どこで座標軸が狂ってしまったのだろうか。それとも元から座標軸の定め方自体が間違っていたのだろうか。近年多くの人々を日々当惑させてきたのは、そのような動

大規模な反日デモ　2005年４月９日、北京市内。「日本帝国主義を打倒せよ」とある

きとは相反するかのような激しい政治的対立である。しかもそれは「歴史」という、人間の記憶や情念に直接訴えかねない表現をともなっている。その結果、「正しい歴史認識を受け容れなければならない」という発想と「独自の歴史への干渉を拒否する」発想が根本的に対立することになってしまった。周知の通り、靖国神社をめぐる問題や歴史教科書をめぐる問題はその典型であり、これに日本の国連常任理事国入りという課題が複合した結果、二〇〇五年の「東アジア」は、「悪」としての日本が国際社会を代表する存在のひとつとなることを阻止しようとした中国・韓国のナショナリストたちの激しい運動に包まれた。しかもこの問題に対する懸念は、「東アジア」だけでなく国際社会において広く共有されつつある。

いま「東アジア」において起こっているのは、端的にいえば、国家・地域間の交流が拡大すればするほど、相互対立も激化しうるという事態である。

「自由」とナショナリズム

もっとも、交流の拡大が同時に意見の対立を招くのはある程度やむを得ないものであり、むしろ避けて通ることはできない、という考え方もある。摩擦がやむを得ず繰り返される中で、徐々にその背景にあるものを冷静に考え、軌道修正してゆくことができれば、長い目で見て真の交流と共存を創りあげることは可能だと、少なくとも筆者は思いたいし、むしろ対立は「産みの苦しみ」のようなものだ、と考えることもできる。

じっさい、今日の「東アジア」における対立が表面化したのは一九八〇年代以後、とりわけ韓国や台湾における民主化や自由化が進展し、中国でも限定的ながら多様化が進行した九〇年代以後のことである。それまで、外交は強大な権力を握る独裁政権が専門的に処理することがらであり、個々の国民には往々にして、発言権も、さらには発言を行うだけの経済的・知的余裕もなかった。政治的な自由化（中国の場合は共産党による管理のゆるみ）は、それまで抑えられていた発言への欲求に火をつけたし、経済的な富裕化と教育水準の高まりは、さまざまなメディアを通じて知識を手に入れて消費するだけの余裕を大いに増した。「東アジア」の多くの人々は、まさに「自由」な雰囲気が増したからこそ、かつて自らを侵略し、いま再び経済をはじめ接触が増えつつある日本について、独自に情報を手に入れ、自分自身で考え、想像するようになったのである。そして、単に自分で考えるだけではなく、出版メディアやインターネットを用いて考えを発信する機会が激増した結果、外交・対日論を同じくする人々が次第に結集し、政治的な影響力を強めていった。

その勢いは、かつて毛沢東《もうたくとう》や周恩来《しゅうおんらい》、そして朴正熙《パクチョンヒ》といった人々が冷戦時代に日本と行った国交回復交渉について、冷戦という国際関係の大状況の中で少しでも日本と早く妥協してソ連・北朝鮮と対峙する必要から、安易に戦後賠償の請求権を放棄して、日本による経済協力方式を受け容れてしまったものだと位置づけ、それは国民的な合意を踏まえていない「秘密外交」であったとして否定するところにまでいたっている。そして、民間主導による対日賠償請求の動きや、過去に対する再検証の動きが高まった結果、賠償問題は国交回復交渉の過程で解決済みであるという公式見解を維持する日本の存在は、靖国神社の扱いやいわゆる歴史教科書問題によって「右傾化の一途をたどっている」とみなされたこともあって、なおさら「東アジア」諸国のナショナリストの感情と相容れないものとなってしまった。

これまで、とくにEC・EUの統合プロセスや、一九八〇年代後半以後の東欧革命、さらにASEANなどを引き合いに出しながら、政治的・社会的な自由化、そして民主化を実現した国々のあいだでは、拡大した対話と交流の機会を活用することで、おのずと平和共存が実現するというイメージが語られることはあった。しかし、ここ「東アジア」において起こった事態は、今のところこれとは正反対なのである。

民主化・自由化は常に共存を実現するのか？

もちろん、「中国は未だに共産党による支配が続いていて、思想・表現の自由は十分には保証されていない。中国における真の自由化と民主化が実現すれば、おのずと日本への偏見も払拭され、関係も改善してゆくのではないか」という考え方もあろう。しかし、このような楽観視は、民主主義・表現の自由が、しばしば「民主的」で「自由」であるがゆえに、ときとして他者に対する責任をともなわない自己中心的な考え方の放逸に陥ってしまいかねないという、古来政治学がつねに問題視してきた人間存在の逆説をふまえていない。

自らの国家の存在と利益を絶対視するあまり、いたずらに他者から受けた被害の感情と他者への対抗心をかき立てようとするナショナリズムのあり方は、まさにひとりひとりの民衆の素朴な感情に訴えるがために、それを自由に、民主的に表現してもよいという状況の中で、いっそう拡大再生産されかねない。たとえば、ナチズムなどはその典型例であろう。日本の戦前についても、大正デモクラシーによって確立された民主的で自由な状況と、世界恐慌・満洲事変以後の内外の緊張や対外強硬論の高まりとともに「国体明徴《こくたいめいちょう》」「国家総動員」という名のもとの極端な社会が出現し、アジア諸国という重要な他者をますます従属させようとしたことのあいだに、関係がなかったとはいえない。

総じて、「自分（＝自国）は被害者である」「自分は歴史的に正しい」「自分は（富国強兵や経済発展によって）自信を回復している」「自分は敵である他者と対抗する能力がある」「自分の立場は国際的に認められるべきである」という考え方の複合が、より自由に語られる状況があるとすれば、それは自由化・民主化の流れとナショナリズムが分かちがたく結びついた状態である。

そして、現実の政治体制がたとえ自由で民主的ではないとしても、そのような発言をすることが認められているならば、発言をする人は自分がかつてなく「自由だ」と思っているに違いない。これがナショナリズムの持つ魔力である。二〇〇五年に過度の反日デモや反日言論が取り締まりの対象となるまでの中国のナショナリストたちも、おそらく同じような心情であったに違いない。そして、民主化と自由化が進んだからこそ「過去の清算」「過去史の再検討」を声高に主張するようになった若手の韓国ナショナリストたちも、おそらく似たような発想を持つものと思われる。近年の日本のナショナリズムにも、同じような傾向があることは否定できない。

「正しさ」は誰が決めるのか？

かくして、この「東アジア」は未来志向どころか、過去の歴史にさかのぼって、到底かみ合うはずのない「正しい認識」どうしが角を突き合わせる場所となってしまった。

少なくとも明らかなのは、日本は明治維新によっていち早く経済発展と大国化の道へと進んだのに対して、清・近代中国と朝鮮王朝・韓国は曲折の道のりを歩まなければならなかったこと、大国化した明治日本は地域全体を日本主導の秩序のもとに置こうとして侵略を行ったこと、そしてそれに対する抵抗が続いたことである。

このような近代史の大まかな経緯については、ほとんど共通了解が出来上がっているといってもよいだろう。しかし問題なのは、どの国・組織・個人が具体的にどのように「正しく」、どのように「正しくなかった」のかを厳密に決めることが、あたかも国家・国民の存在意義にかかわる問題であるととらえられ、しかもその傾向が年々、まさに民主化と自由化の流れによって強まりつつあることなのである。

もし、ただでさえ複雑極まりない社会において、特定の立場が「正しさ」の解釈を独占し、他の立場による解釈を排除・否定するとすれば、それはただちに新たな摩擦につながるだろう。もちろん、日本がかつて侵略戦争をして多大な被害を与えてしまったことは確かであるとしても、それゆえに被害者の主張や歴史認識は常に「正しい」のだろうか。そもそも明治日本で形作られた国家のイメージやナショナリズムを憧れと対抗心ゆえに導入し、今もその流れのうえに安住している人々の歴史認識が、本当に日本の戦前のすべてを批判することなどできるのだろうか？

大国主義を掲げたり、我が国こそが人類のあり方に照らして常に正しいと考えたりする人々は、じつはそのような発想こそ、彼らが憎んでやまない日本帝国の負の遺産なのだという問題に気づくべきである。日本人のこれら「正しい」国々に対する親近感が減ったことがただちに「日本の右傾化」を意味すると考えるのは短絡的にすぎる。戦前の日本帝国の暴走と敗戦から教訓を汲み取り、それなりに平和主義を実践し、多様な考え方の尊重につとめてきたはずの戦後の日本人の多くが、そのような「正しい」主張の背後に受け容れがたい思想の独占を見て取って、しだいに距離をとりはじめたというのがより的確な実情であろう。

歴史への想像力の必要性

とはいえ、ここでいっそのこと「正しさ」に関する説明を一切拒否し、各自がまったくかみ合わない見解に終始するだけだとすれば、それは歴史という、たしかに一定の空間において流れた時間と動きの存在をすべて否定してしまうことにもなりかねない。

むしろ筆者としては、なぜそのような異なる「正しさ」ができてしまったのか、それぞれの主張が掲げる議論の背景にある要因は一体何なのか、という問題を考えることには非常に大きな意義があると考えている。

いま必要なのは、一方が主張する「正しい歴史認識」をもう一方が諾々と受け容れることではない。共存と対立をありのままに浮かび上がらせることができるような、歴史への想像力なのである。繰り返しになるが、対立し合うナショナリズムにこだわる人々も、もし自らの「正しい」主張の由来を客観的に見るならば、対立する相手から多大な刺激を受け、それを内面化することによって今のナショナリズムが形作られてしまったのだという問題に気がつくであろう。それは、似たもの同士の負の連鎖による対立に過ぎない。

明治日本が近代的につくり出した神武天皇紀元を中国ナショナリストが真似ることによって出現した黄帝紀元、そして日本における東洋史イメージを借用して「中国史」が描き出され、歴史と時間を近代的につくり替えてしまったことなどは、明治以来の日本と近代中国というふたつの存在が、同じ非ヨーロッパの近代という時空を共有し、まさに「偉大さ」「正しさ」の次元を超えて連鎖反応を起こしていることの最も象徴的な表れなのである。

このように、一見相容れないようにみえながらも、じつは同じような考え方を共有しているという問題を振りかえってみることによって、互いに対立し合う歴史をより大きな視点から再検討し、同じ悲劇を繰り返さないことこそ、言葉の正しい意味での歴史認識の共有につながるのではないだろうか。

「東アジア」は自明のものか？

「同文同種」の地域像がもたらしたもの

ここで読者の皆さんは、なぜ本書が「東アジア」とカギ括弧《かっこ》書きの表現をしているのかについて疑問に思い、次のように考えておられるかもしれない。「東シナ海をとりまく東アジア社会は、古くから中国文明に端を発する漢字文化と農耕文化を共有し、温暖な気候の中で豊富な人口と高度な産業を発達させてきた。近代史においてはたしかに不幸な歴史があったものの、第二次大戦後はまず日本が、続いて韓国・台湾・香港が新興工業国・地域として台頭し、さらにいまや中国が市場経済化を進め、劇的な発展をとげつつある。ナショナリズムの対立は厳しさを増してしまったが、経済面を中心に地域としてのまとまりも強まる一方であり、今や東アジアはEUと並んで強力な地域統合の核となりつつある。『東アジア共同体』の実現も夢ではないのではないか」と。

このように考えるかどうかはさておくとしても、少なくとも日本では、漢字文化と農耕文化が海を取り巻いて広がり、その歴史的な遺産をもとに高度な社会が発展してきた地域として「東アジア」のまとまりを想像することが一般的なのではないだろうか。だからこそ明治以降、「鎖国《さこく》」を解いた日本と清・近代中国とのあいだでは、文字と黄色人種の共通性にもとづく「同文同種」「一衣帯水《いちいたいすい》の隣国（本来は同じ存在であり、間に海が挟まっているだけに過ぎないことのたとえ）」という表現が掲げられ、中国側の知識人とのあいだに一定程度の共鳴も生まれたのである。たとえば、宮崎滔天《みやざきとうてん》や北一輝《きたいっき》といった日本のアジア主義者たちは、孫文《そんぶん》・宋教仁《そうきょうじん》をはじめとする中国ナショナリストたちと緊密な関係を持った。

しかし「同文同種」の論理は、やがて「同種だからこそ、白色人種に対抗するためには新しいアジアの中心である日本の指導にしたがうべきだ」という独善へとつながってしまったことも否めない。「東亜新秩序」「大東亜共栄圏」は、その極限的な表現であろう。いっぽう、福沢諭吉は欧州帝国主義のアジア侵略という情勢の中で「東アジア」の連帯に期待して積極的な働きかけを行ったものの、混迷を続け近代化への道に踏み切ろうとしない清・朝鮮の状況に絶望した結果、「アジアの悪友を謝絶」し、今後はこれらの国々を特別扱いせず世界の他の国々とまったく同じように扱おうとする「脱亜」を説いたこともあった。

いっぽう、戦後少なくない日本人が、侵略戦争への反省や真のアジア主義の実現という見地から、日中友好や「東アジア」近隣諸国との互恵共存を願ってきたはずであった。しかし、先に触れたような各国のナショナリズムの高まりをうけて、日本での対抗的なナショナリズムも強まってしまった。

ただ、これらの「東アジア」諸国への幻滅という態度も、「東アジア」という地域枠組みを重視し期待する発想がもともとあって、その期待と現実のあいだに大きな落差があるからこそ生じてしまったものであり、そのこともある意味で、日本人と「東アジア」という枠組みの近さを物語っているといえよう。

て必ずしも共有されていない。

「東アジア」イメージは一般的か？

しかし、今日の日本人が持っている「東アジア」イメージは、中国・韓国それぞれにおいて必ずしも共有されていない。

とくに、日本人が抱いているような、漢字文化や人種的な類似性ゆえにひとつの地域として「東アジア」を描く発想は、朝鮮半島では長らく、中国と日本を中心とした地域形成を正当化し、朝鮮半島の歴史と文化の独自性を否定する考え方だとして警戒・敬遠されることの方が多かった。くわしくは第二章と第四章で触れるが、前近代の朝鮮半島の人々からみて日本人や満洲人は野蛮人であり、そのような満洲人に朝貢し、さらに日本人の植民地支配をこうむらなければならなかった立場からすれば、「東アジア」という地域の中に自分たちを位置づけることに抵抗が生まれるのはごく自然な成り行きであった。

その代わりに今日の韓国で、自国を含む地域秩序として一般的に用いられるのは「北東アジア」という用語である。その背景には、古来朝鮮半島を中心とした人と物の流れが存在し、近代史の過程では少なくない朝鮮半島出身者が貧困・動員などの理由で日本・中国東北部やロシア沿海州《えんかいしゅう》・東シベリアへの移住を強いられたことがあろう。そして今日、北朝鮮（朝鮮民主主義人民共和国）をめぐる緊張を軟着陸させるための国際協力という文脈も加味され、日本においても、「北東アジア」という表現が増えている。

また、中国においても、日本人が思っているほど「東亜」という言葉は用いられてこなかった。むしろ、自らを内に含むものとしてもっとも一般的に用いられてきた地域概念は「アジア＝亜州」である。その背景にあるのは、おそらく近現代の中国自身が抱える領域の巨大さそのものであり、日本人が呼ぶところの「東アジア」と「内陸アジア」の巨大な複合体であるだけでなく、その必然的な成り行きとして国家意識自体が全方位的にならざるを得ない。非漢人地域も含めた領土を維持し、さらには長大な国境線における紛争を最低限にとどめるためにも、本来日本（およびその背後にある米国）との関係のみに注力するわけにもゆかない。それゆえ、中国にとってはより漠然とした「亜州」の方が、たとえ近代になって西洋から与えられた地域概念であるにしても都合がよいのかもしれないし、じつは日本人が中国の存在感を感じるほど、中国人は日本の存在感を感じていないとも考えられるのである。

くわしくは第六章で触れるが、じっさい明治維新が起こった直後まで、清の人々は日本に対してほとんど無知であったし、今日でも中国を旅行すると、これほど「抗日」がメディアを賑わせているにもかかわらず、しばしば日本人も漢人の一部分扱いされることすら珍しくない。筆者の経験でいうと、一昔前の中国の宿帳には必ず宿泊者の民族名称を記す欄が存在したのだが、宿帳を従業員が記入する場合、日本人はもっともらしい漢字で名前を書くという理由だけで「漢」と記入されてしまったものである。おそらく「抗日」「反日」という問題さえなければ、この膨大な人口と広がりを抱える漢人にとって、日本人という存在は漠然と広がる漢字の海の中の一部分にすぎないのではないか、という感覚にすら襲われる。

ちなみに、近代中国の「亜州」という言葉も、日本での「アジア」とは相当含意が異なる。日本では「西アジア」という言葉があるように、ヨーロッパ文明ではない東方の地としての「アジア」という西洋からの規定をそのまま受け容れ、日本からイスタンブルのボスポラス海峡にいたるまでの広大な地域をアジアと位置づけてきた。岡倉天心《おかくらてんしん》の「アジアはひとつ」という表現といい、大川周明《おおかわしゅうめい》によるイスラームとの連帯論といい、仏・儒・イスラーム・ヒンドゥーなど諸宗教文明からなる多様な世界としてとらえようとしている。今日では、戦前のような欧米との対立という構図で「アジア」を語ることはさすがになくなったが、それでも非ヨーロッパにもさまざまな尊厳や価値があることを説くとき、「アジア」という言葉は独特の魔力を持っている。これに対して中国の「亜州」とは、筆者が知り合いの漢人の人々に訊くかぎり、往々にして中国とその周辺を指す漠然とした地域的広がりにすぎず（東南アジアまでは含まれることが多い）、インド亜大陸や中近東を「アジア」に含めるか否かについてのイメージは弱い。

ある地域イメージは、個別の国、あるいは地域社会がたどってきた歴史をふまえているのであり、決して自明ではない。とりわけ「東アジア」という地域は、そこに含まれる諸国がともに何事かをなしとげた歴史よりも、長い歴史を通じて対立する中で独自のイメージを描いてきた歴史の方が長いため、安易にカギ括弧を外して東アジアという地域の歴史を語ることは、少なくとも筆者にはためらわれるのである。

「東アジア」像からはとらえきれない「北東アジア」史

「東アジア」という地域が日中両国を中心に語られる結果、また「歴史認識」をめぐる中韓対日本という構図が目立つ結果、見落としてしまいかねない問題群も多い。

　たとえば、一見ともに日本に「正しい歴史認識」を迫る関係として蜜月であるかのようにみえる中国と韓国も、じつはやはり領土と歴史認識をめぐる激しい対立の火種を抱えている。それはすなわち、北朝鮮と中国との国境に位置し、朝鮮半島の人々と満洲人の双方において歴史的に聖なる山と位置づけられている白頭山《はくとうさん》＝長白山《ちょうはくざん》およびその周辺の帰属をめぐる対立である。現在、中国と北朝鮮は鴨緑江《おうりょくこう》・白頭山・豆満江《とまんこう》を国境線としているが、韓国ナショナリズムの立場からいえば、本来吉林《きつりん》省の一部も「韓半島から中国東北部にかけて存在した韓民族の古代王朝である高句麗《こうくり》の故地であるため、将来の統一韓国に含まれるべきである」という立場をとっている。すでに一九九〇年代には、東京大学で筆者が参加していたゼミでも、中韓両国からの留学生がこの問題をめぐって激しい口論をしていたのを思い出す。

　それが現実に深刻な政治問題となったのは、中国がこの高句麗王朝について、歴史研究の成果として「中国の地方王朝であった」と位置づけ、歴史教科書に記載しようとしたことに端を発する。この背景にある中国側の意図は、もし朝鮮半島の情勢が不安定化して韓国主導による南北統一が実現した場合、この地域の帰属が問題になる可能性が極めて高いことから、吉林省南部の中朝国境の街・集安《しゅうあん》に都を置いていた高句麗について、まさに現在の中国による領域支配を基準として「中国史」の枠組みの中に組み込んでおこうとするものであろう。これに対する韓国側の反発は非常に大きなもので、とくにそれが頂点に達した二〇〇四年夏の時点における韓国の「反中」世論は、そのわずか半年後に日本の国連常任理事国入り問題と「歴史認識」を結びつけて中国と共同歩調をとったことが信じられないほど強烈なものであった。

筆者のみるところ、この問題はおそらく小さな島をめぐる日韓・日中間の争いよりもはるかに根が深いものとして引き続くであろう。なぜなら、この吉林省南部・東部の地は、朝鮮半島の人々にとって半島を貫く気脈の源とされているのみならず（北朝鮮の金正日氏が「神聖」であるのは、聖山・白頭山の抗日パルチザン根拠地で諸々の「吉祥」とともに生まれたという「伝説」がつくられていることによる）、満洲人が興隆した聖なる故郷とされているからである。

この中朝国境問題は基本的に、漢字文化圏に属さない騎馬民族の空間と朝鮮半島が歴史的に接していることで起こっているものであり、厳密にいえば、「東アジア」という地域イメージから想像されるような、漢字文化を共有する国家・地域の相互関係にもとづくものではない。

それが中華人民共和国と大韓民国という、日本人からみて「東アジア」に属する国家の間の争いになったのは、まず「東アジア」に属しているとはいえない満洲人が清を建国し、漢人地域をも呑み込んで巨大な帝国をつくりあげたこと、ついで近代中国のナショナリストたちが満洲人の支配を嫌悪し否定しながらも、満洲人たちがつくりあげた帝国全体については、都合よく「中国史の範囲」「中国の不可分の領土」と解釈してきたからである。こうしてみると、「東アジア」のさまざまな問題を、日本人が慣れ親しんでいる「東アジア」イメージにもとづいて語ることは、それだけでも歴史認識として十分ではない可能性が高い。さらに、「正しい歴史認識」で連帯しているかにみえる国どうしといえども、同じ歴史認識によって「東アジア」をとらえているとは到底いえないのである。

台湾をどう位置づけるか

「東アジア」をめぐる議論に触れる際、筆者が常に感じるのは、今日二三五〇万人もの人口を擁して、高度な経済的・社会的発展と民主化を実現した台湾という存在が、必ずしもうまく位置づけられていないという違和感である。「東アジア」の地域協力をいうとき、なぜいつも話題に上るのは日本・韓国・中国だけで、同様に開かれた政治経済を持つはずの台湾がしばしば考慮の外に置かれるのか。

もちろん、それは台湾が「中国の一部分」だからかもしれない。日本は日清戦争と下関条約をきっかけに清から割譲を受けて台湾を植民地支配し、敗戦によって清の国際法上の継承国家である中華民国に返還している。それ以後の台湾問題は基本的に、内戦によって分裂国家となってしまった中華人民共和国と「台湾にある中華民国」とのあいだで解決されるべきであり、日本がこの点について介入する余地はない。中華人民共和国、あるいは「台湾にある中華民国」が「中国はひとつであり、統一されるべきである」と言い続ける限り、台湾は「中国の一部分であり、東アジアの一部分」である。

初の台湾総統直接選挙　1996年、李登輝・連戦への投票を呼びかける垂れ幕。台湾中部・鹿港にて筆者撮影

しかし、台湾という社会を「東アジア」の枠組みにおさめて語ることが難しいもうひとつの理由は、台湾そのものが歴史的に持っている「周縁」としての性格、あるいは文明・文化的な結び目としての性格にある。台湾はもともとマレー文化圏の「周縁」であったところに、移民者である漢人社会の「周縁」としての性格が加わり、さらに近現代においては日本や米国の影響力の「周縁」でもあった。台湾は、「周縁」であり続けた人々が逆にその立場を生かし、まさに「結び目」として多様な要素を取り込んで独自の発展をしてきた社会である。

台湾社会の圧倒的多数派は、漢語と漢字を母語として用いる漢人である。ただし、中国・韓国・日本のように、儒学が地域、あるいは事実上の「国家」形成に与えた影響は大きいとはいえない。海の守り神である女神「媽祖《まそ》」と仏教を信仰し、近代以降はキリスト教への信仰にも篤く、しばしば活発を通り越して熱狂的な民間信仰すらみられる台湾。自らの政治社会のありかたについて「統一」から「独立」まで議論が入り乱れながらも、事実上の「国家」として成功し安定と発展を手にしている台湾。そのような、多様性の極みのような台湾社会が、ひとつの「正しいものの見方」にこだわろうとした儒学者たちの支配や影響を濃厚に受けてきた中国大陸・韓国（あるいは明治日本）などと類似の社会であると思うのは早計であろう。

特定の「国家」「民族」の枠を超えて

漢字文化をはじめとした「中国文化」の広がりを中心に、お互いよく似た社会構成を持っていると想定される国家どうしの関係を中心に描かれる「東アジア」という地域イメージでは、このように多様な地理的・歴史的要因にもとづく「特殊」な要素を的確に位置づけることができない。同じことは、「東アジア」「中国文明・中国史」からみて従来あくまで西方の「おくれた人々」「少数民族」扱いされてきた人々との関係についてもいえるだろう。彼ら、とくにモンゴル・チベット・トルコ系ムスリムといった「中国の少数民族」は、明らかに漢字文化とは違った独自の高度な文化を歴史的に花開かせてきた。そのような人々を、単純に「東アジアの周辺・少数民族」と片づけることができるのだろうか?

「東アジア」に横たわるさまざまな問題を考えるとき、決して「常識」としての「東アジア」イメージ、さらには「中国史」「日本史」「韓国史」……などに安住するべきではない、というのが筆者の考えである。それらのそれぞれが「東アジア」について何かを語っているとしても、往々にして自国・自民族の立場に沿って解釈され再構成された狭いイメージにすぎない。

それでは、より複数の、多様な見方を反映した地域史を語るには、一体どのようにすればよいのだろうか。筆者の浅薄な考えかもしれないが、少なくとも、往々にして矛盾し合う主張や発想が生まれてくる土壌を中心に、なぜこのような「地域」が出来上がってしまったのか、対立を繰り返さないためにはその中から何を教訓として汲み取ることができるのかを、しばしば現れた歴史の分かれ道に立ち返って考えることが必要なのではないだろうか。そのようにしてこそ、史上かつてない繁栄と対立が表裏一体となって岐路に立つ「東アジア」をめぐる問題を、国家・民族の枠を超えて対等な立場で語ることができるのではないか。

本書でこれから展開される、前近代の「東アジア」、いや広くアジアにおいて巨大な影響力を誇った清という帝国の偉大な輝きと凄絶な崩壊をめぐる展開は、まさにこのような、対立と葛藤の中からひとつの「地域」がつくられてしまった問題を考えるうえでの多大な示唆を与えてくれよう。筆者がそれを描き切れているかどうかは読者の皆さんのご判断にお任せすることにしたい。

第一章　華夷思想から明帝国へ

「万里長城」は何のためにあるのか

皇帝権力の象徴・天安門

「中国」「China」と聞いて、多くの人は何を思い起こすのであろうか。それは味覚の殿堂たる中国料理であるかもしれないし、書画や詩歌にあらわれる雄大で抒情あふれる山水画の風景かもしれない。あるいは、活力にあふれた都市の雑踏であったり、それとは対極的な仏教や道教の聖地をつつむ静かな祈りかもしれない。加えて、「地大物博《ちだいぶつはく》」な「大国」のイメージが呼び起こす、畏敬と威圧感がないまぜになった感情を抜きにしては語れないだろう。

こうして、何事も巨大な国として「中国」を思い浮かべ、その壮大で連綿とした歴史と政治のイメージを表現しようとするとき、一種の典型例として引き合いに出される存在が二つある。ひとつは、首都北京の中心にそびえる天安門《てんあんもん》であり、もうひとつは「月から見える唯一の建造物」といわれる万里長城《ばんりのちょうじょう》である。

北京の天安門は、明が造営して清も利用した皇帝の宮殿である「紫禁城《しきんじょう》」（今では皇帝がいないので故宮《こきゅう》と呼ばれる）の入り口に位置している。臙脂《えんじ》色の分厚く長大な城壁を従えて

天安門　国内外の観光客が訪れる「名所」。筆者撮影

そびえ立つ天安門には、まさに威風堂々という表現がふさわしい。紫禁城の太和殿《たいわでん》に鎮座する玉座に腰掛けて真南を向いた皇帝たちが、目の前にひれ伏すあまたの臣下を眺めやりつつ、天からの付託を受けた言葉を発するやいなや、その聖なる気がこの天安門をくぐり抜けて天下全体へとあまねく広がっていったのである。まことに天安門は、天下にただ一人しかいない皇帝の偉大な光が、支配される者に向かって放たれるための灯台のようなものであった。

　おそらく多くの人は今日でも、紺碧《こんぺき》の空を従えた天安門が、目の前の長安街をゆく車と自転車の洪水を見下ろしているさまを目にすれば、「中国がいかに悠久の大国であり、天安門がその歴史の輝きを代表しているか」を痛感し、その気迫に心酔するだろう。こう考えるのは外国人だけでなく、当の中華人民共和国の人々も同じである。この国の国章は、天安門を中心として五つの星と赤旗・稲穂・歯車（＝共産党・農民・労働者）を配置したデザインであり、天安門を背景に悠然とはためく五《ご》星紅旗《せいこうき》を朝ごとに掲揚する儀式を目にすることは、中華人民共和国の多くの人々にとっての憧れでもある。

　ただし、あらゆる物事は決して単純ではない。天安門という存在が本来、たった一人の皇

天安門上の毛沢東　文化大革命が始まった1966年、集結した紅衛兵を閲兵し、拍手を送る

帝の万人に対する専制支配と不可分であったとすれば、「人民のため・貧しい者のための国家」を造ろうとした毛沢東は、なぜ一九四九年一〇月一日にここに立って中華人民共和国の建国をうたい上げたのか。少なくとも筆者には、違和感しか感じられない。毛沢東はその後、一九六〇年代の後半に自ら引き起こしたプロレタリア文化大革命のときにも、ここ天安門で腕に紅衛兵《こうえいへい》の赤い腕章を巻き、眼下に広がる波濤のような紅衛兵の大軍を閲兵した。しかし、そんな毛沢東は果たしてどこまで真の「プロレタリア＝無産階級・労働者階級の導き手」だったのだろうか？　文化大革命そのものは、あらゆる社会的格差を下からのエネルギーで打ち壊すために、自らの思想に忠実な「紅衛兵」を鼓舞して、既成のあらゆる価値と社会構造を作り直そうとした運動であった。しかし、結局は「毛沢東思想的ではない」存在への一方的なレッテル貼りが暴走して、古今未曾有の弾圧と死が積み重ねられてしまった。そういう意味で天安門は、かつての皇帝たちによる天下支配の理想と、現代の専制の残像が二重に重なり合っている。

　もし毛沢東が本当にあらゆる旧きものを打破して《人民が主人となる国家》を造ろうとしたのであれば、今日ごく一部の城門を残して消え去ってしまった北京の城壁と同様、さらには人民解放軍の砲撃によって無惨にも廃墟となった数多くのチベット仏教寺院と同様、抑圧の象徴である天安門こそ粉々に壊されるべきだったのではないか。もちろん筆者は毛沢東や共産主義者一般がいう「階級闘争」にはまったく興味がないし、あらゆる歴史的文物は功罪を問わず適切に保存して未来に伝えられるのが望ましいと考えるので、間違ってもそうは思わない。しかし問題は、「人民的」であろうとした毛沢東と中国共産党政権が、いざ政権の座について広大な領土を支配しようとしたとき、「封建時代の遺物」が持ち得ていたある種の権威や魔力を、知らず知らずのうちに継承しようとしたこと自体にある。

建造物と政治

もちろん、このような「反革命」「伝統」「抑圧」と、「革命」「創造」「解放」のあいだのねじれた関係、または無自覚の継承は、あらゆる国や地域において例外なく存在する。かつて大英帝国が各地の植民地に残したような、西洋建築と現地風建築の折衷による政府庁舎・銀行・博物館などは、現在でもそのまま同じ目的で用いられていることも珍しくない。

事実上日本の関東軍が主導する傀儡《かいらい》国家として成立し、日本の敗戦とともに崩れ去った満洲国においても、日本・中国・西洋建築を折衷させた「興亜式」建築がさかんに建設され、これらの多くも今日にいたるまでそのまま政府機関や銀行などとして用いられている。和風の屋根が印象的で、いかにも日本帝国の拡張を象徴するかのような関東軍司令部ですら、中国共産党吉林省委員会の建物となっており、その違和感はたとえようもない。台湾でも、台湾総督府の建物がそのまま総統府として用いられている。

とはいえ、たとえば朝鮮総督府のように、日本帝国主義の負の遺産を徹底的に取り除くという目的のために解体撤去された事例もある。この場合はそもそも、建てられた場所が朝鮮国王の宮殿である景福宮《けいふくきゅう》の真南という、風水思想的にみてまさに「南面する国王から発せられた気を絶つ」位置にあることから、政治の「正しい気」を日本によって絶たれたととらえる朝鮮・韓国ナショナリズムが燃え上がらずには済まないという問題を元からはらんでいた。

日本占領下の建造物の運命　撤去された朝鮮総督府の跡地（上）と、台湾の総統府(下)。筆者撮影

「気を絶つ」という視点からみれば、毛沢東の遺体を安置するために天安門広場の真南に建設された毛主席紀念堂も、天安門から発せられた気を絶つ位置に建てられていることから、そのことによって権力の移動は完結したといえるのかもしれない。それにもかかわらず、毛沢東はまず紀念堂なき時代の天安門に登って中華人民共和国の成立を

宣言し、皇帝権力と類似の行動様式をとった、そして天安門が中華人民共和国の国章の中心で輝いているのも事実である。また、井上章一氏『夢と魅惑の全体主義』によると、満洲国の「興亜式」政府庁舎を最も歓迎したのは現地採用の満・漢人（満系と総称）官僚であり、アジアの近代化・西洋化を代表する存在だと自負していた日本人は「興亜式」に対して消極的ですらあったという。

これらの事例が示唆する問題はかなり複雑で、難しい。なぜなら、ある特定の思想や理念にのっとって造られた建造物やシンボルが今でもそこにあることは、その理念の持続を必ずしも意味しないからである。

朝鮮総督府を取り壊した韓国の事例や、「天安門は専制政治のシンボルなので、毛沢東が壊さないのは矛盾している」ととらえる筆者の発想は、建造物に込められた政治性をそのまま連続的にとらえるものである。

いっぽう、専制的・権威主義的だとすら思える建造物に望ましい《伝統》や《歴史》を重ね合わせて美化したり、あるいは少なくとも一定程度の好ましさを感じるという場合もある。

このように、特定の権威の象徴であるはずの建造物に対して、別に新しく積極的な見方が生まれるとき、その背後には必ず、彼らに無意識のうちにそう判断させるだけの歴史的な積み重ねというものがあるのではないだろうか。だからこそ、歴史に関心を持つ者はおのずと、その複雑な背景をよりよく知りたいと思わずにはいられない。すでに流布している表面的なイメージにもとづいて「古来中国は大国としての自意識がきわめて強く、誰がどのような権力を手に入れようともそのような権威を振りかざすのだ」「毛沢東は単純に権威主義者だったから天安門で皇帝を気取ったのだ」とするだけでは、強大な政治権力やナショナリズムがときとして旧いものを壊し去り、まったく新しい何かを造ることもあることとのあいだに矛盾を抱えることになる。

万里長城、東から西へ

さらに、一見巨大な権威を感じさせる政治的建造物ほど、ときとして相反する困難や悲惨さの中で造られるという場合もある。そして、歴史に対する何らかのイメージ転換が起こったときに、それまでの負の遺産が突如としてもっとも誇るべき遺産になることすらある。

そのような歴史的逆説を代表する建造物こそ、「悠久にして壮大な中国」イメージを代表するもうひとつの存在、万里長城である。

万里長城が果たして本当に月から見えるかどうか、その真偽は疑わしいのでさておくとして、現存する明の長城は、東は渤海《ぼっかい》の岸辺にそびえ立つ老龍頭《ろうりゅうとう》から、西は万年雪を頂く祁連《きれん》山《さん》の麓まで、直線距離にして約二〇〇〇キロにもおよぶ。そして地形の関係や要地を結ぶ都合によって複雑に曲がりくねっているため、総延長は約六〇〇〇キロにも達する。漢語の一里は約五〇〇メートルであるので、「万里」という呼び名は決して誇張ではない。

万里長城の途中には関所が設けられ、歴史的に大きな役割を果たしてきたほか、果てしなく続く長城の連なりそのものが古来多くの人々の想像力をかき立ててきた。たとえば、最東端の関所である山海関《さんかいかん》は、明軍と清軍が対峙した最前線であり、明が李自成《りじせい》の乱とともに崩壊する悲劇に見舞われ、漢人社会が大混乱に陥った中、清がついにここを破って北京へ入ったことで歴史が大きく動いた。そして今日でも山海関は、華北から遼寧《りょうねい》に向かう際に通過する交通の要衝であるとともに、付近の港湾都市・秦皇島《しんのうとう》や、中国共産党指導者の避暑地としても愛用されているリゾート地・北戴河《ほくたいが》とともに、一大観光地を形成している。

ここから長城を西にたどると、河北の平原地帯とモンゴル高原を分け隔てる険しい山々の稜線に沿って、長城はもっとも激しいうねりを見せる。それはまさに長城が巨龍にたとえられるゆえんであり、この一帯の長城の姿が長城全体のイメージを代表しているともいえよう。しかも、首都北京にほど近い防衛線であることから、長城のつくりはひときわ堅固であり、雄々しい。そこで、北京の真北に位置し保存状態も良好な八達嶺《はったつれい》の長城などが盛んに観光客を集めている。ここに登った人々はおそらく、天安門を目にしたときと同じ感慨を抱くのであろう。中国はいったいどれだけ有り余る人力と財力を注ぎ、かくも雄大な遺産を残したのか、と。

内陸アジアの門——張家口の悲劇

さらに少々西に向かうと、長城は張家口《ちょうかこう》の街に達する。ここ張家口は、ちょうど華北とモンゴル高原を分け隔てる谷の底に設けられた関門であり（「口」とはこの場合、城壁にうがたれた狭い門や通り道のことである)、雄渾な筆致で「大いに好し、河山」と刻み込まれた大境門に登ると、南には古来山西あたりに本拠を置く豪商が軒をつらねた街並みが広がり、北には波打つ緑の高原が広がっている。この関門は伝統的にモンゴル高原、さらにはロシアへと向かう最も重要な通路にあたるため、近代史においてもひとつの軍事的焦点となった。

とくに、満洲国をつくった日本は、ソ連の南下を抑える目的で、さらに華北の北端にあたる張家口、およびその北にあたる内モンゴルの草原地帯にまで勢力を拡張していった。当時、この地域のモンゴル人たちは、山西《さんせい》省に本拠を置く閻《えん》錫山《しゃくざん》軍閥の配下にある傅作義《ふさくぎ》の軍隊や、貧困・戦乱のために河北や山東の故郷を捨て、新天地を求めて草原を開墾しつつあった漢人社会の拡大によって圧迫を受けており、モンゴル人による高度自治の確立を求めて南京《ナンキン》国民政府に陳情を繰り返した。しかしその願望は、国民政府自身の混迷もあってなかなか実現しなかったため、モンゴル人の指導者・徳王《とくおう》(ドムチョクドンロプ)は次第に日本に接近し、彼が中心となって一九三七年に成立した蒙古連盟自治政府(三九年に蒙古連合自治政府と改称)も張家口を首都とした。

張家口の大境門　河北省西北部の街で、内モンゴルへの交通の要衝。1996年、筆者撮影

もっとも、真のモンゴル人自治の夢は、河北《かほく》省北部から

山西省北部にかけての占領地をもこの政権に組み込み、モンゴル人と漢人をひとつの枠組みのもとに置こうとした日本側の意図によって、最初から挫折していたことは否めない。この政権は一般的に、日本側が強いた「蒙疆《もうきょう》政権」（疆という字は「土地」を意味する）の名で知られるが、そのことも日本が政権のモンゴル色を薄め、関東軍主導による占領行政の延長上に位置づけようとしたからである。こうして、「蒙古」の名にこだわったモンゴル人たちは失意を抱くことになった。

それにもかかわらず、「東アジア」漢人地域の末端からモンゴル高原へと移り変わってゆくこの関門の街に日本の勢力もおよんできた結果、ひとつの特異な政権が現れていたことはもっと記憶されてもよいだろう。この街には日本風の建築物が建てられて一部は現存しているほか、政権は年号としてチンギス・ハーン紀元（成紀）を採用していた。また、大境門の付近には、日本が設立した西北研究所なる施設があり、ここを拠点にモンゴル高原での社会人類学調査を積み重ねた今西錦司《いまにしきんじ》・梅棹忠夫《うめさおただお》といった人々が、のちに京都大学を拠点として戦後日本の社会人類学を発展させた。その意味でも、この張家口という境界線上の街が持っていた独特の存在感、あるいは人間の想像力をかき立てる場としてのありかたを感じることができなくもない。

しかし、張家口に忽然と出現した日本人社会、そして日本の操縦を通じて形作られたかにみえた「蒙疆社会」は、一九四五年夏の苛烈な戦乱によって一瞬のうちに瓦解していった。日ソ中立宣言を破棄して北京へと猛烈な南下を始めたソ連軍は、張家口の北、ちょうど高原がさらに迫り上がって張北の街に達する手前で防衛線を構えていた日本軍と激突したのである。激しい攻防の末に日本軍は壊滅し、その戦跡には今日「中ソ友好記念碑」が屹立している。ただ、その間に張家口の日本人居留民は北京・天津へと脱出することに成功し、満洲国でその後出現したような悲惨な事態は起こらなかったといわれる。

空しきかな、長城！

話を元に戻そう。万里長城もおおむね張家口あたりまでは、首都北京防衛のためもあって堅固に造られ、観光地として保存・活用されているところも多い。しかしさらに西、内モンゴル自治区と山西省・陝西省《せんせい》の境界あたりまで来ると、その姿はじつに様変わりしてしまう。ありていにいって、なかば無造作に積まれたようにしか見えない煉瓦の山が一列に並んでいるだけで、ところによっては原形をとどめないほどに風化している。軍事情報を速やかに送信するための烽台《ほうだい》の跡も、ここに兵士が常駐していたとは思えないほど無惨な姿である。そのような光景が、遥か甘粛省《かんしゅく》の河西回廊《かせいかいろう》まで延々と続いているのである。大地を這うように進む長距離バスの車内からこの「崩れゆく長城」を眺めるにつけ、うねりくねる龍という万里長城の一般的なイメージを思い出すことは難しい。むしろ、いったい何のために遠く遥かな沙漠の中にまで瓦礫の山を積み上げなければならなかったのか、という問いが頭の中から離れなくなるだろう。

こうして明の長城は、沙漠の中に屹立する最西端の関所・嘉峪関《かよくかん》にいたり、やがて間近に白雪を頂く祁連山に吸い込まれるように尽き果てて行く。いちおう今日では嘉峪関のすぐ近くに、祁連山から産出される鉱産資源を加工するための新興工業都市（嘉峪関市街）が広がっており、ここから気軽に訪れることも可能であるが、かつてこの周囲はただ吹きすさぶ烈風の音のみが響き渡るゴビ沙漠の真っ直中だった。兵士たちは何を想いながら防衛の任にあたり、旅人たちは関所を越えていったのだろうか。嘉峪関の城壁に立ち、崩れかけた長城と祁連の頂きを見つめるにつけ、ただ「一体何のために」という空しさのみが脳裏を去来した

風化する長城　西へ行くほど無惨な姿となり、甘粛省の嘉峪関の先で尽き果てる（上）。陽関も崩れかけたまま残る（下）。いずれも筆者撮影

ことは忘れられない。

このような印象を記すと、ことによると「中華帝国の栄耀を示す、世界遺産としての万里長城」の存在を賛美する人々から指弾を受けるかもしれない。しかし、歴史というものは何事も既存の前提を疑ってこそ多様な認識を可能にするものである。とくに、長城を間近に眺めたときに感じる存在の空しさや不可解さをあえて考えてみることこそ、それを造りだした権力の性格をとらえることにつながるだろうし、本来空しい存在がなぜ神聖なシンボルへと変わって行ったのかを考えることで、「中国」という存在により深く迫ることができるだろう。

西の方、陽関に至る

ここでさらに西へ向かい、風沙の中に浮かぶ潤いのオアシス・敦煌《とんこう》を訪れてみよう。ここには、万巻の経典とともに発見された仏教芸術の殿堂・莫高窟《ばっこうくつ》があり、時代を超えて描き出された西方浄土への限りなき夢に、見る者は粛然とせずにはいられない。

そんな敦煌の西には、明の長城以前から「中華帝国」防衛の最前線であった陽関《ようかん》と玉門関《ぎょくもんかん》がある。かつて唐の詩人・王維《おうい》は、現在の新疆ウイグル自治区・クチャにあった「安西都護《と ご》府《ふ》」に向かう友人を送別するにあたり「西の方、陽関を出れば故人（知人）なし」と詠んだ。その陽関は、葡萄畑が広がるオアシスを見下ろす高台にあり、沙礫《され き》の中でほとんど崩れかけた姿のまま現存している。今日ではさすがに観光地化が進んでいるかもしれないが、筆者が訪れた一九九〇年の時点では、文字通り歴史の彼方に捨て置かれた存在が、ただ風の悪戯に任せて横たわるのみであった。そのような陽関の姿に思わず、嘉峪関に劣らない諸行無常を感じたものである。

個人的な見聞の連続で恐縮だが、筆者が大学学部生時代に初めて中国を訪れて巡った場所は、「中国の典型的イメージ」ともいえる北京の天安門・故宮・八達嶺長城ではなく、これら河西回廊の古蹟であった。もちろん、その行為自体は、一九七〇年代末から八〇年代の日本を席巻した日中友好・シルクロードブームの影響であることは否めない。ただ、それ以来いわゆる「中国史」に関する文献に触れながら一貫して抱いていたのは、「中華帝国」なるものの偉大さを象徴するとされる八達嶺の長城を写真で見た印象と、空しい建造物としての崩れゆく長城を生で見た印象がどうしてもかみ合わないという違和感であった。そのような筆者の脳裏の片隅に同時にあるのは、その一年前＝一九八九年に起こった世界史的大事件、すなわちベルリンの壁と東欧社会主義圏の大崩壊という出来事の記憶である。

そもそも壁とは、空間と空間を区切るために存在する。ただ、それがとくに政治的な目的で建造されるとき、あらゆる壁は「他者と自らのあいだを隔離したい、あるいは関係を断ち切りたい」という後ろ向きの願望とともに立ち現れる。ベルリンの壁を建造したのは、「資本主義社会の害毒」を阻もうとしたソ連と東ドイツであった。しかし、その壁を造った国家は結局のところ、彼らの社会に内在する弱さゆえに瓦解してしまった。

総じて、一般的な出入国管理とはまったく異なった、人為的で厳格な壁を造ろうとする国家ほど、寛容さや正当性に乏しかったり、現実の国家運営が危機に直面しているものである。社会主義圏の場合についていえば、もしそれが本当に万人にとって魅力的な社会であるのならば、「資本主義社会の害悪」の流入を阻む必要などなかったはずである。そのような社会主義社会こそ、毛沢東が冷戦期に語ったような「東風（社会主義）が西風（資本主義）を圧倒する」ものと呼ぶにふさわしいだろう。

しかし、毛沢東時代の中国は、「進歩的親善訪問団」に対してごく限られた場所だけを見せ、「蝿がいなくなり、子供が乗っても倒れない稲穂が実る新中国」を宣伝するのみであった。

近年の例でいえば、イスラエルがパレスチナとの間に築いた壁も、在来のパレスチナ社会と相容れないシオニズム運動の下で造られた人工国家・イスラエルを象徴するものであろう。朝鮮半島にいまも横たわる三八度線も、間近で眺めれば鉄条網と地雷原に覆い尽くされた中に野生の風景が不自然に残る大地の壁であり、韓国と北朝鮮が、自らこそ「祖国統一の担い手」であると自負して相手を否定してきたことの名残である。

そもそも、万里長城もこのような目的のために造られたものではなかったか。

河西回廊の作為性

この問題を考える鍵になるのが、河西回廊という地域を地図で眺めたときの不自然さである。河西回廊が位置する甘粛省は漢人地域の西北のはずれにあり、その面積の大部分は、貧しい農民たちの労苦抜きには語れない段々畑が果てしなく広がる黄土高原によって占められている。しかし、黄河の谷底に広がる省都の蘭州《らんしゅう》から西に向かうと、標高三〇〇〇メートルを超えるチベット人地域（天祝チベット族自治県）を経て、祁連山の北麓に延々と乾ききったゴビ（モンゴル語で砂礫地の意）沙漠や草原が広がるようになり、ところどころに豊富な雪解け水が湧き出すオアシスが点在する。武威《ぶい》（涼州）、張掖《ちょうえき》（甘州）、酒泉《しゅせん》（粛州）、敦煌（沙州）といった都市が、代表的なオアシスである。甘粛省という省名が張掖と酒泉の古名にちなんでいることは、人口が圧倒的に多い蘭州以東よりも、人口密度が極めて低い河西回廊が省の存在意義を代表していることを意味しており、それだけこの地域が古来政治的に重要だったことを物語っている。

もちろん、たとえば敦煌には仏教芸術の殿堂があるし、張掖にも巨大な涅槃仏《ねはんぶつ》が現存し、かつてはかのマルコ・ポーロも長逗留を決め込むほどに文化と商業の香りを漂わせていた。したがって、河西回廊という地域を、いわゆる「シルクロード」とともに光を放った歴史の

回族の少年　甘粛省夏河県にて

チベット族・モンゴル族の少年僧　青海省河南モンゴル族自治県にて

漢族の老人と小学生　上海市近郊にて

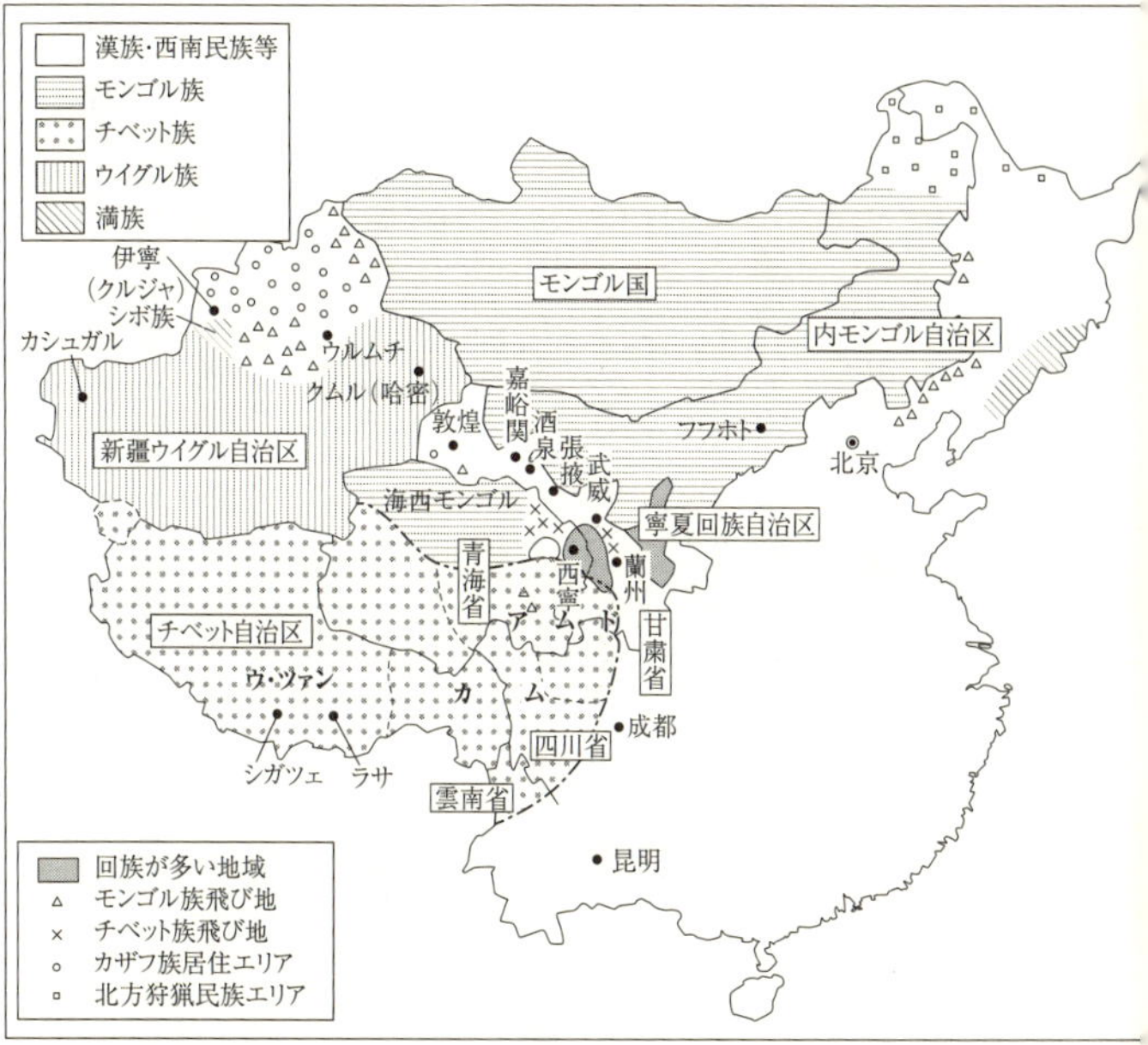

主な「少数民族」の分布　中国には政府が定めた55の「少数民族」がある。シボ（錫伯）族とは鮮卑の末裔で満族と言語・文化的にきわめて近く、人口の多くが清代に満洲八旗として新疆に配置された

傣(タイ)族の少年　雲南省瑞麗市にて。筆者撮影（5点とも）

ウイグル族　新疆ウイグル自治区の中心都市、ウルムチにて

揺りかごとしてとらえることも可能であろう。

しかし、中華人民共和国地図において、漢人地域と「少数民族」地域を塗り分けてみたとき、甘粛省の河西回廊のみ、漢人地域のまとまりから西北方向に異常に突き出ていることがわかる。しかも、その北側にはモンゴル人が住むゴビや草原が果てしなく広がり、西にはウイグル人やカザフ人などトルコ系の人々が住む天山南北の地が広がり、南に続く祁連山の周辺には幾ばくかのモンゴル人とチベット仏教徒化したトルコ人（ユーグ＝裕固族と呼ばれる）が住み、さらに南の広大なチベット高原はチベット人と青海モンゴル人の天地である。

つまり河西回廊とは、騎馬とともに内陸アジアを自在に駆け回る遊牧民の世界を分断する、いわば「内陸アジアに食い込んだ漢人社会の最前線」のようなものである。その主な目的は、オアシスの存在を頼りに軍事力を配置することによって、内陸アジアの諸民族の動きに楔を打ち込むことにあった。じっさい、漢と匈奴《きょうど》の熾烈な争いをはじめとした、「東アジア」帝国と遊牧民族との抗争はこの地を舞台としている。そして、農耕民族である漢人の軍事力が、騎馬兵力の圧倒的な機動力の前になすすべもなく敗北することもしばしばであった。

それだけに「東アジア」の帝国にとっては、あえて補給線を長く延ばすという負担を覚悟してでも、この河西回廊の地を確保し、さらには騎馬の動きをさえぎる壁として万里長城を築くことが必要なのであった。そして、いわゆる「シルクロード」も、商業上の利益だけでなく軍事力の維持・外交軍事情報の伝達という見地から整備され、じっさい多くの軍人や官吏が行き交ったのであろう。先述の王維の詩といい、あまたの古典詩に現れる河西回廊の風景は、何と戦いや別離の光景と結びついていることであろうか！　だからこそ、唐の詩人・王翰《おうかん》は「涼州詞」の中で「古来征戦、幾人か回《かえ》る」と詠み、この地を死守しようとして夥しい血を流した歴史を慨嘆しながら、夜光杯（酒泉特産の玉器）に注いだ葡萄酒に酔いつぶれて沙漠に伏したのである。

かくして、「東アジア」の諸帝国は、おおむねこの河西回廊周辺までは、莫大な費用とほとんど徒労に近い労力を積み重ねながら長城を建設し、関門の守りを堅くしてきた。そして歴史家たちは、ここで繰り返された歴史を個別の帝国の盛衰と重ね合わせ、どのようにすれば内陸アジアの騎馬民族に踏みにじられることなく自尊心を保つことができるのかという問題への関心を深めていった。司馬遷《しばせん》『史記《しき》』以来の歴史観は、往々にしてそのような歴史観にもとづいている。

もしこうした歴史観や地域観、そして詩的世界に対して共感やロマンを感じる読者がおられるとすれば、それはおそらく、司馬遷や唐詩にあらわれる騎馬民族との抗争史観が日本の国語や世界史の教科書において何の疑問もなく取り入れられ、ある種ロマンチックに美化されてきたことの表れである。それは言い換えれば、明治以来の日本の近代教育の枠組みが、ある意味において漢人の知的蓄積に依存する中からつくられ、日本人の思考の「中国化」に「成功」してきたことを示すものではないのか。

万里長城の今日的意味

ともあれ筆者は、万里長城と河西回廊という存在について、内陸アジアの人々を深く恐れ、自らの中に入ってこないように願う、きわめて後ろ向きな発想の産物であったと考える。そして、この範囲の内側が儒学と漢字にもとづく文明の土地であるととらえられ、その外側に対しては固く門戸を閉ざして隊商の往来を管理し、たまに帝国の余勢が広がったときでもせいぜい恐る恐る出かけて行くのが一般的であったのではないか。長らく、多くの人々にとって、その内側こそ「中国」の影響力がおよぶ範囲、または「文明」の地であり、外側は「夷狄《いてき》＝野蛮人」あるいは「外国」にすぎなかった。

したがって、万里長城・河西回廊を必要とした「臆病な中国」と、万里長城・河西回廊をとくに必要とせず、その外側に向かって領域を拡大し、そこをも「中国の一部分」と呼んでいる今日の中華人民共和国は、質的にまったく異なる帝国・国家である。

断絶と閉塞の象徴である長城を「偉大な建造物」と呼ぶことは、歴史への大きな誤解である。この巨大な壁によって隔てられたままの内陸アジアの人々が「中国の一部分」であるとは、中華人民共和国領内陸アジアの「少数民族」の人々に対して礼を失する話ではないか。多民族国家を真に実体化させようとするならば、取り払われるべきは長城が象徴する心の壁であろう。

それにもかかわらず、万里長城に象徴される「屈辱の歴史」を「歴代王朝の興亡」という文脈の中でとらえ、長城を「悠久の歴史の象徴」「異民族の侵入をはねのける中華民族の抵抗力の象徴」と位置づけることは、今日のナショナリズムによって作られた伝統にほかならない。今日の中華人民共和国国歌は、もともと日本に対する抵抗を鼓舞しようとした「義勇軍進行曲」という歌である。この中に「われわれの血肉を用いてわれわれの新しい長城を築こう！　中華民族にとって最も危険なときが来た！」という歌詞が盛り込まれたとき、万里長城を「中国史の連続性」という視点から神聖化する過程が完成したのであろう。同じく天安門も、日本の侵略から奪回すべき「中国の象徴」となり、勝者・毛沢東はそこで「中国の連続と復活」を宣言した。

聶耳紀念碑　「義勇軍行進曲」の作曲者、聶耳（ニエアル）が遊泳中に溺死した藤沢市鵠沼海岸に立つ（左手前）。右奥は江の島。筆者撮影

序章でも述べたとおり、そのような興亡の歴史を「中国史」という一貫した視点でとらえるきっかけをもたらしたのは、司馬遷『史記』をはじめとする漢文の歴史書を愛読したような、江戸期以来の日本人による思考の蓄積であった。じつに、このような内陸アジアへの視点、そして万里長城にロマンを感じる発想において、今日対立し合う日本と中国のナショナリズムは案外と「親和性」がある。考えようによっては、内陸アジアの騎馬民族世界に対してこのような発想を共有する世界が「東アジア」なのかもしれない。

華夷思想とは何か

諸社会の平等・不平等と近代国際秩序

万里長城を築くほど内陸アジアに対して脆弱《ぜいじゃく》だった「東アジア」の帝国は、なぜひとつの帝国として歴史的に大きな影響力を持ち得たのか、あるいは持とうとしたのか。いっぽう、「東アジア」の帝国は普遍的な「文明」を目指した帝国であったにもかかわらず、なぜ内陸アジアとの関係においては脆弱で、自らの文明の論理を内陸アジアで容易におよぼし得なかったのだろうか。

この問題を考えるうえで欠かせないのは、「東アジア」各国において紀元前以来大きな影響力を持ってきた、自他の峻別《しゅんべつ》を最大の特徴とする思想——華夷《かい》の別・華夷思想——への基本的な理解である。なお、華夷思想は俗に「中華思想」と呼ばれることもある。しかしこの表現は、他者との格差を常に前提とする華夷思想の特徴を必ずしも的確に表現しておらず、現在の中国国家の巨大さと歴史上の帝国を無前提的に結びつけて「中国中心の大国主義」という文脈で用いられがちだという問題があるので、本書では用いない。

さて、現代世界において最も一般的に受け容れられている国際秩序のありかたは、少なくとも建前上は互いに対等な主権国家が並立しているというものである。主権国家とは、一定の国境線によってはっきりと区切られた領域の中に、「外国からの干渉に左右されない排他的・絶対的な権力＝主権」を持つ者である王、または国民がおり、そのような主権者が対内的に統治を行うという政治の枠組みである。そして、このような独立の主権国家があまた並び立つものとして国際社会が存在すると理解されている。それぞれの独立国家は、互いに干渉されない排他的な権力＝主権を持っているがゆえに、対外的には建前上対等な条件で交渉を行い、あるときは妥協し、あるときは決裂して戦争を行うことになる。

このように、主権を持った国家によって構成されるような、しばしばアナーキーですらある国際秩序のことを一般的に近代国際体系と呼ぶ。それはもとはといえば、近世ヨーロッパにおいて絶対王制国家どうしが血みどろの戦いを繰り返した結果（三十年戦争）、その一大妥協として一六四八年にウェストファリア条約を結び、排他的な主権を持つ王国どうしの対等さを認め合ったところから出発している。

その後、ひとりひとりの人間どうしの関係や、君主と国民との関係のとり結び方を問う社会契約論があらわれ、さらにフランス革命に代表される市民革命の発生や、マスメディアの発達、政治的な大衆の出現にともない、「一定の国境線で区切られた領域の中で、同じ国民としての意識で結ばれた人々が国家（国民国家）を構成している」という近代国民国家のイメージが生まれた。そして国家の権力は、国王の絶対的な所有物から、国民として共通の意識を持つ人々の総意を反映した共和制、あるいは立憲君主制へと移行していった。その結果、近代主権国家と近代国民国家は事実上同一視されるようになっている。

「東アジア」伝統社会の不平等

今日、日本はもとより「東アジア」に住む人々は、このような国際社会のイメージをごく当たり前のものと考えているかもしれない。しかし、実はそれは「東アジア」にとって新しい、外から移されてきたイメージである。そもそも、このような近代国際体系の形成過程に与《あずか》らなかった非ヨーロッパ諸国・諸地域にとって、いま存在している国際的な枠組みとは、すべて伝統的な地域秩序と近代国際秩序のあいだの合成物、またはきわめて錯綜した思想的なたたかいの産物だということになる。

では、伝統的に「東アジア」の地域秩序を規定した華夷思想が、近現代においてヨーロッパ由来の国際秩序と出会ったときにどのような反応を生み、影響をもたらしてきたのだろうか？

華夷思想と「東アジア」の伝統秩序を考えるとき、ひとえに悩ましく複雑な問題がある。それは、そもそも近代国際法の基本原則にして、かつ現代の国際社会において生きる人々が等しく抱いているような「すべての独立国は国力・規模の大小はあっても、独立国であるという一点において対等である」という原則がまったく成り立たないことである。

それでは、この華夷思想は、異なる存在・異なる政治社会との関係をどのように考えていたのだろうか。大まかにまとめると、それは「人間の社会と文化には理想的なものがただひとつだけあるにすぎず、そうではない存在は人間として正しいありかたを踏まえているとはいえない。さらに、理想的ではない存在は、そもそも社会や文化と呼ぶに値しない」と考えるところから出発する。それは言い換えれば、「人間は本質的に不平等である」という命題へのゆるぎない確信がまず最初にあって、そのうえでもし本当にすべての人間の平等を実現しようとするならば、「正しくない」存在の側が徐々に「正しい」側へと移り変わって同化して行くことによってしか実現しえない、という発想である。それは、今日の国際社会が抱えているさまざまな紛争を緩和してゆくうえでおそらく欠かせないものになるであろう文化相対主義や多文化主義とはおよそ対極に位置するものであるといってよい。

華夷思想と漢人の形成

それでは、華夷思想は一体どのような過程を経て拡大し、幾代にもわたって「東アジア」という地域世界に大きな思想的影響を与えてきたのであろうか。さらにくわしく述べてみたい。

華夷思想は、人間を「華」と「夷」の二種類に分類し、完全な人間存在であるとされる「華」の側が、「文明」「文化」を共有していない点で正しく人間となりきれていない不完全な存在である「夷」の側に対する優越を主張する。そして、「華」は正しく完全な人間存在であるがゆえに、「夷」を排除したり、「夷」の「華」への転換、すなわち「華」の側による働きかけ＝教化を正当化し、そのような立場から秩序を構想する。

もちろん、「自分たちは文化栄える土地に住んでいる」「周辺の民族は未開でおくれている」というように、世界を単純な二項対立的図式によってとらえる発想は、古代文明以来地球上のさまざまな地域においてみられるものであり、決して華夷思想だけが特異だったわけではない。

しかし華夷思想は、他者に対する消極的な見方を体制の「教え」にまで内面化・正当化し、今日にいたるまで「東アジア」の政治と社会に計り知れないほど根深い影響を残した。

その背景にあるのは、まず何といっても黄河と長江（揚子江）という巨大な河川とその支流によって育まれた、生産力に恵まれた農業経済環境であろう。

かつて二〇世紀中頃の経済史家・ウィットフォーゲルは、文明の誕生と発展とともに農業生産を安定させる必要が生じたところでは、大規模で計画的な灌漑と治水が必要になり、そこで多くの農民が大規模な治水工事へと動員される過程を通じて、広大な領域と多くの臣民をしたがえる強大な国王権力と官僚制が発達したと論じた。そして、そのような政治体制によって象徴される中国文明と漢人の社会は「アジア的な専制」のひとつの典型例であると述べた。

もっとも、このウィットフォーゲルの議論をめぐっては、この地域にはべつに分権的な都市国家や封建制も現れたし、家族単位で完結した生産を行う農民（小農）と専制権力との関係はそれほど強制的なものでもなかった、といった多くの異論が積み上げられている。したがって、「東アジア」の古代王朝もそれこそ多様な見方の中から立体的にとらえられるのが望ましい。

それでも、少なくとも農業と商業の発展や豊富な税収をふまえて次第に都市が栄え、やがて都市が国家としての性格を備えるようになるにつれて、早熟にして洗練された文化が生まれるだけの条件が揃ったことは確かであろう。都市の文化と農業の恩恵に与った人々が、その生活をさらに安定させるために、治水工事を積極的に行う専制権力に協力したこともじゅうぶん考えられる。

こうして文化の香りが漂う都市国家は、漢字の源流にあたる甲骨《こうこつ》文字を用い始めた。そして、自らの周囲に城壁を築き、その外側にいる「洗練されていない人々」、具体的には言葉や衣装、髪型などが異なる人々を区別しはじめた。今日の河南《かなん》省平原部＝「中原《ちゅうげん》」に都を置いた殷《いん》・周《しゅう》といった古代都市王朝がその源流にあたり、彼らはすぐれた存在としての都市国家住民を「華」「夏《か》」「華夏」、そうではない存在を「夷《い》」（東夷《とうい》・南蛮《なんばん》・西戎《せいじゅう》・北狄《ほくてき》）と呼んだ。すでに文字文化を持っている「華」の都市国家権力は、「夷」としばしば激しい抗争を繰り返したものの、「夷」の側が次第に「華」の文字文化に対する憧れを抱くようになったことから、結果的に「華」の文化や行動様式は広まっていった。それとともに、「華」「華夏」と表現される文化的・地理的な範囲も拡大していったのである。

この結果、かつては「夷」と呼ばれていた人々を次々に巻き込むかたちで、今日の漢人にいたる大まかなまとまりが形づくられた。それとともに、本来「夷」の側だったはずの諸都市国家や諸君主も、後世の歴史書の中では「華」を構成する一部分としてとらえられた。

今日膨大な人口にのぼる漢人は、当初から誰もが漢人だったのではない。「華夏」と呼ばれる文明が起こった当初からの「中原」都市国家の末裔にあたる人々は本当にごくわずかにすぎない。北方の漢人は大柄で丸顔気味、南方の漢人は相対的に小柄なうえにタイ人やベトナム人などに近い顔の輪郭であることにも象徴されるように、「中原」で興った「華夏」文明、とくに漢字で表現できる漢語（中国語）を次第に受け容れて共有することによってはじめて、多種多様な人々が漢人であることを選択していったのである。

それゆえ、漢人とは、本質的にいって文化的な共同体である。ひとつの共通の祖先に発する血の流れを脈々と受け継いできたことによる血縁共同体であるとは到底考えにくい。

「文化」と「漢化」

「文化（漢字文明）が民族をつくる」という考え方は、実は今日の中華人民共和国でも意外と根強いように思われる。くわしくは終章で触れるが、二〇世紀以来の中国ナショナリズムにおいては、漢人を中心とし、かつ漢語＝「中国語」を国語とする国民国家を建設し、その枠組みをもとに西洋的な近代化を進めようとした。その過程で、多くの「少数民族」が必要に迫られて漢語・漢字を学び、民族衣装ではなく洋服を身につけるようになったが、そのことを指して「少数民族」が「漢化」したと表現することが少なくない。異なる民族・文化的集団であっても漢語と漢人らしい行動様式を手に入れるのであれば、その瞬間から彼・彼女は「漢人になる」のであり、その事実を漢人の側としても積極的に受け容れようとしたのである。

もちろん実際には、漢語に堪能《たんのう》な「少数民族」がただちに「漢化」するわけではない。そ

多民族国家の典型的表現　中央は毛沢東。青海省西寧駅の壁画。1994年、筆者撮影

れは、流暢な英語を操り、英米両国の生活様式や大衆文化に対して親近感を持っている漢人が、必ずしも英国人や米国人と同じ自意識を持っているわけではないのと同じことである。そもそも、「洋服を着ると漢人に近づく」とは一見奇妙な発想であり、本来ならば世界レベルでの西洋化の流れの中でとらえるべき問題ではないか。それにもかかわらず、この場合「洋＝漢」になってしまうのは、「進んだ西洋文化を中国において代表するのは漢人であり、漢人が代表して解釈した西洋文化を少数民族に与えるのだ」という意識と一体であるといえまいか。

その証拠として、多民族による統一国家としての中華人民共和国を表現する場合に往々にして描かれる、漢人と各「少数民族」が一堂に会している絵画的表現がある。とくに毛沢東時代に描かれたものの場合、その前列中央にいるのは中山服《ちゅうざんふく》（日本で俗にいう「人民服」。孫文＝孫中山が、革命党員のための服装として、日本の詰め襟学生服や陸軍軍服に範をとったことに由来する）を着た毛沢東や共産党幹部・労働者であり、さまざまな民族衣装を着た「少数民族」が彼らをとり囲んでいる。要するに、洋服・革命服を着た漢人が、まだ洋服を着ていない「少数民族」を「先進的」な社会主義社会・近代化の道へと導く、というイメージそのものである。そして「少数民族」の側には、共産主義の理想の実現に向けた覚悟、または今日風にいえば「中国の特色ある社会主義の先進性と中華民族の一体性」を担う者としての自覚が求められ、民族衣装から洋服へと着替えてゆくことが期待されることになる。

いっぽう「少数民族」には、民族衣装を着用して個別の民族文化を維持発展してもらわなければ、内外に向けた「統一多民族国家」としてのアピールが成り立たなくなる。したがって、「漢化」の思想と、中華人民共和国の国家統合のあいだには本質的な矛盾が隠されている。

ちなみに、文化と「民族性」とは選び取って変わってゆくものだという発想の名残もあるのだろうか、今日の中華人民共和国において自分の民族名は、政府が認めた合計五六の民族の範囲内で変更することができる。ただしもちろん、ベトナムの最大民族でもある京《キン》族の人が突然中国籍のロシア人＝オロス族に変更するというような、本人や一族のライフヒストリーを無視した変更はあり得ない。多くの場合、漢人と「少数民族」の通婚や政治的な理由（かつては「少数民族」への圧迫、今では受験などにおける優遇政策）ゆえに、「漢」と「少数民族」のどちらかを選ぶのが一般的な変更事例である。

なお、漢人地域と接して住んでいる民族は、国境の外側で独立国家を形成している民族も含めて、ほぼすべて中華人民共和国の「少数民族」として指定されている。しかし、ただ日本人だけがこの中に含まれていないことは留意しておいてもよいだろう。なぜなら、そのこと自体が日本と中国とのあいだの地理的・歴史的・政治的な距離や複雑な関係を表しているからである。

儒学思想における「華夷」

以上、漢人の形成・拡大原理と華夷思想の基本的な考え方を、今日的な問題点も含めてみてきた。そこで次に重要なのは、それがどのように政治・思想的に精緻化され、「周辺」に住む他者との上下関係を再生産したのかという問題である。このとき非常に大きな意味を持ったのが、紀元前六〜前五世紀の思想家・孔丘《こうきゅう》（孔子）の存在である。

孔丘が生きた春秋戦国時代においては、すでに殷・周王朝を中心として形成された都市的な漢字文明が多くの周辺都市国家にも共有され、諸々の都市国家とその属領を巻き込む大きな広がりを持った「華夏」という地域イメージが一般化していた。その中でもとりわけ周王朝は、漢字文明の正統を受け継いだ存在として重視・尊重され、伝説の諸帝たちから周王朝の名君（文王・武王など）にいたる理想の支配を再現しうる者が真の王者となりうるという観念が生まれつつあった。また当時は、覇権を争う諸都市国家の支配者への助言を通じて自らの立身出世を目指そうとする教師が、各国を遊説して歩くことがさかんであった。孔丘は、まさにそのような時代の申し子として、理想の政治を再興するための遊説に励み、都市国家の支配階層の子弟を対象に、道徳の修得による立身出世と国家運営を説いた。その言行録が『論語』である。

ここで孔丘がとくに重視した政治論は、大まかにいって以下のとおりである。

①商《しょう》の紂王《ちゅうおう》による残虐な政治を反面教師としなければならない。君主が悪逆非道を尽くせば天命は失われるのであり、民衆がその王朝を打倒するために起こした反乱は、その成功によって正当化される。そして、天命が新しい指導者とその血統に下ることになる。（易姓革命）

②それゆえ、統治者は善政に努め、知識人から助言を受けると同時に、国家と祖先の儀礼を重視し、君臣・父子・夫婦・兄弟・朋友の関係をよりよく処理できる道徳的人間が担うような、正しい支配を強化しなければならない。（修身斉家治国平天下『大学』）

儒学思想は、こうした議論の説得力によって影響力を徐々に拡大していったが、とくに漢の時代になると儒学が正式に官学として採用されたことを画期として、統治や社会の安定に関心を持つ者の一般教養としての地位を決定的にしていった。しかしそのことは同時に、本来は礼儀と道徳の学であったはずの儒学が、政治権力とのかかわりを媒介として、華夷思想の社会的影響力を強める方向にはたらくという副作用をともなった。儒学者たちが「正しい」礼儀や道徳の基準として列挙した、周の時代の儀礼の様式や人間関係を模範とする『周《しゅ》礼《らい》』を遵守することこそ、「華」であることの必要十分条件となったのである。

いっぽう、『周礼』を遵守するだけの知識も能力もない人々は、自ずと「教化」の対象となっていった。「教化」するのは基本的に、漢字文明・儒学文明に連なる文字エリート（士大夫）であり、「教化」されるのは文字を学んでいない農民や「周辺」のさまざまな集団である。このうち、言語的には漢語を身につけていた農民はさておき、漢語・漢字を身につけていない集団の場合には、「教化」の呼びかけをたとえ受け容れたとしても、現実に儒学的儀礼を実践するには相当の精神力と経済力が必要になる。そこで、言語的な壁がいっそう「華」の側の「周辺」に対する「夷」としてのレッテル貼りを強めていった。

要するに、「華」「夷」の基準とは、特定の礼儀作法を実践できるかという、ただそれだけの議論にすぎない。それにもかかわらず、それが早熟な漢人文化の下で拡大再生産された結果、絶大な思想的影響力を「東アジア」レベルにおよぼすようになったところに大きな特徴がある。

朱子学の形成と問題点

儒学思想が強めてきた特定の文化的価値への信念と、その裏返しとしての他者に対する偏見を強化することになったのが、孔丘の時代から約一六〇〇年くだった宋代の儒学者・朱熹《しゆき》と、彼の思想を中心として形成された朱子学《しゆしがく》（宋学）である。

朱子学は、「礼」の遵守と望ましい人間関係の構築を通じて天下国家を運営し「文明」を実現しようとした儒学思想の基本的理解に、さらに「正しい」人格と宇宙の法則との結合を盛り込むことによって、儒学を学び実践することへの宗教的な信念を盛り込もうとしたものであった。

それは、当時一世を風靡していた仏教、とくに禅宗に対する危機感と対抗心の表れでもあった。もし多くの人々が、人生を積み重ねてゆくうえでの悩みを解決しようとするとき、儒学的な「礼」の実践ではなく、現実を空しいものとみなして苦しみからの解脱を説く仏教に頼るとすれば、それは果たして儒学にとって何を意味するのだろうか？　答えはきわめて明瞭。儒学など学ばなくとも、人間はよりよく心の問題を解決して生きられるということである。

だからこそ、朱熹をはじめとした儒学者は、精神修養を通じて天の法則と人間存在が一体化できるという視点を強く打ち出した。そして、儒学を通じてこそ人間の心の空虚は満たされ、宇宙の法則の中で自らの心の居場所を得ることができるのだと説いた。

まず朱熹は、万物の根源として「太極《たいきょく》」があるといい、その「太極」の具体的な表れとして、個別のすべての事物には完全なる善として「理」＝法則が備わっているという。いっぽう、現実は「気」＝物質から成り立っており、本来「理」と「気」は相補うのだという。ところが、「気」は環境によって左右されてしまい、「理」が覆い隠されて「悪」の状態に陥っているので、人間が「理」を正しく実現するために精神的な修養を積み重ねることによって、曇った「気」を晴らさなければならないとした。

こうして、個人の信念や信仰は万物をつかさどる「理」に一元化される。それと同時に、人間存在は絶対的な善として肯定される。そのことを最も簡単かつ明瞭に言い表したのが、漢人社会において伝統的に識字教育の第一歩として用いられてきた教科書『三字経《さんじきょう》』の冒頭にあらわれる「人の初め、性は本より善なり」という有名な文句である。そして、「理」という法則を通じて「天」と結びつく人格が尊ばれ、現世の問題に対する働きかけと改良が信念とされた結果、輪廻・解脱や超越神といったものが否定された。

「淫祠」「邪教」という名の抑圧

しかし、徹底した「理」の修得と、「礼」から推し広げて社会に働きかけることを通じて「天人合一」の境地を目指すという発想は、仏教の悟りの境地が決して容易に到達しうるものではないのとまったく同じように、相当な精神的エネルギーを多くの人に要求するものであった。

なによりも、その修養の過程を実践するためには、多くの時間と費用がなければならない。たとえ多くの一般の人々が朱子学、さらに儒学一般の説く徳目に共感を覚え、『三字経』や『論語』などの経典を通じてそれを内面に取り込んだとしても、結局はそれで事足りてしまい、むしろ心の救済については相変わらず仏教や道教の世界に求めることの方が一般的であった。

一般庶民の相も変わらぬ「礼」からの逸脱と、仏教・道教的な「空虚と無為への逃走」という事態に対して、朱子学は一体どのように対応したのだろうか。果たして「いずれにしても人間の心を安定させるものであるから広く認めよう」という立場をとったのだろうか。もちろん、そうではなかった。むしろ、仏教や道教が広がるほど、朱子学者たちは徹底的な「礼」の遵守と「理」の修得を求めたし、さらには仏教や道教に由来する風習や儀式を断固拒否する態度をとった。朱子学者は、仏教や道教などの非儒学的信仰を「淫祠《いんし》」と呼んで切って捨て、儒学が「正」であるとすれば、仏教や道教は当然のように「邪」という扱いになった。

もっとも、何が「正」で、何が「邪・淫」なのかを決めるのは、結局のところ朱子学者たちの主観にすぎない。決して、多様な人々のあいだで共有される了解事項は判断の根拠ではないのである。朱子学が決して独善性から逃れられないという問題は、彼らと一般庶民の信仰がぶつかった場合のほか、彼らと国家権力の関係、そして彼ら「華」と異文化「夷」との関係において深刻なジレンマを引き起こす。

とくに、もし時の国家権力が儒学一辺倒ではなく仏教や道教をも尊重し、さらには皇帝たちが仏教や道教、その他もろもろの神（たとえば三国志の英雄・関帝など）を篤く崇拝したとすればどうなるだろうか。その結果、宗教儀式に費用がかさみ、国政上のさまざまな問題が積み重ねられたとすれば、朱子学者たちはそれこそ勝ち誇ったように自らの理論の正当性を主張するだろう。しかし、もし皇帝たちが篤い信仰心を持ってよりよき政治に励み、それで国家と社会が安定したとすれば、あるいは儒学的ではない祭祀を行ってさまざまな吉兆が現れたとすれば、果たして朱子学者たちの「淫祠・邪教はすべて許せない」という主張は信じられるだろうか。

さらに、彼ら朱子学者は、朱子学を学んだ者こそ天下を統治する資格があると信じているにもかかわらず、もし彼らの基準に達しているとはいえない異文化・異民族の集団＝夷狄が強大化し、ひいては天下を支配することになったとすれば、彼らはただちにそのような「夷」の「邪」な支配を排除しなければならないのか？

もちろん理想論としては、彼ら夷狄を排除することによって「正」しい「理」の世界を回復することが、朱子学者の社会的責任である。しかし、もしそのような夷狄の「野蛮」なはずの支配が、儒学の目指す方向とそれほど変わらないものを実現していったとすれば、そもそも朱子学者、さらには儒学思想がいう「正しい華」という見立ては崩壊しかねないのではないか。

つまり、華夷思想と儒学思想、とくに朱子学の歴史とは、自らの主観的な判断基準と国家の現実とのあいだのずれをめぐって混迷を続けた歴史である。

科挙制度の成立と宗族の結合

こうして儒学思想は、原理主義的で非現実的な性格すら備え、他の宗教や異文化との関わりの中で「完全さを求め主張するがゆえの挫折感」を味わうようになってゆく。それでも大まかな状況としては、儒学思想によって理論武装した皇帝や官僚たちが豊富な物産を誇る国家を運営し、実際そこには経済と文化の花が開いた。このため、儒学を学ぶ者として一定の自尊心を保ちながらその優越性を主張すること自体は不可能ではなかった。

とくに、宋帝国が完成させた科挙《かきょ》制度は、純粋に儒学の知識とその応用力を試すことによって、より広く一般的に官吏を登用しようとするものであった。それはもちろん、修身・斉家・治国・平天下という『大学』の理想に沿ったものであり、しかもその担い手は決して皇帝やひとにぎりの貴族だけではなく、儒学の理想を学びさえすればすべての人間に対して開かれているのであるから、これは「学問による支配」「学問のもとの平等による支配」であった。近現代の国家がさまざまな独裁や縁故主義の誘惑とたたかいながら実現した競争的な官吏登用制度と基本的には同じ方法を、制度の趣旨こそ違えども数百年前にさかのぼって実現しているのであるから、そのこと自体は進歩といわずして何であろうか！

科挙に合格するためには、各地で開催される「郷試《きょうし》」から始まって、最終的に皇帝の面前で口頭試問を行う「殿試《でんし》」までのあいだに、幾多の関門をくぐり抜けなければならない。そのためには、現代世界の受験競争で莫大な教育費が家計にのしかかるのと同じく、相当の費用を優秀な子弟に注ぐ必要がある。それだけに、もし科挙の受験に成功して官職を得て天子＝皇帝の名代となることができれば、それは一族の誇り・郷土の誇りとなりうるし、官僚となった者が誘導する利益に一族が与ることもできる。

こうして、一族の中でも優秀な子弟に資金援助を行うことを通じ、血縁を同じくする者たちがその結びつきを強め、再確認するようになる。科挙を通じて成功し、名声を大いに高めることに成功した一族は、合格して官吏となった者とその父母を顕彰するため、一族の系譜（族譜）の中にひときわ大きな位置づけを与えたり記念碑を建てたりする。漢人社会における父祖を同じくする血縁関係のありかた（宗族）は、科挙制度を通じていっそう強められ、しかも科挙のさらなる合格と利益誘導の積み重ねを通じて、儒学の「礼」と学問に忠実かつ裕福な社会階層が形成された。このような階層のことを一般的に士大夫《したいふ》、または郷紳《きょうしん》と呼ぶ。

もちろん、貧しい一般の庶民が子弟に科挙の受験をさせることなど夢のまた夢であり、その点において科挙は完全な機会の平等を提供していたわけではない。しかし、特別に優秀な貧民の子弟が同郷の援助を得て苦心の末に科挙に合格した事例はあるし、「夷狄」であるからといって異民族の受験を排除したわけでもなかった。実際、イスラーム教徒や貴州・雲南などの非漢人からも科挙の合格者を輩出している。あくまで、儒学の知識と「礼」を体得すれば貧富貴賤を問わず万人に開かれていたのが科挙制度である。

科挙にみる「公」「私」の矛盾

ところが、科挙制度を通じた立身出世には、儒学の理想ゆえの本質的な矛盾も同時にかくされていた。本来儒学とは、道徳的な修養を積み重ねた個人の良心や情熱を、理想的な社会の実現に注ぐためにある。そこでは自ずと、より多くの人々に共有される価値としての「公」が優先されるべきである。

しかし、科挙に成功して個人と宗族の勢力を強め、士大夫という社会階層を固定化することと、あるいはそのために科挙の受験を志すことは、儒学本来の精神から大きく逸脱することを意味している。そして、そのような目的のために儒学の知識が利用されるとすれば、その瞬間からもろもろの経典は単なる受験の参考書にすぎず、小手先だけの受験指南がはびこるだけとなろう。

逆に、その矛盾から抜け出すために科挙の受験をやめて「清談」の世界にふけり、個人的な心と学問を深めることで充足感を得ようとするならば、それもそれで「清廉」という名声を争うものであり、社会に働きかける学問としての儒学の目的から逸脱することになる。

こうして、科挙制度とそれを取り巻くすべての人々の思惑は、儒学が示す「正しく、公共的な」価値との関係で矛盾を深めていった。だからこそなおさら、道徳心や「礼」をどのように「正しく」実践するのかという問題が政治的な課題として繰り返され、儒学的な価値がどの程度実現されているかという主観的な基準が「華」と「夷」、「文明」と「野蛮」を分ける基準となった。

ちなみに、社会人類学者の費孝通《ひこうつう》によると、漢人における個人・血縁・地縁・国家社会の相互関係は、個人を中心とした徐々に薄れゆく波紋状の広がりとしてとらえられる。その結果、利益の源泉となる血縁・地縁に強い関心はおよぶが、そこから先の社会一般・国家・天下に対する関心は相対的に弱くなるという、儒学の本来の理想とは裏腹になる傾向があった。

中国革命の父とされる孫文は、このような状況をいみじくも「中国人はバラバラな砂だ」と表現している。また、中国や韓国での「抗日」の背景には、「われわれは個人主義と家族主義の度が過ぎて社会的な団結心に欠けるからこそ日本に敗れてしまったのだ」という先入観がある。

したがって、儒学と科挙を媒介とした利益の追求や同族・同郷結合と、波紋状に薄れゆく個人と社会の関係をどのように批判的にとらえ、その中から同じ国家・社会を担う「国民」「集団」としての意識をどのように形成して、外国からの脅威に抵抗するのかという問題は、「東アジア」諸国が近代という時代の中で等しく直面する課題となるのである。

「中華帝国」明の朝貢貿易システム

長江と黄河、そして北方の草原

「東アジア」の漢人社会に成立した、儒学思想にもとづく政治体制は、その精神を必ずしも現実の政治社会に対して十分に反映できないという問題を抱えていた。それにもかかわらず、同時代の他の地域と比べて際だった経済と文化の発展をみることができ、それゆえに「華」としての自負心を保ち続けることができたのは、先にも述べたように、黄河・長江という二本の大河とその流域を中心とした巨大な農業生産と商工業の基盤を抱えていたからこそである。

とりわけ、今日でも中華人民共和国の目覚ましい経済発展の中心となっている長江流域は、温暖な気候と適度に豊富な降水量、それに稲作に適した肥沃な平坦地を豊富に抱えており、さらに茶や桑など付加価値の高い商品作物をも産出し、絹織物や陶磁器に代表される軽工業が古来栄えてきたという点で、まさに「東アジア」における富の一大蓄積・集散地であった。

これに対して、かつて漢字文明を生み出した「中原」の地である黄河の流域（厳密に記せば、西の秦嶺《しんれい》山脈から東の淮河《わいが》流域を結ぶ線から北）は、遠い古代においてはそれこそ豊かな森に包まれた水と緑あふれる大地であったらしい。しかし、次第に「文明」の名のもとにおける乱伐や開墾が進み、黄土高原の保水力が低下した結果、華北全体の気候は激変し、深刻な乾燥化が進んでしまった。こうした中、淮河以北の地域では長年来、麦・コーリャン・トウモロコシなどを生産してきたが、それも十分な経済的余剰を生み出すほどではなかった。

したがって、当初は黄河流域で発生した漢字文明と漢人の社会は、自然環境の変化と、長江流域の人々の漢字文明の受容（＝漢化）の流れに沿って、次第に長江の流域へと経済・文化活動の重心を移していった。しかしもちろん、文明の起源の地である「中原」の重要性がそれゆえに損なわれたわけではない。

しかも「中原」の地と華北一帯は、文化的な資源はそれなりに備わっていても経済的な中枢ではなくなったために、次第に政治的な勢力争いの焦点へと転じた。なぜなら、華北の北にはモンゴル高原から北東アジアにいたる広大な草原が広がっており、そこには騎馬を自由自在に操ることができる遊牧・狩猟民族が居住していたからである。そして彼らは、より豊かな消費生活を営むために、漢人地域で生産される財を求めてしばしば南進・東進を繰り返した。

元という帝国

しかし、そこで漢人の側が機敏に対応して、彼ら北方の「夷狄」の主な目的は物産の融通にあると理解すれば、政治的な安定を持続させることも実は難しくはなかった。たとえば開《かい》封《ほう》に都を置いた北宋《ほくそう》は、北方の新興国・遼《りょう》とのあいだに一種の平和条約である「澶淵《せんえん》の盟《めい》」を結び（一〇〇四年）、遼の南下を防ぐ代わりに豊富な物産を毎年無償供与している。この枠組みによる平和は、遼に代わって拡大した金《きん》が一一二五年に侵入し、ゆえに宋が開封から杭州《こうしゅう》（臨安《りんあん》）に遷都を強いられるまで続いた。少なくとも遼は条約を守ったことになる。

その後の南宋はもちろん失地回復の念を抱き続けたものの、華北を支配下に置いた金とはそれなりの貿易を行い、束の間の安定（まさに臨安という首都名そのもの）を得た。朱熹が朱子学を創始し、当初は弾圧されつつも次第に国家の学問として位置づけられていったのもこの時期である。

ところが、金に代わって北方のヘゲモニーを握ったモンゴル帝国は、単にそれまでのような、華北という場を媒介として物産豊富な漢人地域との交易に満足するような国家ではなかった。まさに当時最強の騎馬兵力を駆使して、東は朝鮮半島（そして台風で攻略に失敗した日本）、西はヨーロッパにまで勢力を拡大し、それまで世界各地において比較的完結したか

サキャ寺　ラサの西約500kmにある。手前の北寺は文革で破壊され、筆者が撮影した2006年時点では再建中だった（現在は完成）

たちで展開していた諸文明・地域世界を一気に結びつけることに成功した。そして、乾燥したユーラシアの草原をまたぐ交易路を確保して路牌《ろはい》（通行手形）を発行し、隊商に安全を保障することによって、陸路による東西交流を飛躍的に増大させた。

　また、モンゴル帝国は早い段階から帰順したトルコ・ペルシャ系の「色目人」を重用し、多様な担い手からなる柔軟な世界支配を実現させようとした。そのようなモンゴル帝国が、南宋が握ってきた長江流域の経済的利益を一手に吸収することはいともたやすいことであり、南宋は一二七九年に滅亡した。そして、モンゴル帝国の東部にあたる地域を管轄するフビライの元帝国が、漢人地域全体をも支配した。

　元の成立は、内陸アジアのモンゴル・チベット・トルコ系の人々と、漢人地域・朝鮮半島がはじめて強大な権力の下に結びつけられた画期でもあった。たとえばチベットに関していえば、当時は複数の宗派がそれぞれ世俗の豪族と結びついて対立を繰り返していたが、その中でも名声を博していたサキャ派の長・サキャパンディタが、チベットをも手中に収めようとして軍事作戦を計画していたモンゴルとのあいだに和議を成立させて服従し、同時にモンゴル人の皇帝がサキャ派の仏教に帰依するという成果をも得た。以来、モンゴル・元としては、新興の帝国に文化的な香りを添えるために、サキャ派のチベット仏教を国教として重視し、とくにサキャ派の高僧パスパはフビライの国師として、モンゴル語を表記するためのパスパ文字を考案した。いっぽう、漢人に対しては儒学を尊重する姿勢を見せ、宋と同様に科挙を実施してもいる。

しかし、そのような元の支配も長続きはしなかった。なぜなら、元の中枢は大都での生活を続けるほどに華美に流れて騎馬民族本来の資質を失い、とくに皇帝はチベット仏教にしばしば没入するなど、国家予算を浪費するのみで、民生の改善には力を注がなかったからである。加えて、南北交通の重要な手段として位置づけた大運河の改修にともない、もともと裕福ではなかった華北の住民を動員して疲弊させ、彼らを民衆反乱へと追いやった結果、大運河の水運は次第に麻痺し、大都に十分な物資が届かなくなって国庫が枯渇してしまった。こうして、激しさを増す民衆反乱（紅巾《こうきん》の乱）の中で、元はあっけなく瓦解した。元が大都を放棄してモンゴル高原に退いたのは一三六八年であるから、漢人地域に対する支配は約一〇〇年で幕を閉じたことになる。

明の成立と朱元璋

再び立ち現れた漢人主導の帝国・明を建国したのは、元末の民衆反乱が吹き荒れた淮河の流域で、孤児という境遇の中から頭角を現した朱元璋《しゅげんしょう》であった。朱元璋は、元の支配の矛盾

朱元璋　「中国史」上まれな「悪相」で知られる。呉晗『朱元璋伝』より

が最も集中的に現れた地域の出身者として、モンゴルのような北方の夷狄が権力を握るといかに悲惨な事態が起こるかを身をもって体験していたことから、モンゴル人によって奪い去られていた漢人の文化的栄光を取り戻して真に理想的な「中華」を実現し、天命にのっとった平和な支配を回復しようという目標にひときわ強烈なこだわりを持った。

それは単に漢人の内部における平和と安定の回復にとどまるものではない。本来、漢人の「華」が道徳的な支配を通じて富み栄え、それに対して周辺の「夷」が思慕を抱くことによってはじめて、あらゆる存在があるべき状態を実現し、「天」の「理」が天下の隅々まで行き渡る以上、あらゆる地域の「夷」にあたる人々も、明という「正しい」帝国の成立とモンゴルによる支配の終焉を歓迎し、喜び勇んで皇帝のもとに馳せ参じるべきであった。

そこで、朱元璋は次のような詔書を発して、あらゆる国が新首都の南京に朝貢に来るよう求めた。それはまさに、華夷思想原理主義的な「中華帝国」の完成宣言である。

昔の我が帝王が中国を統治すること、至徳の要道を以《もっ》て民を和睦させ、それを周囲の夷狄にも及ぼして安寧を保証するものであった。しかし、胡人《こじん》（モンゴル）が華夏を百有余年も窃取してからというもの、冠と靴をさかさにつけるような野蛮ぶりであった。野蛮な君主の失政は四方を騒がせ、群雄は争い、およそすべての生霊は塗炭の苦しみに遭遇したのである。朕は海内をことごとく平らかにし、臣民は朕を天下の主に推戴し、国号は大明とした。朕は我が前王の道に従い、繁栄を民衆におよぼすつもりである。

そして朱元璋は科挙を復活させて、朱子学を国家の正統な教義と位置づけるいっぽう、一五世紀に入ると国力の回復にともなって、雲南のムスリム出身の宦官《かんがん》である鄭和《ていわ》が率いる大艦隊を、はるかアラビア半島周辺にまで差し向けた。その目的は、莫大な財宝を持参して各国を親善訪問し、東方に立ち垷れた大帝国・明の威光を知らしめ、彼らに朝貢を促すためであった。

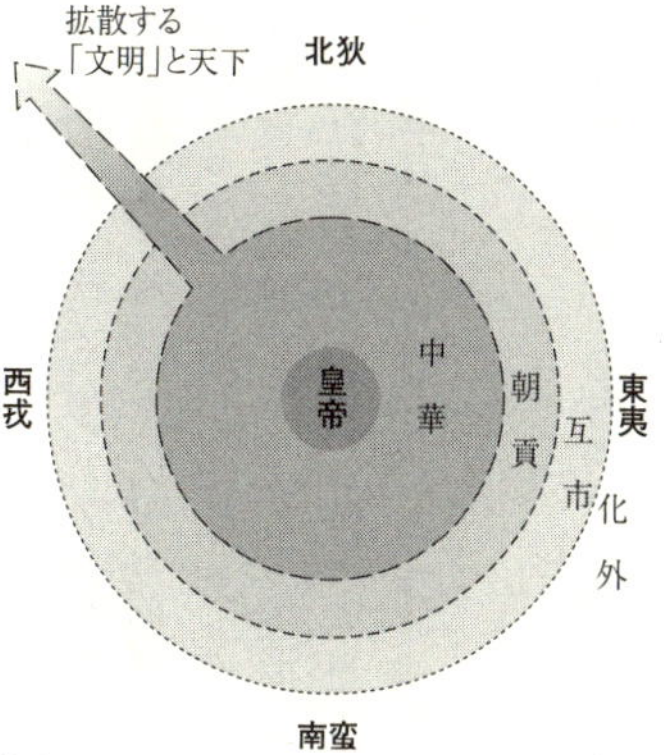

華夷思想の「天下」の理念　「国境」の概念はなく、拡散する「天下」があるのみだった

また、朱元璋は内陸アジアに向けても入貢を促すことを怠らなかった。とくにその重点が置かれたのはチベットである。なぜなら、もともと騎馬不足に悩み、しかも元を追い払って以来モンゴル高原とのあいだで対立を抱えていた明にとって、チベット産の馬は極めて魅力的だったからである。いっぽう、ビタミン源が少ない高地に住む

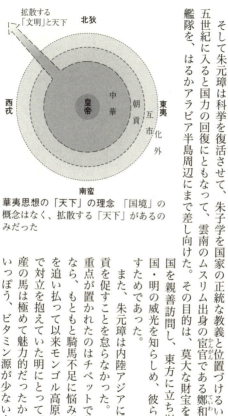

チベット人の生存にとって、漢人地域で豊富に産出される茶は不可欠であった。そこで明は、四川や雲南で行われる茶馬交易の交換比率を適正に保とうとしたものの、それでも明の成立当初はチベット人の軍事的優位により、馬の価値がなかなか下がらなかった。そこで明は、もしチベット人、とくに各宗派・氏族教団の高僧が朝貢するならば、元代のパスパをはじめとした高僧と同じような優遇を保証することを宣伝した。

その結果、次第に朝貢国・朝貢僧の数は増加の一途をたどり、南京、そして一四二一年以後の首都である北京は、さまざまな衣装を身にまとった使節で賑わいを見せるようになった。

「中華帝国」の階層構造と朝貢貿易

朱元璋による真の「中華」の創造と天下支配の理想が、朝貢に来た諸国・諸集団を巻き込むかたちで進んだ結果、大まかにいって次のような手順にもとづく同心円状の階層構造、あるいは世界帝国の秩序が形成されたと考えられている。

①徳のある者として易姓革命に勝利した者が天命を承《う》けて「理」を体現し、天に対しては天子として天を祀る儀礼を執り行い、天下全体に向かっては皇帝として君臨する。

②皇帝は、その権威に敬服して恭順の意を示した朝貢国の支配者を「国王」に封じ、王としての印を与え、「国王」と称させる（個別の朝貢国の国王が「皇帝」またはそのいずれか一字を名乗ることは僭越につき、理念上は固く禁じられる）。

③朝貢国に対して正朔（皇帝が定めた正しい暦）を奉じさせる。そのことによって、朝貢国は単に皇帝を中心とした空間を共有することになるだけでなく、時間においても「天」と皇帝の意志によって意義づけられた正しい時間的秩序を共有することになる。

④朝貢国は皇帝が定めた間隔にしたがって（○年一貢）定期的に朝貢を行う。これに対して皇帝は『中庸《ちゅうよう》』にいう「来たるを薄くし往くを厚くする」の原則にしたがって、数倍の額におよぶ回賜《かいし》（返礼の金品）を与える。このような朝貢貿易によって、皇帝の恩と徳を朝貢国側にじゅうぶん知らしめ、彼らがいっそう「華」を慕い、「華」の文明の成果を積極的に取り入れることが期待される（「夷」に対する平和的な「教化」のプロセス）。

⑤皇帝は朝貢国が朝貢貿易を通じて確実に利益をあげ、それによって皇帝の恩を感じ取ることができるようにするため、厳格な海禁《かいきん》令を同時に実施し、私的な海外渡航や貿易を禁じた。

なお、明がこれだけ莫大な対外的出超をともなう朝貢貿易を行うためには、やはり経済的な裏付けがなければならない。それを支えたのが明の成立以後の急速な経済発展であり、とくにそれはアメリカ大陸や日本で当時豊富に産出された銀が大量に流入することによって実現していた。

恩恵を受ける朝鮮・琉球

しかし、「中華帝国」のこのような秩序は、あくまで「中華」の正統にこだわる皇帝の意向と朝貢の過程にもとづいて描写したモデルにすぎない。果たして、実際に朝貢を行った国々あるいは人々が、本当にそのような「中華」を中心とした同心円状の秩序を偉大なもの、実体をともなったものとしてとらえていたかどうかはまったく別の問題である。

もちろん朝貢国の側には、明を「中華」と認めて、朝貢の儀礼を徹頭徹尾正しく踏み行う存在もいた。たとえば、朝鮮はその最も代表的な存在である。李成桂《りせいけい》がクーデタを起こして高麗《こうらい》に代わる新国家を成立させたのはちょうど元明交替の時期にあたっており、すでに元の高麗に対する支配を通じて朱子学を受け容れていたエリートたちは、高麗の弱体化のもとになった仏教を排斥し朱子学的な国家をつくろうとした。そして、元の支配を放逐して真の「中華」を回復した明の偉大さを慕ったのである。国号の「朝鮮」も、名目上朱元璋から与えられた恩恵深きものであった。

また、前近代において中継貿易で繁栄した琉球も、朝貢儀礼の遵守に徹して明からとくに優遇された存在である。明が成立した当時、日本では南北朝時代の混乱が続いており、とくに西日本の武装した商業集団が朝鮮半島や漢人の一部の商人や遊民を巻き込んで倭寇《わこう》となり、「東アジア」海域世界の商業秩序を大いに乱していた。そこで明としては、とりわけ朝鮮や琉球といった協調的な存在を優遇し、民間の交易を海禁令で厳しく制限して倭寇に打撃を与えることで、あくまで管理された交易としての朝貢貿易の発展を目指した。

朝貢貿易によって大いに繁栄した琉球は、明の恩恵を感じずにはいられなかった。今日、那覇の沖縄県立博物館に現存し、九州沖縄サミット会場の名前にもなった「万国津梁《しんりょう》の鐘

（首里城正殿の鐘）」は、「琉球国は南海の勝地たり。三韓の秀をあつめ、大明をもって輔車《ほしゃ》となし、日域をもって脣歯《しんし》となし、此の二つの中間に湧き出ずる蓬萊《ほうらい》の嶋なり。舟楫をもって万国の津梁となし、異産・至宝は十方刹に充満す」と当時の繁栄を謳歌しているが、それはまさに明との交易を優先的に担う特権的な地位を保証されていたからである。

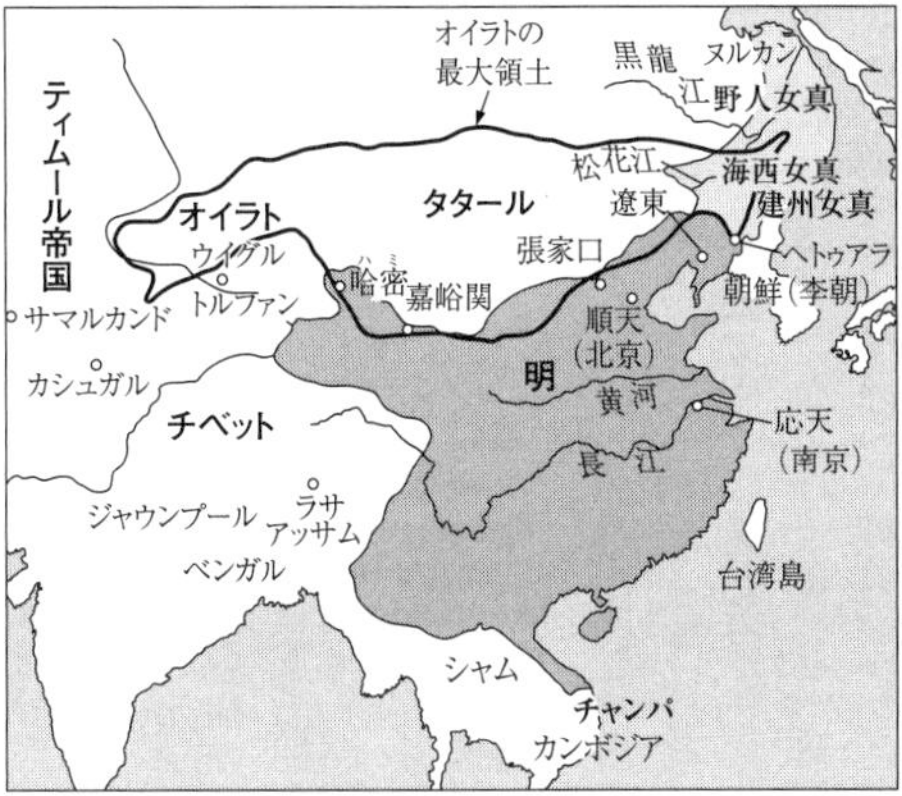

明の最大領域と周辺国　現在のチベット自治区や新疆ウイグル自治区、モンゴル一帯は明の版図に含まれていなかった。上田信『中国の歴史９　海と帝国』（講談社、2005年）などをもとに作成

面従腹背と偽朝貢

しかし、明への朝貢と従属を本当に心から受け容れる朝貢国は、実は少数であった。むしろ、朝貢さえすれば数倍の価値におよぶ回賜品が与えられる以上、利益のためなら明の指示通りに振る舞ってもよいという、極めて冷めた態度に徹する国の方が圧倒的多数だった。たとえば日本は、明の国書に呼応するかたちで足《あし》利《かが》義満《よしみつ》が朝貢を行ったものの（一四〇七〜一一年）すぐに断交し、後に復交しても正式な朝貢ではなく限定的な交易のみを行う「互市《ごし》」としての立場（同心円状

の階層秩序では朝貢国よりも格付けが下がる）に終始していた。

一方、朱元璋の呼びかけに応じて続々と南京・北京へと朝貢したチベットの高僧たちにしても、彼らが心から皇帝の恩恵と儒学・漢字文明を「中華」と感じていたかどうか疑わしい。彼らの場合も、朝貢すれば各種の「国師」号とともに最低三倍以上の回賜品を得られることから、さまざまな宗派・氏族教団が入り乱れて抗争していた状況のもとでは、これほど自らの寺院・宗派の物質的基盤を強めるのに有利な話はなかった。しかも、明の歴代皇帝の少なくない人々がチベット仏教に傾倒していたため、破格の優遇を得られる機会は豊富に存在した。そこで、朝貢するチベット僧の数は年々増加し、とくに一四五〇年代以降は毎年三〇〇〇名にものぼった。

とはいえ、宗教的な名声を博した高僧がこれほど多数いるはずもないので、そのかなりの割合は僧侶に扮した俗人による「偽《にせ》朝貢」だったことになる。しかもその中には、莫大な経済的利益をめあてにチベット語を学び僧侶に扮した漢人も含まれていたという。「偽朝貢」であれば、彼らが皇帝への表向きの恭順を備えていたのかすら極めて疑わしく、彼らは北京への沿道で朝貢使節の特権をふりかざして悪事を重ねた。こうした事態に直面した科挙官僚たちは、「蛮夷の淫俗が華夏の美風を乱している」という悲鳴を上げざるを得なかった。

この種の偽朝貢は、海禁を実施した海域世界においても出現した。いちおう正式な国王の親書を携えた朝貢使節であっても、必要以上に多くの商人を混在させ、あくまで交易を主な目的として来貢することは珍しくなかった。これらは、経済発展とともに増大した商業ネットワークを海禁の名で人為的に遮断しようとしたからこそ起こった現象であり、明としても中期以降は現実に合わせて、朝貢使節の付帯物資への課税や民間船の入港許可に踏み切った。

明が「中華」として実現しようと躍起になった理想的な階層秩序は、あくまで経済的な利益を求めようとする人々の動きに押し流されるかたちで改変を迫られ、さらには膨大かつ惜しみない回賜にともなう国庫の窮乏は、それだけ明の寿命を縮めていったのである。

モンゴルとの曲折

明は正統な「中華」であろうとするほど、華夷思想が決して普遍的ではないことによる矛

明帝国の遺跡　北京北郊にある歴代皇帝の陵墓は明十三陵とよばれる。上は永楽帝の長陵。下は万暦帝の定陵で、地下宮殿が公開されている

盾の底に陥っていった。また、明は建国以来モンゴルに対しては終始優位に立つことができず、むしろしばしば劣勢に置かれ、「中華」としての面目を自ら貶めていた。

朱元璋はあくまで元の支配を憎悪し、本来の中華を実現しようと意気込んでいた。そして、クーデタで政権を獲得した第三代皇帝・永楽帝《えいらく》は、数回にわたってモンゴルに決定的な打撃を与えるべく遠征を試みた。しかし、それは結局目立った成果を得られないまま、永楽帝が遠征先のモンゴルで死去したことによって頓挫してしまう。その要因としては、第一に明は北へ退いたモンゴルをあくまで拒み続けるあまり、新たな対明関係を模索した彼らの交易要求に応えようとしなかったからであり、第二に明には機動的な兵力である馬が不足していたからである。

こうして、華夷思想にもとづく明のモンゴル拒否心理と隔離政策は、ついにモンゴルに対する抜きがたい恐怖心という負の再生産へと向かってしまった。首都をわざわざ南京から、元の首都・大都だったはずの場所に移して北京と改称し、北方をにらむ最前線の軍事的拠点としたことは、そのような表現のひとつである。しかし、それすらもモンゴルの騎馬兵力に対する十分な備えを意味するものではなく、モンゴルのオイラト部との通商を細々と再開したのも束の間、一四四九年には正統帝《せいとう》が、北京の北西を流れる永定河《えいていが》の峡谷でモンゴルによって拉致されるという「土木《どぼく》の変」が起こってしまった。そこで明は万里長城の整備を急ぎ、かくして山海関から嘉峪関にいたるまで延々と煉瓦を積み上げた明の長城が完成した。

もっとも、こうしたモンゴルからの脅威は、後に明自身が一五七〇年に、モンゴルの新興勢力であるアルタン・ハーンと自発的に和解することで取り除かれた。しかし、もはやこの時点では、「華」へのこだわりが引き起こした財政悪化にともなう明の体制疲労は相当なものとなってしまった。

そして、このまま「華」としての面子《メンツ》にこだわりながら沈みゆく帝国が持続するのか、それともついに華夷思想の矛盾の中で自己崩壊の道をたどるのかという不透明な状況が一七世紀に現れたなか、まったく新しい可能性が生まれる。それが満洲人主導の国家・清帝国の出現である。

第二章　内陸アジアの帝国

清の興隆

ジュシェン（女真）とヌルハチの台頭

明が徐々に国力を弱めつつも依然として「中華」を体現する帝国でありつづけようとしていた一六世紀末、北東アジアの地で大きな変革が始まろうとしていた。ジュシェン（女真）人の国家・後金《こうきん》の台頭である。

今日の中国東北部から沿海州にかけて居住し、遊牧・狩猟で生計を立てていたジュシェン人は、明からは建州《けんしゅう》女真・海西《かいせい》女真・野人《やじん》女真と呼ばれ、長らく明に朝貢を行っていた。明という帝国は、その徳を慕って馳せ参じた朝貢国の使節たちに、銀の国際的な流通で活発化した経済の分け前をふんだんに与えることによって、漢人の「中華」を天下にあまねく知らしめ、自尊心を得ようとしてきた。ただし、モンゴルとの関係では右往左往し、天下の主としてふさわしくないはずの長城を延々と連ねてしまった。

それでも、長城の外側にいたすべての陸続きの人々との関係が悪かったわけではない。たとえば、明は今日の遼寧《りょうねい》省の一部にあたる遼東《りょうとう》にも直轄地を構え、周辺の国家・民族とは平和な関係を保っていた。とりわけ朝鮮とは、同じ朱子学を体制の教えとする大国と小国として、そして国号を与え受け取る関係としてきわめて密接な関係が続いており、一五九二年に豊臣秀吉が朝鮮半島に出兵した際にも、明は朝鮮に援軍を送った。このことは、朝鮮がその後も一貫して、明の恩義を受ける存在としての立場を守ろうとすることにつながる。

朝鮮ほどではないにせよ、ジュシェン人と明との関係も大まかにいえば「安定」していた。明の体制が安定して、さまざまな贅沢品の需要が高まる一方、モンゴルを念頭に騎馬兵力の強化を迫られていた中では、ジュシェン人がもたらす毛皮と馬は、明にとって欠かせないものとなった。のち、明がモンゴルのアルタン・ハーンと和解して交易を活発化させたように、明が朝貢貿易の厳しい枠組みや、かつての恨みにもとづく隔離と対立の連鎖から距離をおき、地域それぞれの事情にのっとった交易の拡大を認めるようになった結果、ジュシェ

ヌルハチ　皇帝の正装、朝服像。生前は帝位についていないので、没後に描かれたもの。北京故宮博物院蔵

ン人も北東アジアの商業ネットワークにいっそう積極的に関与するようになった。

ただし、それもあくまで、表向きジュシェン諸部族が明に服従する代わりに、明が恩恵として商業上の利益をもたらすというものであったので、一部の部族はしばしば政治的に交易から排除された。明の遼東における政治・軍事力が十分なものである限り、それはとくに深刻な問題にはならなかった。それでも、一見「平穏」な交易の枠組みが、不満や矛盾の積み重ねによって崩れる可能性も潜在的に増していった。

こうした状況の中から、とくに一六世紀後半以後、ジュシェン諸部族間の合従連衡《がっしょうれんこう》や抗争を制しつつ、明の遼東総兵官・李成梁《りせいりょう》と渡り合うことで台頭してきたのが、建州女真・マンジュ部のヌルハチである。

マンジュという名称は一般的に、彼らが信仰する文殊菩薩《もんじゅぼさつ》（マンジュシュリー。仏陀に付き従って智恵をつかさどる）にちなんでいるとされる。この名と、その音に漢字を当てた「満洲」が、ヌルハチの台頭とともにジュシェンに代わる民族名称となってゆく。その中から、北東アジアの騎馬民族が世界史に燦然と名を輝かせ、のちに衰微して近現代中国に権力の座を譲るという大清の歴史が始まってゆく。

なお、満洲とは当初あくまで部族・民族・文化的名称、そして「満洲人が作った国」というように権力の担い手を指すものであり、特定の地域を指す概念ではなかった。満洲人の故地は清史を通じて、「満洲」ではなく盛京《せいきょう》・吉林《きつりん》といった具体的地域名で表記され続けてきた。それが地域概念として意識されるようになったのは、日本が遼寧・吉林・黒龍江《こくりゅうこう》へと拡張する際に、日本の影響のもとに置かれるべき地域を満洲、そして満蒙と呼んだことに由来する。このような経緯もあって、現代中国でも「満洲」は地域概念としては用いられず、もっぱら「東北」「東三省《とうさんしょう》」と呼ばれる。

清の興隆と「終焉」の地――撫順

ヌルハチをはじめとしたジュシェン諸勢力と明が交易を行う場所としては、遼河《りょうが》の流域に広がる広大な平原と、満洲人が居住する遼寧省東部から吉林省東部にかけての山岳地帯の境界にあたる場所が選ばれた。その最も代表的な交易都市として急速に発展したのが、今日石炭の露天掘りで広く知られる撫順《ぶじゅん》である。撫順とは、まさに明が「夷」であった満洲人を「撫して順わせる」ために開いた都市であることを意味しており、それ自体は華夷思想の表れである。しかし、ここで生み出された富がヌルハチの部族と国家を潤してゆき、やがては明の権力に取って代わることから、まさに撫順の地は清の権力を生み出した揺りかごであるといえよう。しかも、ヌルハチが一六〇三年に都を構え、後金建国の地ともなったヘトゥアラ（赫図阿拉）がある新賓満族《しんぴんまんぞく》自治県も撫順にほど近く、行政的にも今日撫順市に属している。

撫順という地は、日本の近代史においても重要な意味を持っている。なぜなら、撫順はその莫大な石炭・石油資源の埋蔵ゆえに、日露戦争以後一九四五年まで南満洲鉄道（満鉄）の一大財源となり、満鉄、そして満洲国という支配のシステムをつくった日本人が新たな

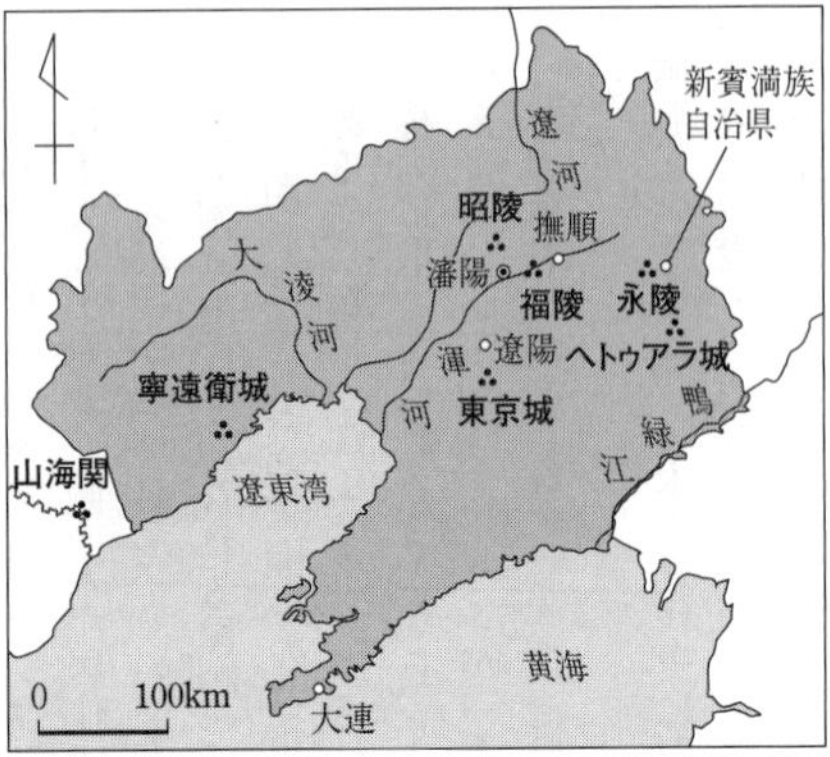

遼寧省の満洲族関係地　瀋陽故宮や、福陵・昭陵・永陵はユネスコの世界遺産に登録されている

「華」として満洲人・漢人を「撫して順わせる」ための新たな富の源泉となったからである。

こうして歴史上二度、世界史を大きく動かす震源地となった撫順は、日本の敗戦後にもう一度、世界的な関心の焦点となる。幼くして皇帝として担ぎ出されながらもすぐに辛亥《しんがい》革命でその座を失った宣統《せんとう》帝・溥儀《ふぎ》は、新生・中華民国が示した「優待条件」にしたがって、辛うじて紫禁城に住まうことを許された。溥儀は、いつかは復辟《ふくへき》を果たして玉座から号令を下すことを夢見続けたものの、それも空しく一九二四年になると、西北軍閥・馮《ふう》玉祥《ぎょくしょう》によって紫禁城から追放されてしまう。そこで溥儀は、在天津日本総領事館での保護を経て、一九三二年に満洲国執政、二年後に皇帝となり、元号を康徳《こうとく》とした。彼は東京裁判で、一連の過程はすべて日本の謀略だと主張したが、二〇〇七年に中国で刊行された溥儀の自伝『我的前半生』の完全版によると、それは自発的な意志にもとづいていたという。

清と満洲人の再興を日本人に仮託しようとして裏切られ、かつ日本の敗戦・満洲国の崩壊後、日本への亡命にも失敗した溥儀を待ち構えていたのは、戦犯としての運命であった。彼をはじめとした満洲国関係者が収容され、中華人民共和国の公民として新たに生まれ変わるための労働改造の舞台となったのが、まさにここ撫順に設けられた戦犯管理所であった。

今日、撫順戦犯管理所は記念館として完全に公開されており、溥儀が囚われと思想改造の日々を過ごした暗く冷たい監房の中にも入ることができる。巨大な帝国を担った龍の末裔として近代史の荒波に翻弄されてしまった自らの人生とは一体何だったのか、溥儀が自問自答の日々を送ったその場所は、奇しくも満洲人による権力の興隆と終焉の地となったのである。

撫順は近年、石炭の枯渇の危機という事態を迎えており、世界屈指の露天掘りである西露天鉱が閉山予定という話も聞くが（二〇一七年現在、操業中）、昭和モダンな建築をそこかしこに残す商工業都市としての撫順は、これからも激動の世界史の舞台としての面影をとどめつつ発展することであろう。

撫順戦犯管理所　1987年から一般に公開されており、溥儀が囚われた監房などを見学できる。筆者撮影

八旗の成立と後金の建国

話を元に戻そう。一五五九年、マンジュ部の有力者の家系に生まれたヌルハチは、若くして悲劇に見舞われ

た。その悲劇とは、明の遼東総兵官・李成梁が一五八〇年代以後、明との交易から排除されたために抵抗していた一部のジュシェンに対する圧迫を強めた結果、明軍との衝突に祖父と父が巻き込まれたという事件である。しかし、これを機にヌルハチは、諸部族との関係を自らの主導で改善し合従連衡を進め、明による圧迫を回避するという戦略を立てた。

　そして、ひとたびその方針が軌道に乗るや、ヌルハチの軍勢は破竹の勢いで拡大していった。一五八八年には、マンジュ部の統一が成っただけでなく、李成梁も、このままヌルハチを懐柔しないで済ませるならば、万が一ジュシェン人の勢力が一層拡大した場合、明の遼東政策にとって不安材料となりかねない、という憂慮を抱いた。そこでヌルハチは李から、都《と》督《とく》の称号や、撫順などの都市での交易上の便宜を与えられ、そのことによっていっそう台頭していったのである。先述のとおり、一六〇三年にヘトゥアラに居城を構えてからは、そのジュシェン人諸部族における名声と勢いは押しも押されもせぬものとなった。

　しかし、李成梁とヌルハチの関係は長続きしなかった。李成梁が、ヌルハチとの接近で明の所轄地を安易に割譲してしまったという疑念を持たれただけでなく、北京の政権中枢における内紛にも巻き込まれたことで失脚したからである。それ以後、ヌルハチも明から警戒され、両者の関係は急速に悪化していった。

　もっとも、ヌルハチはすでにジュシェン諸部との統合を通じてそれなりの軍事力を擁しており、もはや明の冷淡な対応に甘んじるつもりはなかった。むしろ、漢人農民が境界線を越えて満洲人の土地へと拡大しつつあったことに抗議するという大義名分を掲げたのを皮切りに、明の影響力から自立する意志を明確にしていった。こうしてヌルハチは一六一六年にヘトゥアラで後金を建国し、一六一八年には明による交易の制限や軍事的な圧迫がいかにジュシェン人を苦しめてきたかを痛烈に批判し、明に対する対抗を宣言する。

ヌルハチは、ジュシェン＝満洲人社会を統合し、さらには明軍との戦闘を通じて支配地を拡大しながら、獲得した土地を配下の軍人たちに分配すると同時に、捕虜とした漢人を奴隷として扱い、あるいは漢人の農民を支配に組み込んでいった。そして、明の軍人のうち後金に投じた者については満洲人と同じように待遇し、軍功に応じて所領や給与を与えた。こうして、満洲人社会と後金に組み込まれた漢人社会は、八旗という軍事・政治単位へと編制されてゆく。

この八旗は黄・白・紅・藍の四色に、それぞれ正《せい》・鑲《じょう》（ふちどりの意）のパターンを組み合わせることによって各軍団の旗印とするものであり、各旗七五〇〇人の軍人から構成され、実際にはすべての満洲人、そして八旗に組み込まれた漢人とその家族はいずれかの旗に所属することになった。さらにこの八旗の枠組みは、のちに有力な騎馬兵力として取り込んでいったモンゴル人に対しても適用された。

こうして、主に民族的集団の違いによって満洲八旗、漢軍八旗、蒙古八旗と呼ばれる軍事・政治組織が形成された。そして彼らはみな、ヌルハチや彼の後継者たちに忠誠を誓って主従関係を結び、主君の奴隷として「奴才《どさい》」を自称し（彼らは清末にいたるまで科挙官僚のように「臣某々」と自称することはなかった）、軍事と政治のさまざまな場面で武勇をふるって奉公することになった。さらには、この単純な武人の論理にもとづいて服従した者であれば、民族を問わず誰でも八旗へと編制されたので、実際には朝鮮系やツングース系狩猟民族をはじめとした人々でも八旗に加わることがあった。したがって、八旗は表面を大まかにみれば民族ごとに編制された軍事組織であるが、実際にはより多くの人々を主従関係の強固な絆によって束ね、恩義と奉公の封建的関係を再生産してゆくための政治的・社会的装置であったといえる。それはわかりやすくいえば、日本における将軍と旗本、大名と藩士の関係に近い。

南モンゴルとの統合

ヌルハチが率いる後金の勢力は、前線の明軍が政治的混乱と農民反乱の続発によって補給を受けられず、明末に近くなるほど実戦力としての体をなさなくなったことから、破竹の勢いで支配を拡大していった。とくに一六一九年、撫順の東郊に広がる山岳地帯を戦場としたサルフの戦いで、後金軍が明と朝鮮の連合軍に致命的な打撃を与えて以来、もはや明が遼東以北の地で後金の勢いを止めることは不可能になった。そこでヌルハチは一六二一年に遼東全体を支配下に置いて遼陽に遷都し、さらに一六二五年には今日の瀋陽に遷都して盛京と命名した。

ヌルハチはその翌年、一六二六年に死去するが、数十騎の零細で孤立無援な軍勢から出発した彼は、わずか四〇年のあいだにジュシェンの部族社会をマンジュ＝満洲の旗印のもとに統合し、さらには巨大国家・明の辺境支配をも打ち破った。したがって、チンギス・ハーンや朱元璋ほどではないにしても、その実力は十分畏怖に値するであろう。しかも、明に対抗するという志半ばで天寿尽きたヌルハチは、のちの数代にわたる後継者たちが武勇や判断力に富んだきわめて優秀な人物であったという点でこのうえなく幸運であった。そのことが、彼の名を前近代最後の大帝国の始祖として、人々の記憶に永くとどめることにもなるのである。

とくに、ヌルハチの後を嗣いだホンタイジ（皇太極）が後金の影響力を拡大するにあたり、西に隣接する広大なモンゴル諸部との統合を重視したことはきわめて重要な意味を持っていた。なぜなら、明と後金との局地的な戦いは当面後金の圧勝であったものの、明が本来持っている膨大な人口と技術・経済力は決して無視できなかったからである。

後金・満洲人にとって、元の崩壊後も万里長城を挟んで明を絶えず圧迫していたモンゴルの強大な騎馬戦力はこのうえもなく魅力的な存在であった。したがって、モンゴル人とのあいだにも主従関係を形成し、その忠誠を常に勝ち取ることこそ、明に対抗するために欠かせない戦略となった。また、満洲人とモンゴル人が関係を強めるほど、モンゴル人が深く信仰するチベット仏教を媒介として、満洲人はチベット、そして天山山脈の南東に佇むトルコ系のイスラーム教徒とも密接な関わりを持つようになるだろう。

ホンタイジが対モンゴル政策を進めてゆくうえで、一六三一年に当時の漠南モンゴルの有力者であるリンダン・ハーンを破ったのは一大成果であった。漠南モンゴルは今日の内モンゴル自治区の主要部分にあたり、ここを服属させたことで騎馬兵力を統《す》べる者としてのホンタイジの名声はモンゴル高原全体で急速に高まったのである（なお「内モンゴル」とは、北京や南京からみて近いところを「内」、遠いところを「外」と呼んだことにもとづいている。本書では固有名詞として用いる場合のみ「内モンゴル」「外モンゴル」を用い、それ以外はモンゴル人の慣用にしたがい南モンゴル・北モンゴルと表現することにする）。

一六三六年に開かれた南モンゴル四九旗の王公による大会議は、ホンタイジに対してモンゴル人共同のハーンとして「神武《しんぶ》英明《えいめい》皇帝（ボグド・セツェン・ハーン）」の尊号を認めた。それとともに、後金の南モンゴルに対する支配が固まり、モンゴル人との関係をつかさどる事務機関として蒙古衙門《がもん》が設置された。しかし、北モンゴルのハルハ部や、西モンゴルのオイラト部への影響力拡大は、その後約一世紀におよぶ困難な課題となる。とはいえ、その過程に満洲人の皇帝たちが全力で関わることで、清は今日の中国に巨大な正負の遺産をもたらすことになる。

清楚なる盛京——瀋陽にみる統治の理念

こうしてホンタイジはジュシェン＝満洲人だけでなく、八旗の下に組み込んだ漢人や帰順を誓ったモンゴル人たちの共同のハーンとなり、ついに一六三六年、完成したばかりの盛京の宮殿で国号を清と改めることを宣言した。そしてホンタイジは、八旗やモンゴルの諸王公に対しては騎馬民族を統べる王者たるハーンを名乗ったが、漢字を用いる人々に対しては皇

瀋陽故宮　上の写真は東側の空間。大政殿を中央に十王亭が建ち並び、満州人国家の軍制を象徴する。下は故宮の正殿、崇政殿の玉座。北京遷都後も、巡幸時はここで政務を執った。筆者撮影

帝を名乗った。

　もちろん、ハーンも皇帝も天からの付託を受けた至高の権力者という点では同じであり、ホンタイジ以後の皇帝たち（本書も一応漢字を用いて叙述しているので、今後はとくに必要が生じたとき以外「皇帝」という表現を用いる）もあくまで「天」の権威を強調することで、ハーンと皇帝という由来を異にする二つの人格が一身に融け込んだ存在として振舞おうとした。「清」という国号からは、まさに混乱に見舞われて機能不全に陥りつつある明に取って代わろうとする意

志、そしてどのような文化的背景を持つ人々からみても清廉で社会的な正義を実現する国家を造ろうという意志を汲み取れないだろうか。

そのような意気込みのようなものを、われわれはかつての盛京、すなわち今日の瀋陽に残る清初の遺産から感じ取ることができる。

瀋陽——その地名は近現代の日本人と中国人にとって、奉天《ほうてん》という旧名と、ここで勃発した満洲事変によって、決して忘れられないものとなっている。日本の関東軍が一九三一年に奉天市街の北のはずれ・柳条湖《りゅうじょうこ》で満鉄の線路を爆破した満洲事変は、関東軍が対中軍事介入の口実を得ようとして引き起こした自作自演の事件である。そして、中国のナショナリズムは、この事件によっていっそう刺激されてしまった。以来、引き続く日中戦争や、最近のいわゆる「日本軍国主義の国連常任理事国入り阻止」問題など、中国ナショナリストのあいだで反日の声が高まるたびに、瀋陽の地はいわば「抵抗の聖地」として注目されてきた。

しかし、瀋陽という地を血なまぐさい対立の舞台という視点からとらえるだけでは、この都市の魅力を十分に感じ取ることはできない。中国の大都市のご多分に洩れず、急激な都市の改造が進みつつある瀋陽の街も、中心地に近づくほど、古くからの賑わいと文化の香りが漂っており、その中心には、ヌルハチによる遷都の直後から造営が始まり、ホンタイジの時代に完成した盛京の故宮が現存している。

中に一歩踏み込んでみよう。すると、そこは「故宮」という言葉から一般的に想像する北京の巨大建築群とは違った、小粒な建築がきめ細かく配置された空間となっている。その建築様式は、一見すると漢人の伝統的な建築とそれほど大きな違いはなく、もともとは狩猟や牧畜を行っていた騎馬民族である満洲人たちが、明との関係を通じて漢人の文化的な様式を取り入れてきたことを示すかのようである。しかし、南北を貫く一直線上に主要な門と宮殿・玉座を連ねる漢人の宮殿様式とは決定的に異なる部分がある。

それは、皇帝が八旗の軍人（旗人）たちを一堂に集めて祝祭を行う故宮東側の空間が、完璧に北東アジア・内陸アジアの騎馬民族の発想によって形作られていることである。この空間の北側中央「大政殿（八角亭）」にある玉座からみると、中央の広場を挟んで東西両側に合計一〇棟の東屋《あずまや》が建ち並んでいる。この一〇棟の東屋こそ、八旗の軍事組織と、それを指揮する左翼王、右翼王を象徴する建築物であり、たとえ漢人の建築様式を取り入れたとはいっても、空間全体としてはあくまで遊牧民・狩猟民のテント（ゲル）を用いた騎馬兵力の幕営地をイメージしている。こうした建築物が質素なたたずまいで建ち並ぶさまを目にすれば、

福陵　瀋陽の東にあるヌルハチの陵墓。上は隆恩殿、下は宝頂。筆者撮影。瀋陽の北にはホンタイジの陵墓、昭陵もある

あくまで騎馬兵力の実力に頼りながら明の圧迫と対抗し、モンゴルにも同盟者として号令しようとしたヌルハチやホンタイジの心意気が見えてくるようではないか。

建築にみる清という権力の騎馬民族らしい質素さ、あるいは潔い清楚さは、ヌルハチの陵墓である瀋陽東郊の「福陵《ふくりょう》（東陵）」へと足を延ばせばいっそう感じ取ることができる。

福陵は、天柱山《てんちゅうざん》という小高い丘の全体を生かして造営されているため、合計一〇八段の階段を含む坂道を登らなければならない。しかし、青々と生い茂る松柏の香りを味わいながら核心部の「方城」へと近づけば、都市の喧噪から逃れたこともあり新鮮な気分が湧き上がってくるだろう。そして門をくぐり、祭祀を行う「隆恩殿《りゅうおんでん》」を眺め、奥にある「大明楼《だいめいろう》」に登ると、青草や灌木に囲まれた小高い土饅頭が現れる。これこそ、ヌルハチが眠る「宝頂《ほうちょう》」にほかならない。

筆者はこの光景を目にしたとき、ひとつの大帝国の始祖が眠る陵墓にしては、あまりにも質素なことに驚きを禁じ得なかった。しかし、夏の抜けるような青空と、したたるような緑、そして蟬時雨に囲まれながらひっそりとたたずむ土饅頭を眺めているうちに、これこそ明の抑圧を打破して騎馬民族の力をまとめようとしたヌルハチの青雲の志にふさわしい、と思ったものである。

明の崩壊と北京遷都

朝鮮の屈辱

話を清の発展と明との対抗へと戻そう。清は圧倒的な大国である明の圧迫を退けるための軍事的な裏付けとしてモンゴルを同盟者としようとしたのと同じく、朝鮮に対しても同盟者としての関係を求めるようになった。しかしその時点から、朝鮮の命運は大きく狂ってしまう。

それは、前章でも述べたとおり、朝鮮の建国そのものが朱元璋との密接な関係にはじまり、朝鮮は明を「文明」の中心として仰ぎ慕い、明の正統な学問でもある朱子学による国家を造ろうとしていたからである。朝鮮は実際、高麗時代の国教でありながら高麗弱体化の原因とされた仏教に対して、怨念に近い攻撃を繰り返していた。

朝鮮の為政者や知識人たちが、明に最も近しい存在として自らを位置づけようとしたもうひとつの大きな理由が、豊臣秀吉の朝鮮出兵である。このとき、明が朝鮮の窮状を見かねて大規模な援軍を派遣して、日本の軍勢をともに打ち破ったことは、朝鮮こそ明の恩を最も承《う》けた存在であるという意識をますます強めていった。

加えて、明末に近くなるほど、朱子学的な「格物致《かくぶっち》知《ち》」の精神修養に息苦しさを感じた明の士大夫たちは、人間の欲求こそ「理」の源であると唱えた陽明学へとなびいてゆき、明末の思想状況は混沌としてしまった。このことも、朝鮮の知識人たちが「朱子学を正しく引き継ぐのはわれわれである」という極めて強烈な矜持を生み出していた。もし明の内政と思想が混乱を続けたとしても、あくまで朝鮮は明への恩を感じて朝貢を続けながら、儒学と漢字の文明を正しく発展させればよいのであり、いつかは儒学文明の精華を漢人に恩返しして共有する日がやって来るはずだ、と彼らは信じていた。

そこに突如として、後金が提示した対明同盟要求が降って湧いた。しかし朝鮮としては、ただでさえ豊臣秀吉の朝鮮出兵をきっかけに明への忠誠を新たにしただけでなく、そもそも朝鮮からみて、ジュシェン＝満洲人は決して対等な隣人ではなく、「オランケ」と蔑称される北方の無知蒙昧な野蛮人にすぎなかった。そこで後金の要求を拒否した朝鮮は、サルフの戦いでも明に援軍を送ってともに敗戦を喫したのである。

朝鮮側の態度に業を煮やした後金は、今度は朝鮮を同盟者から格下げして、後金への服属と朝貢を要求した。しかし、それではなおさら明を慕う朝鮮の翻意を促しえない。むしろそれは、将来における明との全面対決を想定する中で、後方の憂いとなる朝鮮の勢いをあらかじめ削ぐための理由づくりに等しかった。そこで一六三六年になると、ホンタイジは一気に鴨緑江を越えて南下し、朝鮮の首都・漢城（今日のソウル）を占領した。それ以来朝鮮は、明への朝貢を禁じられ、清に対する屈辱的な服従を強いられたのである。

この事件は、朝鮮・韓国史の枠組みにおいて「丙子《へいし》の胡乱《こらん》」と呼ばれる。これはもちろん、胡＝野蛮人としての「オランケ」＝満洲人が侵略した「乱」という位置づけである。しかしこの事件は同時に、朱子学的な朝鮮が華夷思想的な発想に固執するあまり、時代の流れが徐々に後金＝清へと傾きつつあることを見逃したために起こったものであり、そのために朝鮮は同盟者としての厚遇に与る機会を逃してしまったことをも意味する。

それでも、朝鮮は屈辱的ながらも朝貢国という立場になったがゆえに、朝鮮半島をめぐる日清対立の過程では日本から「自主の国」扱いされ、さらには植民地化の屈辱を経つつも独立を得ることにつながる。これに対して、清の建国の時点で同盟者となった南モンゴルと、さらに清の「藩部《はんぶ》」として組み込まれ、同盟者に準じた優遇を受けるようになるチベットやトルコ系ムスリムは、まさに「藩部」であり同盟者であるがゆえに独立の機会を逃し、中国ナショナリズムの不可分の一部分とされてしまう。歴史とは、常に「完全に理想的だ」ということは決してなく、まさに正と負の側面が隣り合わせなものなのである。

明末の悲劇

それはさておき、「中華帝国の典型」としての明の崩壊も、まさに明がつくりあげた内政と外交のありかたに潜む矛盾のあらわれであった。先述のとおり、朱子学の厳格さに対する批判として興った陽明学は、爛熟の一途をたどった都市消費文化の中で影響力を拡大していた。しかし、それはいっそうエリートの内部分裂を引き起こし、ただでさえ朝貢貿易による放漫財政に陥っていた明の統治能力はいっそう低下した。それに拍車をかけたのが、豊臣秀吉による朝鮮出兵である。明としては、「華」としての立場で模範的な朝貢国の危難を救うという責務を果たしたものの、その結果国庫の破綻に見舞われてしまった。

それでも、「華」にふさわしい宮廷生活と、官僚や朝貢国への大盤振る舞いは続けなければならない。また、後金の建国と明への対抗宣言によってにわかに急増した遼東方面での軍事費も捻出しなければならない。地方の官僚たちも、そのような宮廷の意向に沿ってこそ、深刻な党派争いを生きのびることができる。そこで彼らは、農民や商人からほとんど強奪に等しい多額の税を徴収していった。さらに一六三〇年前後になると、未曾有の大飢饉が黄河の流域を襲う。その結果、莫大な数の流民が発生し、彼らの多くは民衆反乱以外に生きる術を失っていった。

こうした極限状況の中で一六三一年以後、明に対する全面的な反乱を引き起こしたのが李《り》自成《じせい》である。彼は一応、平均主義的な政策を掲げて明から政権を奪取し、国号を「順」と定めようとしたものの、その実体は略奪集団と何も変わらなかった。これに対する明の軍人たちは完全に無策であり、彼ら自身も無責任この上ない略奪集団へと転落していった。たとえば、彼らは戦果を報告することのみに汲々とするあまり、無辜《むこ》の平民を殺して敵の首を獲ったと虚報しただけでなく、さらには前線の部隊が民衆反乱で補給を断たれたため、人肉食にすら走ったという。そして、李自成軍の拡大を押しとどめるために黄河の堤防が破壊され、河南省周辺では約一〇〇万人が溺死してしまった。

明末の極限状態は李自成と明軍だけによってつくられたものではない。明の権力が衰退の一途をたどっていた当時、地方レベルでは軍閥が台頭し始めていた。そのうち、四川《しせん》盆地を手中に収めていた張献忠《ちょうけんちゅう》は、李自成が四川を攻めて来るのを防ぎ、安心してここから天下に打って出るためにはどのようにすればいいかと考えた。そこで彼の脳裏に浮かんだのが、なるべく多くの住民を虐殺するという古今まれなジェノサイド政策であった。彼はまず、潜在的に自らの政策と覇権に異を唱える可能性がある士大夫に狙いを定め、献策を求めるという名目で集めた士大夫をことごとく抹殺してしまった。その魔の手はさらに一般住民へと向けられ、本来物産豊富な「天府」の誉れで知られる四川盆地は、人煙まれな無間地獄と化してしまった。

漢人社会が極限的な大混乱のるつぼとなった一六四四年、李自成はついに北京に入城した。この当時、明に残されたわずかな精鋭部隊とその将軍・呉三桂《ごさんけい》は、万里長城の東端にあたる山海関で、北京からさらに押し寄せてくる李自成軍と、北から迫る清に挟まれる格好となっており、皇帝の危機を救うために北京に急行しようとしてもかなわず、明は崇禎《すうてい》帝が紫禁城の北にある景山で自殺したことで悲劇的な末路を迎えた。

北京入城

そこで呉三桂は、李自成を倒して秩序を取り戻すために、清に寝返って山海関の城門を開き、強力な騎馬兵力の助けを借りるという一大決心を下した。もちろんそこには同時に、清への協力者となることで自らの政治的な影響力をも高めようという判断もあった。いっぽう、一六四三年にホンタイジが死去した清は、摂政のドルゴンが呉三桂の求めに呼応して出兵し、李自成の軍隊を山海関から一気に北京へと押し戻した。その結果、一六四四年初夏になると清軍はついに北京に入城して遷都し、若き順治《じゅんち》帝も北京で即位した。

それとともに、八旗に編制されていたおびただしい数の満洲人たちが、遼東から長白山《ちょうはくざん》の

天壇の祈年殿　皇帝の儀礼施設

周辺に広がる故郷を離れて、一斉に北京へと民族大移動を行った。彼らは明末の混乱で荒れ果てた北京の城内に入ると、基本的には漢人が累々と築きあげた紫禁城や宮殿群、そして街並みや住宅の構造をそのまま活用して適応しつつ、帝国の首都にふさわしい装いを整えていったのである。

したがって、瀋陽の故宮が騎馬民族の集う場所にふさわしい建築配置をとっていたのに対し、新たな皇帝の居城となった紫禁城そのものは、あくまで「中華の正統」たらんとした明の意図を引き継ぐものであった。じっさい、清は科挙制度を導入し、朱子学に学んできた漢人の士大夫を官僚として取り込むことで、漢人地域に対しても正統な政権であることを示そうとしたし、雍正帝の時代には、儒学思想に照らした徳目を列挙した「聖諭《せいゆ》広訓《こうくん》」を漢人に対して周知徹底しようとした。そして、紫禁城はもとより明が設けた「天壇」などの儀礼的空間では、皇帝が儒学の「礼」にのっとった祭祀を行うことを怠らなかった。こうして、清が北京遷都後に実践した文化政策や代表的な巨大建築をみてみると、東北アジアの部族社会から生まれた清が明という帝国を正しく引き継いで、あたかも新たな「中華帝国」として生まれ変わったかのようにみえる。

北京の主な史跡　かつての紫禁城の周囲にチベット様式の白塔や雍和宮などが残っている

旧市街の胡同の町並み　鼓楼から南東を望む。筆者撮影

北海の白塔　故宮と中南海に仏佑をもたらす。筆者撮影

ダライラマ５世像　北海の白塔寺に安置。筆者撮影

しかし、今日の北京に引き継がれている清の遺産は、必ずしもそう単純に割り切れない帝国の性格を秘かに物語っている。まず、中庭を住居と門が取り囲む「四合院《しごういん》」と呼ばれる建築が連綿と軒を連ねた、古き良き北京を最も象徴すると思われる街並みは、今日「胡同《こどう》」と呼ばれている。このことは、いかに満洲人やモンゴル人などの八旗の軍人＝「胡」が大挙して移り住み、北京の人口構成を大きく変えたかを示している。

それに加えて、北京最大の目抜き通りとして知られる「王府井《ワンフーチン》」という地名も、清という帝国が八旗やモンゴルの騎馬兵力を中心に形成されたことを示すわかりやすい事例である。後金から清へと改称した一六三六年に清への全面的な帰順を誓った南モンゴルの有力者たちは、清が新たに定めた「盟旗制度」のもと、皇帝に対して示す忠誠と引きかえに、一定の放牧地と領民への支配権を持つ「旗長《きちょう》（ジャサク）」に封じられた（さらに複数の旗を統括する単位として盟が設けられた）。そして彼らは奉公として、皇帝が催す狩猟訓練に付き従うだけでなく、定期的に北京とのあいだを往復して、紫禁城の周りに設けられた屋敷に居住することとされた。徳川日本で厳格な幕藩制度のもと大名が封じられて参勤交代を行ったことと類似の制度が、清代のモンゴル社会にも適用されたのである。モンゴルの旗長、および満洲人の有力者たちは一般に「王公」と呼ばれ、彼らが構えた屋敷は「王府」と呼ばれた。「王府井」とは、まさにそのような歴史の遺産である。

こうして北京のいたるところに、明の時代とはかなり異なる装いが展開していったが、その最たるものといえば、紫禁城＝故宮のすぐ北西に屹立し白く輝いている「北海の白塔」であろう。この塔は、北京入城後間もない順治帝の治世に建てられた仏塔であり、しかも漢人の様式ではなく純粋なチベット様式を踏まえている。そして、白塔の脚部に建つ仏殿に入ると、さらに驚くべきことに、釈迦牟尼仏《しゃかむにぶつ》の隣にはダライラマ五世像が安置されている。このような塔が紫禁城のすぐ北西にあって、まさに紫禁城に向けて（そして中国共産党中央がある中南海に向けて）神秘的な光を放つかのようにそびえ立っているのであるから、仏教を排斥する朱子学の理念にしたがって国家は運営されるべきだと考えていた士大夫は、あるまじき光景に絶句したことであろう。

それでも、北海の白塔は順治帝の時代以来、雍正《ようせい》帝による増改築を経ながらそこに一貫して立ち続け、清という帝国、そして近現代中国の荒波を見続けてきた。このような、およそ「東アジア的ではないもの」を抱え込むことによって、北京は明の首都から、内陸アジア的な彩りをたたえた清の首都へと大きく変わっていった。

か。

辮髪と流血

では、その後の漢人への支配の拡大は、清という帝国にどのような意味をもたらしたのか。

まず、李自成の乱と「順」帝国建国の試みは、李自成が討たれたことで急速に自壊していった。そして清は、かつて敵対しながらも今や崩壊してしまった明に代わり、漢人地域全体における秩序の回復を担おうとして、引き続き華中・華南へと軍事行動を展開した。

しかしこのとき、清の安定と命運に終始つきまとう最大の問題のひとつが生まれてしまう。それは、明の復興を図ろうとする生き残り勢力や、清への服従を拒む地方の漢人士大夫とのあいだで、血で血を洗うような戦闘が繰り広げられたことである。しかも漢人には、清への服従の象徴として、満洲人の風俗である辮髪《べんぱつ》と満洲服の着用が強制された。

長江下流域の江南地方では、「華」としてのひときわ高い誇りを持った士大夫たちが、「夷狄の風俗を強制されて奴隷に陥る境遇を坐して待つよりも抵抗せよ」という呼びかけとともに民衆を動員した。揚州《ようしゅう》（長江を挟んで南京の東）・嘉定《かてい》（今日では上海市に帰属）など主要都市をめぐる攻防戦では、抵抗する漢人に対する残虐行為が行われたのである。

しかし、すでに明の残党は互いの連絡を失って総崩れになってゆき、清も制圧した地域では速やかに秩序の回復につとめた結果、抵抗は徐々に鳴りをひそめ、辮髪と満洲服を受け容れた漢人の生産・経済活動は息を吹き返していった。とくに、平和の訪れとともに政治的な死が激減し、安心して子供を産み育てることが可能になったことで人口が次第に増えていっただけでなく、一八世紀になると清が基本的な税制を男性農民一人一人への課税から土地所有に対する課税へと思い切って改め、貧困層が重税に苦しむ度合いが減ったことから、人口増加と消費の拡大が組み合わさって空前の繁栄＝盛世が訪れた。

鄭成功と呉三桂

順治帝の時代における秩序回復をさらに進め、清の漢人支配を完全なものにしたのが、『康熙字典《こうきじてん》』の編纂でも広く知られる康熙帝の時代である。康熙帝が一六六一年に即位した当時、漢人として清に潜在的に対抗しえたのは、台湾に拠って海上交易の利権を一手にしていた鄭成功《ていせいこう》の勢力と、清への協力の功績から藩王に封ぜられて雲南《うんなん》周辺で勢力を築こうとしていた呉三桂《ごさんけい》の勢力であった。

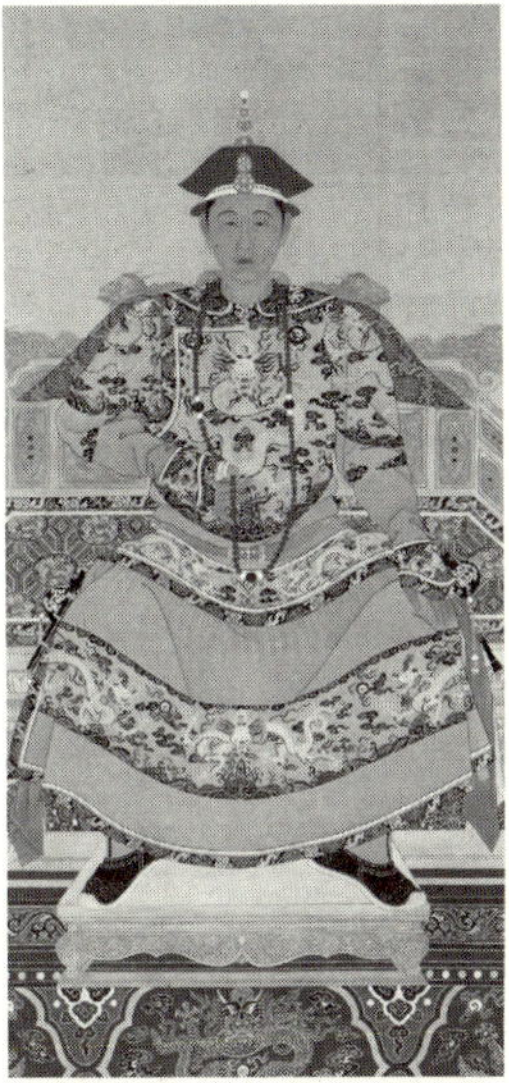
康熙帝　その治世は61年におよんだ。北京故宮博物院蔵

このうち、近松門左衛門《ちかまつもんざえもん》の浄瑠璃「国性爺合戦《こくせんやかっせん》」でも知られる鄭成功は、明末期に福建・台湾・日本の九州を股にかけた海上交易を通じて一代で財をなした鄭芝龍《しりゅう》の子である（母は日本人）。彼が最大の根拠地とした台湾は、もと

もとオーストロネシア系（マレー系）の人々が住む島であるが、宋代以後漢人の海洋活動の拡大によって、少しずつ福建など沿海部からの移住者が増え始めた。さらに一六世紀になると、カトリック布教の目的で東シナ海に現れたポルトガル人宣教師が、潮流の激しい海上に浮かぶ見事な山脈を抱えた島を「発見」し、フォルモサ（漢語訳「美麗島」）と呼んだ結果、一躍世界史の荒波の中に浮かび出て来た。

その後、オランダは東洋貿易の拠点を求めて一六二四年に台湾を植民地化していたものの、鄭成功はオランダの拠点プロビデンシア城を一六六一年に攻撃して台湾を手中におさめ、さらに福建南部・広東東部から流入した貧困民を受け容れて農地開発を進めようとしていた。

いっぽう雲南に拠った呉三桂は、銅をはじめとした非鉄金属の豊富な埋蔵や、チベット高原に接する地の利を生かして、開発と交易による巨利をまたたく間に蓄えていった。とくに、チベットとの関係としては、明と同様に茶馬交易をとりわけ重視したし、ダライラマ五世および彼の摂政サンギェー・ギャムツォと密接な連絡をとることで一種の攻守同盟をつくろうとしていた。

即位したばかりの康熙帝からみて、鄭成功と呉三桂の動きはどちらも決して座視できないものであった。なぜならこの頃、モンゴル高原の西から台頭してきた新興勢力・ジュンガルが、清とは別に内陸アジアでの覇権を目指し、モンゴルの騎馬兵力を取り込もうと画策していたからである。もし鄭成功と呉三桂を野放しにしておけば、清はいつでも南と北から挟み撃ちに遭いかねない。とはいえ、チベット仏教の頂点にいるダライラマを巻き込んだ内陸アジアでの角逐に比べれば、鄭成功と呉三桂の勢力はより局地的であり、どちらかといえば対応しやすい問題であった。じっさい、順治帝の時代には海禁令が発せられ（一六五六年）、鄭成功の富の源泉である大陸との交易が厳しく制限されていた。

そこで康熙帝は即位するやいなや、さらに鄭成功の活路を絶つため、海岸から一定距離のあいだに居住するすべての住民に対して内陸へと転居することを強制する「遷海令《せんかいれい》」を発し、密貿易の可能性を封じ込めた。しかも、この一見荒唐無稽きわまりない政策は本当に実行に移されたため、鄭成功の財政的基盤は大いに打撃を受けた。

こうして海の潜在的な危機を弱めた康熙帝は、一六七一年に呉三桂が南方に拠る他の二藩王を巻き込むかたちで反清の狼煙《のろし》を上げた「三藩の乱」に対して断固とした対応をとり、一六八一年までに呉三桂を平定した。さらに、その勢いに乗って康熙帝は台湾に遠征軍を差し向け、一六八四年に台湾を完全に征服し、ようやく厳格このうえない遷海令を解除したのである。

清初という時代――その地政学的意味

以上にみたような清による一連の漢人社会に対する武力行使、そして統治の拡大過程は、いったいどのような意味を持つのだろうか。まず、それを権力政治や経済の重心という視点からみると、漢人の地方勢力や商人・密貿易者によって担われていた地域独自のダイナミズ

帝の時代にはジュンガルを平定し、モンゴルからチベットまでを含む広大

大清帝国関係地図　明が築いた長城を越えて北京に入城した清朝は、乾隆
な領域を治めた。『中国歴史地図集』（中国地図出版社）などをもとに作成

ムが挫折させられたということができる。

明の最盛期の頃までにおける漢人地域の高い生産力や、世界的な銀の流通量の拡大は、豊富な財源をもとに朝貢貿易を運営することで「天下の主」「華」であろうとした明の自負心と、そのいっぽうで漢人地域との交易を行った諸外国・諸勢力の利益欲を満たした。それは同時に、倭寇《わこう》による襲撃、豊臣秀吉による朝鮮出兵や薩摩による琉球の実質植民地化、そして鄭氏父子の割拠などを引き起こしていたし、北方ではジュシェン人・モンゴル人との対立や後金の台頭という事態を招いていたものの、何はともあれ明がつくろうとした「中華」の正統としての帝国は、同時に「周辺」における活発な動きをもともなっていたことは間違いない。

そのような状況の中、東シナ海を取り巻く世界では、財貨だけでなく文化も動いた結果、今日「東アジア」と呼ばれる地域の文化的な土壌をある程度形作ることにもつながった。そして、沿海部の貧しい漢人も商業上の利益を求めて南洋へと活発に出かけたことにより、現地社会と華僑・華人社会の複合社会ともいえる今日の東南アジア社会の形成を準備したのである。

しかし、康熙帝は遷海令によって、ヒトとモノが行き交う沿海部、そして東シナ海の海域世界の息の根を止めただけでなく、呉三桂のような漢人の地方勢力が独自の地域社会を形成し、今日の東南アジア方面やチベットとのあいだに関係を築く可能性をも封じ込めた。康熙帝はすべての権力をなるべく北京に集中し、しかもモンゴルやチベットと清との関係を中心とした内陸アジアをめぐる問題を第一の利害として対応しようとした。

したがって、清が漢人地域を支配し始めたことは、地政学的にみれば漢人社会が「東アジア」の「核」から内陸アジアの「周辺」へと移行したことを意味しており、これ以後当分のあいだ、清はいわば「内陸アジアの帝国」として発展してゆくことになるのである。

悲劇から創られる「伝統」

いっぽう、清初の悲劇は漢人と満洲人の関係に一体何をもたらしたのだろうか。もちろん、明末のかつてない混乱によって荒廃しきった漢人の社会からみて、むき出しの暴力をともなう強権として現れながらも、同時に秩序を力強く回復させてゆく満洲人は、たしかにそれなりに歓迎に値するものであった。それだけに、清の統治が純粋に軍事的なものから、明末の官僚の帰順者、そして新たに清が科挙を通じて得た官僚を担い手としたものに代わってゆくにつれ、組織的な抵抗運動も下火になって、康熙帝・雍正帝・乾隆《けんりゅう》帝の時代へと続いてゆく「盛世」を謳歌するようになった。

ただ、それにもかかわらず、漢人の「中華」であったはずの明が、なぜもろくも滅び去り、その明に代わって支配を打ち立てたのは残酷な清だったのかという疑問は、多くの漢人士大夫の心の中であらためて強烈な華夷思想をかき立てた。反満思想の蔓延とそれに対する皇帝の側の反論・弾圧は、清という新しい帝国に深い影を投げかけた。とくに、辮髪と満洲人の服装という「野蛮な夷狄の風俗」を、なぜ「華」の側は受け容れなければならないのかという問題に、多くの人々は悩み苦しむことになった。

どのような社会や文化にしても、服装や装飾に代表されるような風俗一般は、長い年月をかけてさまざまな異文化の影響を受けながら発展してきたものであり、一体何をもって「純粋に固有のもの」とみなすのかは非常に難しい問題である。ある特定の時代における特定の文化・風俗を取り出して「これこそ守られるべき偉大な伝統文化だ」と表現するとき、それは一見とても聞こえがよく思えるものである。しかし、それ自体が実は「伝統」というものを創り出し絶対化し、そうではないものを排除してゆく行為でもある。いかなる時代、いかなる場所においても、外からの影響を受けない完全に純粋な「固有の文化」なるものは存在しない。せいぜい、年月を積み重ねる中で、一定のまとまりや広がりを持った集団の中で生きている多くの人々が次第に慣れ親しんだことによって、さまざまな事物は「伝統」になってゆくにすぎない。

たとえば、日本の美風を最も代表するもののひとつと考えられている和服にしても、別に「呉服」とも呼ぶように、もともとは長江の下流域にあたる呉国の織物が導入され、定着したものである。そして、満洲人が持ち込んで強制した襟の詰まった服装が今やチャイナドレス＝旗袍《チーパオ》と呼ばれ、漢人の伝統的な服飾文化としてとらえられている。また、第一章でも触れたように、毛沢東が身につけている襟の詰まった服装も、一般的には「人民服」と呼ばれ、あたかも共産主義者による独裁と抑圧の象徴であるかのようにとらえられているが、正式には「中山服《ちゅうざんふく》」と呼ばれ、孫文《そんぶん》（孫中山）が日本の軍隊や学校の詰め襟制服を参考に、民族革命のために献身する者の象徴として普及させたものである。帝国主義に対する抵抗という「伝統」を象徴する服飾文化も、実は「日本軍国主義」に学んだものなのである。

したがって、一体何が守るべき「伝統」なのか、そしてどのような服装こそ「正しい」ものなのかも、社会的な環境の中から相対的に決まってくるものであり、服装そのものに罪はない。ある風俗文化に「伝統」「美風」、またはその正反対の「野蛮」「淫靡」というレッテルが貼られるか否かは、基本的に既存の慣れ親しんだ文化が著しい侵害を受けるかどうかによっている。そして、辮髪と満洲服を拒否しておびただしい血が流された清初の悲劇は、異文化と突然直面したときに「本質的に相容れないもの」という反応しかありえなかった「華」の原理主義的な発想と、武力と忠誠を尊ぶ新しい権力が非常事態の中で生まれれば、敵と味方を分かつ服従と忠誠の証として、支配者が決めたシンボルが当然受け容れられるべきだとする満洲人の発想が、正面から衝突してしまったことによるものであった。

未曾有の版図とチベット仏教

明と近現代中国の落差を埋めるものは何か？

これまで述べたように、清は強大な軍事力で李自成や明の残党を打ち破り、さらには呉三桂による「三藩の乱」や台湾の鄭成功を鎮圧することで、漢人が今日の「東アジア」や東南アジアへと国際的な活動を広げて行く動きを封じ、漢人全体に対する統治を完全に実現させせていった。同時にそれは、モンゴル全体への影響力をめぐるジュンガルとの争い、そして内陸アジアでの角逐を制するために、少しでも他方からの脅威を減らし、かつ安定した経済的基盤を得るためでもあった。また、本来モンゴルをにらむ「華」の最前線として整備されたはずの首都・北京には、いたるところに内陸アジア的なものが現れ始め、ここから逆に漢人社会全体に対する巨大な支配が始まっていた。

このことから筆者は、清は当初内陸アジアの帝国として台頭し、発展しつつあったのであり、決して日本人が一般的に考えるような「東アジアの中華帝国」「歴代中華帝国の最後の王朝」という存在ではなかったと考えている。そのことを最も雄弁に物語っているのは、清が創りあげた版図、すなわち近現代の中華民国・中華人民共和国に引き継がれた領域である。

そもそも、儒学と漢字の価値を前面に立てて「中華」の正統にこだわった明は、いかに朝貢関係や民間交易を通じてさまざまな地域と関係を持ったといっても、これだけ広大な諸地域に対して直接に権力を行使することはできなかった。せいぜい、漢人地域を中心に、西南地方の少数民族地域を加えた空間的広がりこそ、明がようやく実現したものであった。このほかの地域の人々、たとえばジュシェン・モンゴル・チベット人は、儒学と漢字をあらゆる価値の源とする「文明」に対して、とくにこれといった思慕の念を持っていないので、明に心から従属し、その権力を自分のものとして受け容れる意思などまったくなかった。

いっぽう、近現代中国も、漢人を国家の主な担い手と位置づける点では、決して明に劣るものではない。しかし、近現代中国が支配する地理的な範囲は、この儒学・漢字・漢人の広がりとはまったくずれていて、一致していない。したがって古来この領域の中で「中華」の文明世界が花開き、さまざまな王朝が栄枯盛衰を繰り返した結果として近現代中国が出来上がったと考えるのは間違っている。少なくとも、短絡的で結果論的であるといわざるをえない。

このため、一見「中華」の価値を同じく強調しながらも、その地理的な広がりと国家構造の面で決定的な違いを抱えている明と近現代中国のあいだにある断絶を埋めようとするならば、単に清という帝国を「中華帝国」と位置づけるだけでは不十分なのである。むしろ、近現代中国がその領域の保持、とりわけ明の支配がおよばなかったチベットやモンゴル、新疆、台湾を含めた「国家の統一」を執拗に強調してきた以上、清がいったいどのような論理を掲げてこれらの地域と密接にかかわろうとしたのか、それはなぜ近代中国のナショナリストによって「不可分の領域」「統一されるべき土地」と考えられるようになったのかが問われなければならない。そして、近代において中国ナショナリストたちがそう考えれば考えるほど、明の支配がおよばなかった地域に住む人々は反発を強めてきたという事実がある以上、これら漢字と儒学には縁遠い人々が、清という帝国とどのようにかかわろうとしたのかも問われなければならないだろう。

チベット仏教の発展とゲルク派

まず結論からいえば、清という帝国が発展し、内陸アジアの人々と漢人が同じ一人の皇帝のもとに結びつけられたことと、いわゆる「中華世界」「中華帝国」の力学とのあいだにはほとんど何の関係もない。むしろ、すでに少々触れたとおり、仏教、とくに文殊菩薩を信仰する満洲人が、モンゴル人の騎馬兵力を同盟者としてゆく過程で、チベット仏教の保護者の座をめぐる内陸アジアの角逐、あるいは権力政治に巻き込まれたことに由来している（なお、チベット仏教は俗に「ラマ教」と呼ばれるが、ラマとは本来「上人」を指すチベット語である。「ラマ教」とは、菩薩や優れた僧侶の生まれ変わりとされる活仏《かつぶつ》への崇拝という特徴と、その神秘性や呪術性を強調しようとした儒学者が主に呼んだものであるので、適切な表現ではない）。

しかも、事の発端は満洲人とモンゴル人が同盟を結ぶよりもはるかに時代がさかのぼる。やや遠回りかもしれないが、清の皇帝とチベット仏教徒とのかかわりを考える上で欠かせないので、なるべく簡略につとめて説明することにしたい。

もともとチベットで発展した仏教は、個人の悟りと救済を重視した上座部《じょうざぶ》仏教ではなく、日本にも輸入された漢地仏教（中国仏教）と同様、多くの衆生《しゅじょう》の救済を目指した大乗《だいじょう》仏教に属するものである。しかし、漢地仏教が海陸の隊商路を経てインドから経典を持ち帰った僧たちの遺産をもとに、一瞬の悟りを重視する禅宗を中心に発展したのとは異なり、チベット仏教はインドで亡びる寸前だった仏教を輸入して、漸進的な悟りを重視する修行の体系と

クンブム寺　ゲルク派の創始者・ツォンカパの生誕地で、西寧市の西南25㎞にある。筆者撮影

密教を中心に発展した。しかし、長らくチベットの仏教は、個別の宗派が豪族・貴族と結びついて腐敗したり、密教の奥義へのこだわりが過ぎて本来の清浄の境地から離れてしまうなどの弊害をも引き起こした。

この状況を大きく変えるきっかけとなったのが、改革派であるゲルク派（黄帽派《こうぼう》または黄教）の誕生である。その創始者ツォンカパは、一三五七年に今日の青海省《せいかい》西寧《せいねい》の近郊で生まれた。その生誕地はのちにクンブム寺（塔爾寺《タール》）という大寺院となり、遠くモンゴルや北京周辺などからも多くの巡礼を集めて賑わっている。

若くして論客としての名声を高めたツォンカパは、一五世紀になるとチベット仏教の混迷を打開しようとして正式にゲルク派を発足させ、この新興宗派は洗練された改革派として急速に支持を獲得した。しかし、それは既存の諸宗派からみれば打撃を意味していたため、ツォンカパの死後約二〇〇年間にわたって、ゲルク派と既存教団とのあいだには、世俗の有力貴族をも巻き込んで鋭い対立が続くことになってしまった。

存亡の危機にさらされた黄帽派がとった対策として最も重要なものは、当時対立していたカルマ＝カギュー派（黒《こく》帽《ぼう》派）が創り出した活仏《かつぶつ》制度を同じように導入したことである。これは、菩薩や徳の高い僧の生まれ変わりとされる子供を捜し出して、徹底したエリート教育を施すことによって後継者とする制度である。具体的には、先代の「次はどの方角・地域に生まれ変わる」という遺言や、ラサの南東にある聖なる湖「ラモラツォ」に映し出された像にもとづいて探訪に出向いた調査団が、聡明な子供の噂を聞きつけて戸別訪問を行い、その子供に先代の遺品を当てさせたり、あるいは質問を通じて「おそらくこの子供であろう」と推定することによって選び出される。そして一六世紀中頃、ゲルク派の最高活仏としてのダライラマという存在が正式に確立した。チベット問題の深刻化により一九五九年にインドに脱出して以来、今や国際的にも著名なダライラマ一四世も、基本的には同じ方法で選び出されている。

もちろん、このような活仏選びの方法には、とくに調査と決定の過程で有力者による恣意が入りやすいという重大な問題があり、往々にして腐敗の温床にもなってしまった。また、必ずしも優秀な活仏にならないという問題もあり、後述するダライラマ六世のように、周囲からの勉学の圧力に耐えきれなくなった活仏が放蕩《ほうとう》に走ることもあった。しかし、活仏に選ばれた子供が期待どおりに仏教の修養を積み、教団や寺院の名誉を引き継ぐことも別に珍しいことではなかったので、運用さえ適切に行われればそれなりに合理的な制度であり、プラトンが構想した『哲人王』にも通じるものだといえよう。

ダライラマ政権の成立

ゲルク派が危機を脱するためにとったもうひとつの対策は、より強力な施主＝保護者を確保することであり、その活路をチベットの外、モンゴル高原に求めた。第一章で述べたとおり、すでにモンゴル帝国の時代にはチベット仏教、とくにサキャ派がモンゴル人に影響を与え始めていたものの、元が衰退してモンゴル高原が一時的に群雄割拠となった結果、もともと貴族を中心としていたチベット仏教信仰も衰えてしまった。しかし、一六世紀中頃にアルタン・ハーンの勢力が強大化し、明とも関係を改善して相対的な安定が訪れると、モンゴル人はあらためて、宗教信仰だけでなくさまざまな知識の源泉でもあったチベット仏教に関心を注いだ。

その結果、一五七八年になると、青海湖の畔でアルタン・ハーンとダライラマ三世が会談するという歴史的事件が実現している。そもそも、ダライラマという称号はモンゴル語で「大海の如き上人」という意味であり、このときアルタンから贈られたものである。以来、モンゴル諸部族のあいだでは猛烈な勢いでゲルク派のチベット仏教が弘まっていった。さらに、ダライラマ三世の後継者である四世は、アルタン・ハーンの家系に連なるモンゴル人の子供から選ばれたのである。

これ以後、ダライラマとゲルク派の権威は、モンゴルのみならず本拠のチベットでも上向いた。とくに、一六三七年になると青海モンゴルのグシ・ハーンが青海一帯で覇を唱え、さらにその勢いを駆って一六四二年には今日のチベット自治区に相当する地域を征服したが、グシはゲルク派の仏教を篤く信仰していたことから、征服地をそのままダライラマに寄進

ポタラ宮　ダライラマ5世の没後も造営は続けられ、1695年に完成した。筆者撮影

し、グシ自身は名誉職の「チベット王」で満足したのである。この征服はチベットの世俗貴族にとって大打撃となり、それまで延々と続いた宗派抗争はゲルク派の完全なる勝利に終わった。

グシ・ハーンから権力の寄進を受けたダライラマ五世はそれ以後、時間をかけて僧俗の大臣や官僚からなる政府組織と独自の軍隊を整えていった。これが、一九五九年に中国共産党政権によって崩壊させられるまで存続したダライラマ政権（そして今日のチベット亡命政府）の起源にほかならない。そしてダライラマ五世は、自らの宗教的・政治的権威の象徴として、巨大宮殿ポタラ宮の造営に着手したのである。

順治帝とダライラマ五世の会見

ともあれ、このように猛烈な勢いでモンゴル高原がゲルク派チベット仏教の大いなる海となっていった結果、モンゴルの王公たちが満洲人の皇帝をモンゴル共同のハーン「ボグド・セツェン・ハーン（神武英明皇帝）」として認めるにあたっての最大の前提は、皇帝が文殊菩薩と仏教への信仰心にもとづいて、ダライラマとゲルク派のチベット仏教を保護することにほかならなくなった。

したがって清としても、ゲルク派の長であるダライラマ五世に対して皇帝がいかに多くの敬意を払っているかを示すことが最も重要な課題となった。そこでホンタイジは、ダライラマ五世を盛京に招聘《しょうへい》して礼を尽くそうと考え、「仏教を弘め、衆生に利益をもたらされたい」という趣旨の親書を送った。もっとも、ホンタイジ自身は北京遷都を前に死去するが、ダライラマを招こうという遺志を順治帝が引き継いで重ねて親書を送った結果、ダライラマ五世もついにそれに応じ、一六五二年に順治帝とダライラマ五世の会見が実現した。

この出来事は、一見するとチベットの代表が北京に「朝貢」にやって来たようにもみえる。しかし、実際には相互の対等さと譲り合いこそが会談の基本的な精神であった。順治帝は会談に先立ち、自らの敬意を率先して表すために遠路青海まで出向くつもりであり、漢人の官僚による「天下の主がわざわざ迎えに行くとは問題だ」という批判にもまったく耳を貸さなかった。それにもかかわらず最終的に北京が会談地となったのは、清が天変地異の連続と明の残党への対応に追われ、順治帝としても、そのことを優先

順治帝とダライラマ5世　1652年の北京での会見を描いた、ポタラ宮殿内の壁画

しなければ今度は漢人との関係で大きな痛手を負うと判断したからである。しかし、その決断にいたるまで、順治帝は繰り返しダライラマ側と連絡をとって極力礼儀を欠くことを避け、かつ最初の対面も、皇帝が北京の城外まで出向くというかたちをとった。

こうして、建国と北京遷都まもない清にとって最初の晴れがましい出来事は無事成功した。そして順治帝は、ダライラマとチベット仏教の栄光によって清の統治がいっそう繁栄することを願って、北海の白塔を建立したのである。

ジュンガルの台頭

しかし、当初は安定するかにみえた清とチベット仏教、そしてモンゴルとの関係は長くは続かなかった。アルタイ山脈から天山山脈にかけてのジュンガル盆地を拠点とする西モンゴルの一部族・ジュンガルがこの時期急速に台頭しはじめ、一七世紀後半から一八世紀半ばまでの約一世紀にわたり、清にとっての最大のライバルとなるからである。彼らも、モンゴルの有力者たちを自らの側に引きつけて覇を唱えようとしたのだが、そのとき最大の対抗相手となったのは、後金の成立以来モンゴルへの影響力を拡大していた満洲人であった。

そこで、ジュンガルのガルダン・ハーンは、満洲人と清への対抗心、そして自らもかつてゲルク派の僧として出家していた経験にもとづいて、自らこそゲルク派の仏教を最もよく保護する存在であると主張した。それだけでなく、ガルダンは次第にダライラマ五世の摂政サンギェー・ギャムツォと密に連絡をとるようになった。

しかも、このときにわかに運気はガルダン・ハーンの方へ向かって流れようとしていた。康熙帝は呉三桂が起こした「三藩の乱」を鎮圧する過程で、ダライラマに対して「雲南での茶馬交易を通じて呉三桂を肥えさせただけでなく、その残党を保護した」という疑いの視線を向けたのである。ダライラマ五世は、にわかに清への不快感を強めつつ、一六八二年に死去した。そこで摂政サンギェー・ギャムツォは、何とダライラマ五世の死をひた隠しにして、ダライラマの名を騙《かた》りながらガルダンと接近していった。

清にとって不穏極まりないそのような動きは、一六八八年以降ガルダン・ハーンが北モンゴルのハルハ部に侵入したことによって明らかになる。この事件はそもそも、ハルハ部の諸王公間で遊牧民の帰属をめぐる対立に端を発している。その調停にあたっては、ダライラマ（実際には摂政サンギェー・ギャムツォ）の特使と、当時北モンゴルの新たな活仏として信仰を集めていたジェブツンダムバ活仏が招かれていたものの、このときダライラマ側の特使がジェブツンダムバよりも低い扱いを受けたことに対してガルダンが「ダライラマに対して不遜ではないか」と激怒した。そこで、ジェブツンダムバ側の刺客がガルダンの弟を殺害し、ガルダンはついに報復と北モンゴルへの勢力拡大へと打って出るためにダライラマの旗印を掲げたのである。

ジェブツンダムバの影響力を足がかりとして北モンゴルへの拡大を目指していた康熙帝は、ガルダンの挙兵に衝撃を受けた。しかし、一六九六年には康熙帝自ら遠征軍の先頭に立ってガルダンとの死闘を制した結果、ハルハ部はこぞって康熙帝への帰順を示した。しかもガルダンは、ジュンガルの内部対立で新指導者ツェワン・アラプタンにも追い詰められた結果自殺した。こうして清は当面の危機を脱したのである。

「放蕩のダライラマ」をめぐる危機

ところで、康熙帝は一連の事態の推移から、摂政サンギェー・ギャムツォがダライラマの死を隠して反清計画を進めていたことを見抜いており、ガルダンを打倒したのちサンギェーを厳しく糾弾した。これに対してサンギェーはただちに弁明を行ったため、康熙帝も「もし深く追及するあまりダライラマ摂政の体面を汚すとなれば、逆にモンゴル人の不興を買いかねない」と判断し、それ以上の締め付けを行うことはなかった。

しかし、まもなくゲルク派の命運にかかわる重大な問題が発生した。摂政サンギェーが密かに養育してきたダライラマ六世は、ポタラ宮殿の奥深くで黙々と勉学に励まなければならず、しかもいつ現実の生臭い政治に巻き込まれてもおかしくない自らの運命に嫌気が差して、吟遊詩人のような放蕩《ほうとう》の生活に走ってしまった。しかもサンギェーは、ダライラマに権力を寄進したグシ・ハーンの子孫であるラザン・ハーンに殺害されてしまった。そこでラザンは、清と協力のうえダライラマ六世を否定して「真のダライラマ六世」を擁立した。

もちろん康熙帝としても、放蕩のダライラマの存在を放置しておけば、それは仏教の保護者たる自らの立場に影響が生じる以上、それが妥当だと考えたのであろう。しかしこのとき康熙帝の脳裏をよぎっていたのは、もしジュンガルの新しい指導者ツェワン・アラプタンがダライラマ六世を拉致して再び擁立したとすれば、モンゴルの人心はすべてジュンガルに向かいかねないという懸念であった。そこで康熙帝は、ダライラマ六世の身柄を厳重に管理するよう厳命した。

ところが、ダライラマ六世は一七〇六年、西寧へ護送される途中で死去しただけでなく、一七一五年になると、放蕩のダライラマ六世を正統とみなす人々が、東チベットのリタン（今日の四川省甘孜チベット族自治州リタン県）で六世の生まれ変わり＝ダライラマ七世を発見した。そこで、多くのモンゴル・チベット人が康熙帝に対し、放蕩のダライラマ六世に対する廃位を取り下げ、正式にダライラマ七世を承認するよう求めたのである。

そこで清は深刻なジレンマに直面した。ここでもし自ら立てた「真のダライラマ六世」を否定して、求めに応じてダライラマ七世を承認すれば、「真の六世」の擁立に関与した自らの権威は失墜しかねない。いっぽう康熙帝は、ジュンガルのツェワン・アラプタンがラサへと侵攻しようとしているという情報を手にしていた。もしここでツェワン・アラプタンが放蕩の六世の生まれ変わりを擁立したとすれば、それは康熙帝にとって、「真の六世」を取り消して面子《メンツ》を失うよりもはるかに大きな打撃となることは目に見えていた。

しかし、康熙帝は幸運のかたまりのような人物であった。一七一七年にラサを攻撃したツェワン・アラプタン軍は、ラザン・ハーンを殺害したばかりかあらゆる人的・物的要素に危害を加えたため、チベット人のジュンガルに対する評価は完全に地に墜ちた。ツェワン・アラプタンが放蕩の六世の生まれ変わりを確保することに失敗したことはいうまでもない。

康熙帝は、このまたとない機会を生かしてラサへと軍隊を進め、正式に清の版図に組み入れることを通じて、本当にゲルク派の仏教を保護する存在はジュンガルではなく清であることをすべてのモンゴル・チベット人に示そうと決断した。しかし同時に、それを成功させるためには、モンゴル・チベット人の願望にしたがって、放蕩の六世から新たな七世へとダライラマの権威が引き継がれることを承認するという、苦渋に満ちた選択をしなければならなかった。

とはいえ、清の皇帝はチベット仏教を保護する「文殊菩薩皇帝」である以上、版図を拡大すればするほど、そこに組み込まれる人々が信仰するチベット仏教の権威を尊重しなければならないことは必然的な成り行きであった。清のチベット仏教保護は、もはや当初のゆるやかな信仰心や、モンゴルとの統合という目的にもとづいて尊重すれば済むものではなくなった。むしろ、軍事力を用いて保護するがゆえに、仏教徒の視線が皇帝の行動そのものを厳しく拘束し、責任ある権力の行使を求めるものとなったのである。

一七二〇年、実質的には高齢の康熙帝に代わって皇子インジェン（のちの雍正帝）が主導して進められた清のチベット遠征は大成功を収め、モンゴル・チベット人のあいだで「文殊菩薩皇帝」の名声はこのうえなく高まった。

空前の版図と「転輪聖王」

ここから先は、清が自ら得た権力を積極的にふるって、仏教の繁栄を望むすべてのチベット仏教徒の願いに配慮しながら「内陸アジアの平和」を構築してゆくことになった。その過程では、漢人地域での経済成長と、奢らず倹約につとめた成果を国庫の充実に結びつけた雍正帝の、短いながらも着実な統治がまずあり、一七三五年に即位した乾隆帝は、そのような「国家全盛の力」を用いてジュンガルの残党勢力を完全に打倒することに全力を注いだのである。その結果一七五九年までに、ジュンガルおよびその支配下にあったタリム盆地のトルコ系イスラーム教徒が清の版図に組み込まれた。乾隆帝はその版図を「新疆《しんきょう》」と命名し、ここに清が支配する版図は空前の規模に達したのである。

しかし、筆者がすでに強調したとおり、その過程では、儒学や漢字の優越や、華夷思想にもとづくいかなる価値の強要も意味をなさなかった。もっぱら清は、ゲルク派チベット仏教の保護者の座を目指して軍事力を用い、かつ妥協を重ねてきたのである。

しかも、軍事力を持たない仏教の側からみても、危機から自らを救うためには、必然的に世俗の権力者の庇護に頼らざるを得ない。そこで、世俗の権力者がどれだけ高潔さや深い信仰心を持っているかという厳しい基準を設け、そのような権力者が仏教の興隆のために軍事力を用いることを肯定していた。そのような権力者のことを、一般的に「正法王《せいほうおう》」と呼び、その中でもとりわけ信仰と政治の両面で圧倒的な力を持つ者は「転輪聖王《てんりんじょうおう》」(Chakravartin)と呼ばれる。もともとこの称号は、古代インドのアショカ王（阿育王）を讃えて用いられることが多かったが、いまや清の歴代皇帝たちもチベット人やモンゴル人から転輪聖王として一目おかれる存在となったのである。

もっともこの一連の動きは、今日のチベット亡命政府からみた場合には否定的な評価にならざるを得ない。なぜなら、この遠征ののちダライラマ政権は存続したものの、同時にそれは、皇帝が八旗の軍人の中から選んでラサに送り込んだ駐蔵大臣《ちゅうぞう》（蔵は漢語でチベットを指す）の監督のもとでの地域政権となることを意味したからである。ただし駐蔵大臣職は、チベットをめぐるこれといった政治的な課題が浮上しない限り、ほぼ「窓際族」的な人物が送り込まれる閑職であり、実際にはダライラマ政権が独自の権限を振るうことはいくらでも可能であった。そこでチベット亡命政府は、中国政府のいう「駐蔵大臣が清の国家主権を代表していた」という論理を批判し、歴史的に独立主権国家であったと主張する。

しかし、そもそもこの時代、いまだ北京にもラサにも近代国際関係の論理はまったく入っていないので、筆者はこの状況だけをみて「中国の主権」や「チベットの主権」を論じることには意味がないと考える。ただいえるのは、当時のチベット人からみても皇帝の政策や行動が仏教社会の安定のために役に立つとゆるやかに認識され、比較的平穏に受け容れられていたということである。したがって、良くも悪しくも曖昧さを含んだ清の政治的・軍事的な支配と、清の皇帝をも構成員として大きく包み込んだチベット仏教世界のまとまりが絶妙に重なり合った状況が、いったいどのような因果関係を重ねた結果、「主権」と「主権」、あるいは「中華」と独自文化の鋭い争いになってしまうのかという問題意識の方が、清という帝国の興亡をより深く考えるうえで重要であろう。

第三章　盛世の闇

悩める雍正帝

皇帝たちの「仏教利用」？

大清皇帝が、モンゴルの騎馬兵力をはじめとしたチベット仏教徒から、仏教を保護する「神武英明皇帝（ボグド・セッェン・ハーン）」「文殊菩薩皇帝」として尊敬と服従を勝ち取り、東は漢人、西はジュンガルを押さえたことによって、清という帝国はついに「満洲人の平和（パックス・マンチュリア）」をつくりあげた。

しかし、単純にこのように記してみると、清からみたチベット仏教の位置づけはいかにも「権謀術数に長けた皇帝が仏教を利用してきた」ようにみえるかもしれない。「皇帝は表向き、チベット仏教に対して十分な配慮をしているようにみえるものの、実は本心ではこれといって興味を抱いて信仰しているわけではない。むしろ圧倒的な伝統と量を誇る儒学と漢字の世界に心酔し、あくまで儒学が求める天子としての資質を懸命に身につけることではじめて天下へ向けて号令していたのだ。だからこそ、被支配者となった漢人からも皇帝として認められたのだ」ととらえる人がいるとしてもまったくおかしくない。

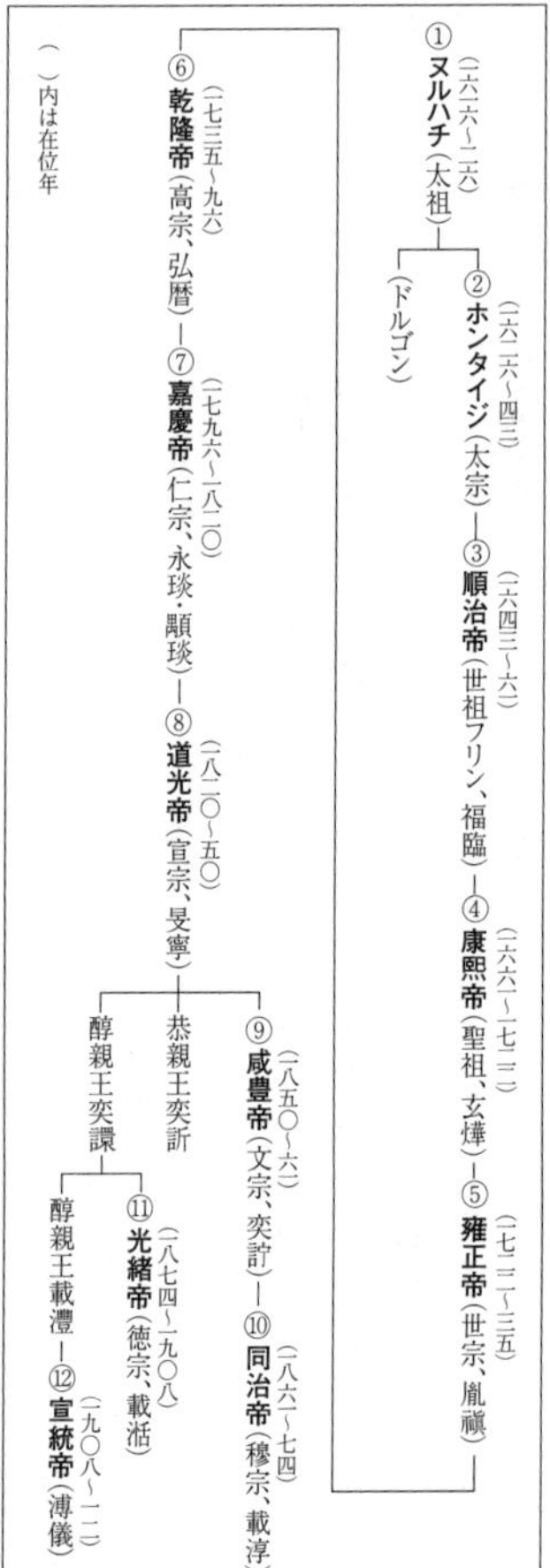

清朝皇帝の系図

じっさい清の皇帝たちは、モンゴル人やチベット人のためにチベット仏教を保護することを漢文で説明するとき、必ずといってよいほど儒学経典のひとつ『易経《えききょう》』の中の「神道を以《もっ》て教を設ける」という一句を好んで用いている。そこで近現代中国のナショナリストたちは、皇帝の態度の中に「本心ではない作為」を読み取り、「中華世界の主としての皇帝が、おくれた辺境の民を従順にさせるために、神秘的な宗教の力を借りて彼らを教化しようとしたのだ」と説明してきた。それはもちろん「モンゴルやチベットがなぜ中国の一部分なのか」を歴史的に「実証」するためである。「中華」皇帝の絶妙な支配が成り立った以上、おのずと「独立」はあり得ない。

しかし、このような前提にはいくつかの大きな問題がある。

まず、そもそも漢人のエリートたちは、満洲人の皇帝とその帝国・清を、どこまで本気で「中華」と認めていたのかが問われなければならない。

また、たとえ皇帝が「神道を以て教を設ける」精神を強調したところで、それは果たして本当に漢人の士大夫と同じような「すぐれた文明の立場からおくれた者を教え諭す」精神にもとづく発言だったのだろうか？

さらに、「神道を以て教を設ける」にいう「神道」とは、用いられる文脈上明らかに、内陸アジアの人々が信仰している仏教のことを指している。仏教の力で人々を調和ある世界へと導いた＝教化したのであれば、その「教」を受け取る人々（この場合はモンゴル人やチベット人）が親しんだ世界は、おのずと漢字と儒学の「中華」とは異なる。つまり、「神道を以て教を設ける」以上、必ずしも漢人の「教」と同じ価値観を学ぶ必要はないことにもつながる。

のちの歴史的事実が物語っているのは、少なくともモンゴル人やチベット人一般のあいだで、儒学や漢字が仏教文化よりも優れているものとして受け容れられた形跡はほとんどない、ということである。今日でもいまだに「中華」という概念はモンゴル語やチベット語、そしてウイグル・カザフ族などのあいだで用いられているトルコ語東部方言に翻訳されていない。

「中華」と仏教のはざまで

もちろん、中華民国・中華人民共和国に帰属することになったチベット人やモンゴル人は、そのような事態に手をこまねいていたわけではなく、むしろ大きな歴史のうねりの中で「中華」という国家に帰属する意味を考えようとした。たとえば、二〇世紀半ばのチベット仏教ゲルク派きっての名僧にして、青海省副省長や中国仏教協会会長を歴任したシェーラブ・ギャムツォ（喜饒嘉措）という人物は、「中華」という国号がなぜ尊く、漢人だけでなくチベット人にとっても共有するに値するのかを広く説こうとして、「中華」ということばが持つ微妙な意味合いまでなるべく正確にわかりやすく訳そうと試みた。

しかし、日本人には一目瞭然なこの二文字の「ありがたみ」を、異なる文化世界の人々にも理解させる試みは挫折した。訳が長過ぎて逆に面倒になり、誰も積極的に使おうとしなかったのである（一九五〇年代後半から深刻化する中国共産党とチベット人のあいだの不幸な関係も無視できない）。

結局、漢人が主導する国家において「少数民族」の命運をたどった彼らは、漢字を学ぶことで日常的に「中華」ということばを用いるようになる。それでも、自らの文化的空間の外から現れた言語や文字に、納得しきれないまま従っている状況であることに変わりはない。

このような事例は、何らかの強制力をともなった影響力、すなわち権力をおよぼすことによって、異なる文化的・社会的背景を持つ人々から服従や忠誠を得ようとするとき、権力の側が振りかざす特定の発想なりイデオロギーが、そのまま額面どおりに受け止められるとは限らないことをはっきりと示している。

それでは、清という帝国がなぜこれだけの版図を築き上げ、さまざまな民族からの服従と尊敬を得ることができたのだろうか。その背景にあるのは、皇帝権力が特定の文化的価値を押しつけず、むしろ個別の宗教文化にのっとった社会のあり方＝「教」を尊重する態度に徹しようとしたことではなかったか。そのうえで満洲人の皇帝としては、得られた実質的な成果としての版図の広がりに満足していたのではないか、と考えるのがわかりやすい。要するに清の統治の原則は、誰が何といおうと皇帝の支配を受け容れればよい、その代わりに望むもの（＝既存の文化や社会の安定）は全力で保証しよう……という、わかりやすい実力主義であったと思われる。

雍正帝と奏摺制度

そして、どうやら清の皇帝たちはそのように考えながら思索し、行動していたらしい。そのことを知る最も重要な手がかりとして、康熙帝の長い治世を引き継いで一七二〇〜三〇年代における最盛期を創りあげた雍正帝の思想と行動を考えてみたい。

一般的に「中国史」の枠組みのなかで、雍正帝という人物は「究極の専制君主」という位置づけを与えられている。もちろん、皇帝は基本的に、天命を承けたと主張してあらゆる存在を教え導く存在であるので、それだけでも十分「究極」たりうる。しかし雍正帝の場合は、至高の権力を持つ自らの立場に対する責任感が並はずれており、政務の完璧さに徹しようとした点で究極の専制君主であった。

雍正帝の完璧志向は、彼が創始した文書行政の枠組みである奏摺《そうしょう》制度に表れている。これは、機密性の高い函《はこ》におさめた「奏摺状」によって、皇帝と各地に派遣された総督《そうとく》・巡撫《じゅんぶ》・欽差《きんさ》大臣などの高官を直接結ぶものである。「巡撫」は各省のトップとして派遣され、さらに広域行政を行う必要から数省を管轄する「総督」がおかれる。欽差大臣とは、特定の政策目的のために字面どおり皇帝の命をうけて各地に派遣された大臣のことを指す。たとえば、今日のウランバートルに駐在した庫倫辦事《クーロンべんじ》大臣、ラサに駐在した駐蔵《ちゅうぞう》大臣など、内陸アジアの要地に派遣される常設職もあれば、アヘン戦争の処理のために派遣された林則徐《りんそくじょ》のような臨時職もある。

奏摺状をしたためる権利を持っているのは、あくまで皇帝の信任を得ているこれら一握りの高官に限られており、各地の近況や事件の処理内容などをくわしく記したのち高官たちが自ら函におさめて厳封した奏摺状は、早馬によって速やかに皇帝のもとに送り届けられる。皇帝は、それをまず自ら閲読して朱筆のコメント（朱砒《しゅひ》）を入れる。皇帝がコメントした奏摺状は、再び函に密封されて各地の高官のもとに送り届けられ、彼らはコメントも含めた内容をすべて手許に書き写したうえで、あらためて皇帝のもとに送り届ける。その後、奏摺状と皇帝によるコメントの内容は、すべて雍正帝が新たに設立した「軍機《ぐんき》処《しょ》」に集約された。

理藩院と軍機処

軍機処は、満洲貴族・八旗の旗人・科挙官僚のなかでもとくに有能な人物を選り抜いて皇帝の政策決定を助け、高度かつ速やかな政務処理を行うために設けられたものであり、その長にあたる軍機大臣は、とくに皇帝が篤い信頼を寄せた、精神力と老練さを兼ね備えた人物があたった。

読者の中には「それでは科挙の試験を経て採用された膨大な数の官僚たちは出る幕がないのではないか」と思う方もおられるだろう。たしかに、前章で触れたように、清は漢人の士大夫を取り込んで中央・地方の実務にあたらせるため、明と同様に朱子学の知識を主に問う科挙制度を採用していた。そして、科挙の合格者は「吏・戸・礼・兵・刑・工」からなる「六部」と呼ばれる中央官庁の官僚や、各地の知県として働いていた。

しかし、まず清が支配のもとに組み込んだのは漢人の「中華」だけではない。満洲人の故地である盛京以北の地、モンゴルの広大な草原と沙漠、雪山と峡谷が連なるチベットもその極めて重要な一部分であり、さらには一七五八年のジュンガル滅亡、一七五九年の新疆設置によって天山南北のオアシスや草原も組み込まれた。しかも、これらの地域では、具体的な地域支配の枠組みも各地の実情に合わせて多種多様であった。

①八旗の旗人に分配された所領としての「旗地《きち》」。

②モンゴルの大小の王公が軍事的な義務（とくに定期的な狩猟訓練への供奉）や北京への参勤交代（年班）と引き替えに封じられて牧民と牧地への支配を認められた「盟旗《めいき》」。

③政教一致の政治体制をとり、独自の僧俗官僚からなる内閣・行政組織と軍隊を持ってい

雍正帝　康熙帝・乾隆帝の間で治世は短かったが、帝国の基礎を築いた

るダライラマ政権と、内陸アジア各地のダライラマに寄進された飛び地。

④各地の寺院領が独立の旗となったもの（ラマ旗）。

⑤チベット高原の東部など、各地の部族の長を西南の非漢人地域と同様に「土司」「千戸長」「百戸長」として認知し、小規模な地域支配が認められた地域。

⑥ジュンガルの最終的な駆逐にあたり清に協力したトルコ系ムスリム王の領地。新疆のクムル（哈密）・トルファン（吐魯蕃）などがこれにあたる。

⑦ジュンガルの打倒と伊犁《イリ》将軍を頂点とした軍事支配のもと、各地のトルコ系ムスリム有力者をハーキーム・ベグという官職に任命して管理がなされた新疆のオアシス。

そして、清はこれらのさまざまな地域と皇帝との関係を維持するにあたり、基本的には科挙官僚ではなく八旗の軍人を多用しており、その原則は一九世紀以後次第に変質するものの、おおむね清末まで保たれた。これら各地域の王公・ラマなどは定期的に北京に出向いたり、あるいは名代を北京に送ることが求められており、それを漢文で「朝貢」と呼ぶこともあった。

しかし、朝鮮や琉球などの朝貢国一般が「礼部《れいぶ》」の管轄で、儒学的な「礼儀」が清と朝貢国を結ぶ基本原則であったのに対して、これらの地域は「礼部」が管轄せず、清の建国時に設けられた「蒙古衙門《もうこがもん》」を発展させた「理藩院《りはんいん》」が管轄しており、「藩部《はんぶ》」と総称されていた。そして、具体的な儀礼や文書の往来の中では、チベット仏教やイスラームを皇帝が保護するという発想が反映されていたのである。さらに、藩部を介して共存・対立したロシア・ネパールの両国についても、礼部ではなく理藩院が管轄していた。アメリカの中国研究者・マンコール氏は、礼部が管轄する「儒学・科挙官僚・朝貢」の世界と、理藩院が管轄する「内陸アジア文化・八旗の軍人・清の監督と現地独自支配の結合」の世界が、互いに異なった政治原理に属することを指して「東南の弦月」と「北西の弦月」と表現している。

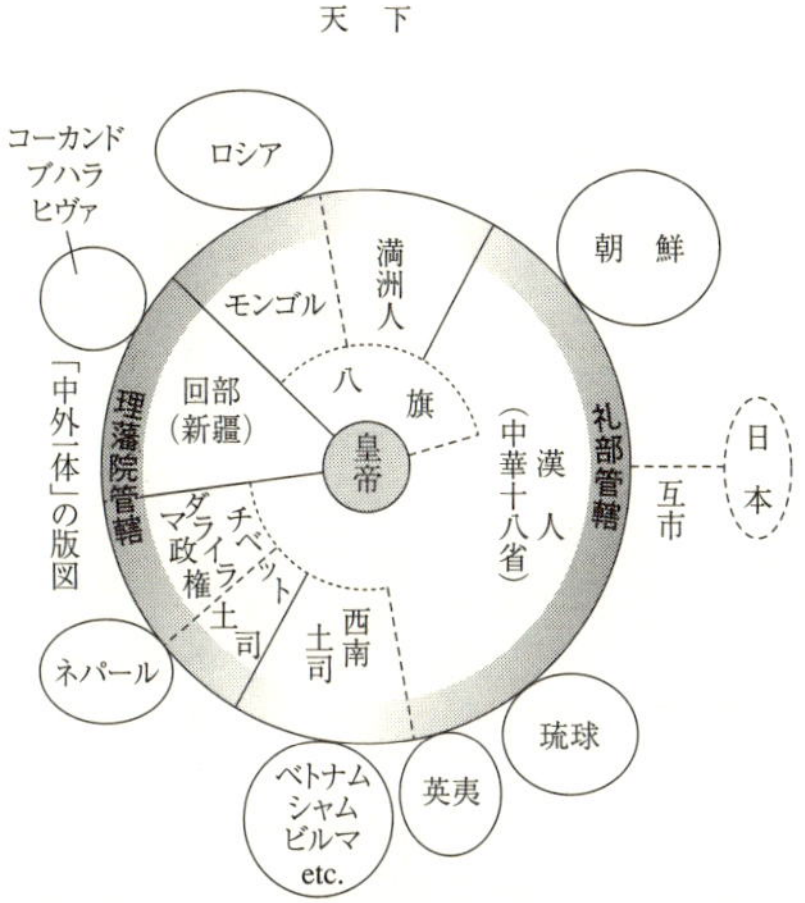

大清帝国の秩序　礼部が管轄する「東南の弦月」と、理藩院の「北西の弦月」は異なる政治原理をもっていた

清の皇帝権力からみて、朝貢国と藩部のどちらがより皇帝に近しい存

在であるかといえば、日常はその内政に一切関知せず定期的な往来しかない朝貢国よりも、さまざまな軍事的・政治的義務や恩賞・保護の関係で結ばれ、版図としても認知されていた藩部であった。

このように、個別の地域ごとの社会的・文化的な特徴や、政治的・軍事的な関係の濃淡に応じて、清は支配の枠組みを整えていったことからみれば、漢人地域で儒学エリートを取り込もうとした科挙官僚制度をもって、清という帝国の最も代表的な政治制度とみなすことは、じつは妥当ではない。むしろ、科挙官僚制度すら、このような地域ごとの個別性を活かしながら皇帝の支配に組み込もうとしたことのひとつの表れであるとみることもできる。「神道を以て教を設ける」という表現は、儒学と漢人社会に対しても向けられている言葉なのである。

そして、皇帝と満洲貴族、そして八旗の軍人が、「東南の弦月」と「北西の弦月」を股にかけて支配しようとするとき、礼部と理藩院の枠組みを超えて、より大局的な立場から情報を集め、速やかに決定し行動することが求められる。そのような目的のために軍機処――軍事的な機密を扱う場所――が設けられ、そこに皇帝の強い意志を反映させようとしたのである。

雍正帝の独裁

雍正帝の評伝として広く知られる宮崎市定《いちさだ》氏の『雍正帝』は、次のように述べている。

雍正帝にとっては、中国を完全無欠に統治することが至上命令であった。彼の行動も信念もすべてはここから出発する。中国を統治するには中国流の独裁君主にならなければならぬ。そのうえ独裁君主制の理論的根拠を提供するものは漢文化に外ならない。（中略）漢人国家の独裁君主として臨むには、自らも人後に落ちない中国風の文化人でなければならない。

故宮・乾清宮の玉座　皇帝は「正大光明」の扁額の裏に、意中の継承者名を隠した。筆者撮影

とくに宮崎氏は、雍正帝がいかに「中国流の独裁君主・文化人」だったかを示す事例として、社会全体に広く蔓延していた腐敗を断固として抑制し倹約に努めていたこと、そして宣教師がもたらした西洋文化に興味を示しキリスト教布教を認めていた康熙帝とは違って、祖先崇拝を否定するキリスト教を邪教扱いしたことを挙げている。また宮崎氏は、雍正帝の性格について「堅固無類のコンクリートの要塞のような性格」であるとも表現しており、それは雍正帝が皇子時代に骨肉の後継者争いを体験し、他人に決して欺かれないような完全無欠さを身につけようとしたためであるという。じっさい、雍正帝

は、自らが嘗めさせられたような宮廷の内紛が再発して皇帝権力が大きく傷つくのを避けるため、皇帝があらかじめ紫禁城・乾清宮の玉座の上にある「正大光明」と記された順治帝御筆扁額《へんがく》の裏に、人徳ある皇子の名前を記した紙を隠し、皇帝の死後にそれを取り出して次の皇帝を擁立するという制度を定めている。

ただ、このような宮崎氏の評価は、まず清の皇帝が「中華帝国」の皇帝として、儒学と漢人の世界を最も重視していたという、従来の「中国史」の枠組みにおける暗黙の前提がまずあって、そのうえで官界との関係や西洋文化との関係について父・康熙帝の治世と比較したものであるという性格が強く、当時の清が同時にジュンガルとの骨肉の争いを繰り広げていた「内陸アジアの帝国」であったことについての配慮は弱い。むしろ、宮崎氏が雍正帝の「中国流独裁君主」らしさを最も象徴する新しい制度とみなした奏摺制度と軍機処こそ、雍正帝がいかに科挙官僚の巨大な組織を信用せず、なるべく彼らを介さずに政策決定を進めようとしたかの表れであろう。

たしかに、雍正帝自身は儒学思想そのものを否定する意図はまったく持っていなかったし、むしろ彼の言行で最も日常的に表れるのは、人の道をどのようにすれば体得できるかという問題意識である。そこで、彼はしばしば儒学の経典を踏まえながら、あらゆる人が「倫理を明らかにし、名分をわきまえ、風俗を整える」ことの重要性を説いていた。

しかし同時に雍正帝は熱心なチベット仏教徒でもあり、モンゴルの活仏チャンキャ・ホトクトへの師事を通じて、しばしば政務の多忙を縫って教義問答に没頭するようになったほか、皇子時代に住んでいた邸宅をチベット仏教寺院に改装してもいる。この寺院は乾隆年間に「雍和宮」と改称し、今や北京で最も重要な仏教寺院のひとつとして多数の参拝客を集めている。

雍正帝は単に完全な「中国風の文化人」であっただけでなく、同時に完全な「チベット仏教文化人」であろうとした人物であった。そして、儒学者とチベット仏教徒というまったく異なる文化的背景を持つ人々に皇帝として向き合って号令するにあたり、彼らにとってわかりやすく、かつ自らの支配にも都合がよい要素を経典の中から取り出していたようにみえる。

雍和宮　北京最大のチベット仏教寺院。下は、左からモンゴル文字、チベット文字、漢字、満洲文字で書かれた扁額。筆者撮影

華美への断罪

逆に、たとえ儒学者であろうがチベット仏教徒であろうが、自らが目指す平和で調和ある社会づくりという目標に反する存在に対しては、手厳しい非難や攻撃を行うのが雍正帝の常であった。そして、いったん雍正帝が政治的な狙いを定めれば、どのような具体策（言論弾圧や武力行使を含む）にどれだけの費用と労力を注げばよいかを綿密に計算し、莫大な国庫の負担とそれを可能にする倹約を実現しようとした。

とくに雍正帝は、八旗の軍人や漢人社会に対して、贅沢の風潮の廃絶と厳しい倹約を求めていた。雍正帝が即位した一七二〇年代の当時、清の官界は康熙帝の長い治世のあいだに染まった贅沢と腐敗の深い淵に陥っていた。しかも、華北では干魃、華中では水害が続いたにもかかわらず、八旗の軍人や科挙官僚は、婚礼や宴席の場で一般大衆の家産に相当するほどの費用を食いつぶす浪費にふけっていた。しかも、そのような放逸こそ面倒見のよい「礼をたっとぶ君子のふるまい」としてもてはやされるという悪循環があった。

とりわけ雍正帝を大いに苛立たせたのは、康熙帝の時代に年々頻繁になった、皇帝の恩に感謝し長寿を祈るために各地で催された行事や法要の数々であった。雍正帝からすれば、それは一見忠誠心の表れであるようにみえながら、じつは皇帝の名を笠に着て官僚や在地の士大夫たちが自らの享楽や慰安を追い求めるものにすぎなかった。しかも、それらは一般の民衆から集めた貴重な税収を浪費しており、挙げ句の果てには税負担を超える過重な金銭負担

（攤派《たんぱ》）を民衆に押しつけて私腹を肥やすという由々しい事態にほかならなかった。それが「皇帝のため」であるとすれば、悪質きわまりないではないか（ちなみに、現代中国でもこの手の「官」による「民」への必要以上の金銭負担要求は深刻な問題である）。

そこで雍正帝は「わが心を安んじるのは、民衆に本当の恵みをもたらすことのみであり、いたずらに自らに向けられた崇拝に酔うつもりなどまったくない。天下の人々はただ自らの職業や本務に忠実でありさえすればよく、いたずらに贅沢や浪費に走り、朕の福を祈るなどという心にもないことを言うべきではない」という、極めて厳しい調子の上諭を発することによって、科挙官僚や士大夫一般にはびこる贅沢と浪費を封じ込めようとした。

いっぽう、内陸アジアに対して雍正帝はどのようにみていたのだろうか。彼の主な攻撃目標となったのはもちろんジュンガルであり、ことジュンガルとなると、奏摺状に記した雍正帝のコメントはにわかに熱を帯び、予算には一切糸目をつけないという態度であった。たとえば、一七二五年に一度和解したジュンガルのツェワン・アラプタンが改めてチベットの内紛に介入するのでは、という疑念が強まったときには、「出兵の費用は気にする必要はない。千万の銭糧を捨ててもツェワンの一大患を除くことができるならば、まだ取り返しがつくというものだ」「チベットの問題を適切に処理できなければ、モンゴルの衆は懐疑を持つ。これは実に国家の隠れた憂いであり、社稷《しゃしょく》（国家）と生民の憂いにかかわる」と言い切っている。

要するに、雍正帝は漢人に向けて倹約を徹底させ、それで帝国の財政を潤沢にしたうえで、内陸アジアでのジュンガルとの戦いを勝利に導こうとしていた。それを経済的にみれば「『中華』から搾取して繁栄する内陸アジア」という状況をも意味していたのである。

満洲人らしさを求めて

そもそも雍正帝は漢人の世界にそれほど強い憧憬を持たなかっただけでなく、贅沢と華美の気風に走りがちな科挙官僚や士大夫たちをまったく信用していなかったのではないか。そのことは、科挙の試験が事実上丸暗記に陥ってしまい、本当に儒学の精神を体得した人材は容易に得られなくなってしまったことへの嘆きにはっきりと現れている。

朕が直接（科挙の）答案を見てみると、文章の優劣には違いがあるにせよ、基本的には丸暗記した内容を記した凡庸な内容にすぎない。（彼らは）未だその理の蘊蓄《うんちく》を真に理解しているとは思えない。むしろ、枝葉末節にとどまっているのであり、礼儀・廉恥の大なるものを語ってはいない。（中略）上に人君となり、下に人臣となるからには、まさにその大なるものの探求を務めとし、枝葉末節にとどまらないようにしなければならない。（中略）つとめて行えば人心と風俗は蒸蒸として日に上るのであり、三代の治も再び現るであろう。（『大清十朝聖訓・世宗憲皇帝』雍正五年六月壬寅）

それでは、科挙官僚には安易に期待できないと考えた雍正帝は、一体なにを頼りに多事難題にあたろうとしたのだろうか。そのような悩みの中から雍正帝が「伝統」として見出した一筋の光こそ、満洲人がかつてヌルハチの時代から築き上げてきた「武」の気風であった。雍正帝は、科挙官僚や士大夫の気風一般を「文弱」と呼んで露骨に嫌悪し警戒すると同時に、賛美に値する満洲人の素朴な気風が今や漢人の華美と「文弱」によって失われかねない状況に対して警鐘を鳴らしたのである。やや長くなるが、引用してみたい。

> 文武の学業は一体であるべきで、どちらかが重く、どちらかが軽いというようであってはならない。しかし、文武を兼ねる人物は世間に少ない。我々満洲人は漢地に居住し、やむを得ずもとの習いからは日々遠くなってしまった。（中略）今もし文芸を崇ぶとすれば、子弟の中ですぐれた者ももっぱら意を読書に注ぎ、武備に心を留めなくなってしまうだろう。それで果たして江南の漢人にどうしておよぶことができるだろうか？　どうしてわざわざ己の長技を捨てて、無理なことを強引に習おうとするのか？　我々満洲人は、ひたすら上につかえ、誠を尽くして父母に孝行し、貨財を好まず、たとえ極貧と困窮に追い込まれても無恥で卑鄙なふるまいを行わないことを心がけている。これこそ満洲人の長所なのである。読書（儒学経典の学習）もまた、このことを知りたいがために行うのだ！　読書しても行動がともなわないのならば、むしろ読書せずに行動できるほうがよいのだ！（中略）本朝の龍が興り、区宇（天下）を混一したのは、ただ実行と武略を恃《たの》みにしたのみである。未だかつて、虚文を恃みにして粉飾したことはないのだ！　（『大清十朝聖訓・

世宗憲皇帝』雍正二年七月甲子）

要するに雍正帝は、そもそも満洲人は素朴さと実力によって天下を手にして実績を上げた以上、漢人にどれだけ漢字文化の蓄積があろうとも、それらに引け目を感じることなく自らの実力に自信を持ち、それを伸ばすことに最大の関心を注げばよいのだ、と説いたのである。

むしろ、雍正帝にとって自らの天下支配の本来の目的は、自らの権力を保ちながら秩序を安定させること以外の何物でもない。いかなる社会や文化に属する人であろうとも、実行力に長けてあらゆる問題を解決することができれば、それでこそ真の支配者であり、権力を握る正当性を持つ民族であった。儒学思想や仏教思想をはじめとしたもろもろの政治思想・宗教思想も、このような権力によって適切に広められ実践されてこそはじめて意味を持つのだという意識こそ、雍正帝の思想の核心を占めているように思われる。満洲人でありながらも良き「中国流の文化人・専制君主」であろうとしたという見方は、彼の真意からずれている。

『大義覚迷録』の差別批判

反満思想の暗流

雍正帝が、漢人の華美や「文弱」から官僚制と財政、そして満洲人らしさを守り、漢人に対してはあらためて儒学思想にもとづく人格の陶冶を求めようとした折も折、漢人の満洲人への反感という大問題が破裂した。そこで雍正帝自ら、華夷思想にともなう民族差別への徹底した反論として示したのが、清の最盛期きっての政論『大義《たいぎ》覚迷録《かくめいろく》』である。

明末清初の混乱の荒波を越えて生き延びた少なくない士大夫は、表向きは辮髪を結って服従したものの、陰では清の残虐行為がどれだけ恐るべきもので、それに対して自らはどのように抵抗したかを「野史《やし》」として綴ったほか、満洲人と清の排斥を正当化するような文言を探し求める読書生活を通じて、明の復活を待ち望んでいた。

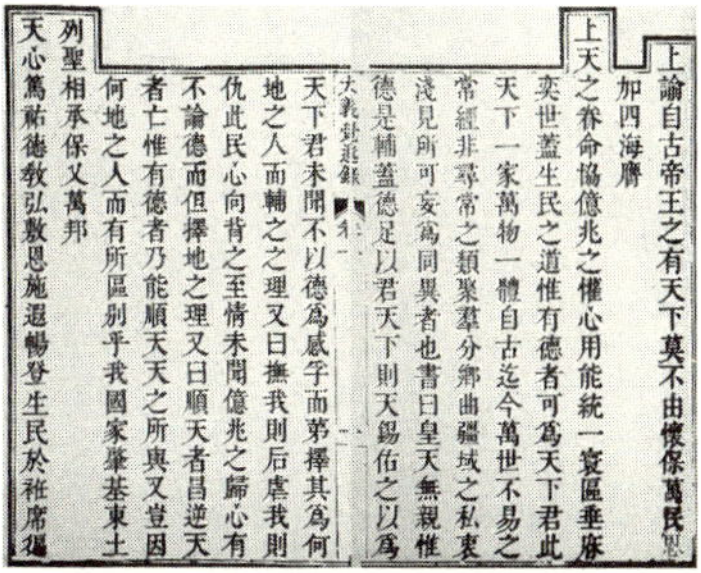
上諭自古帝王之有天下莫不由懷保萬民恩
加四海膺
上天之眷命協億兆之懽心用能統一寰區垂庥
奕世蓋生民之道惟有德者可爲天下君此
天下一家萬物一體自古迄今萬世不易之
常經非尋常之類聚羣分鄉曲疆域之私衷
淺見所可妄爲同異者也書曰皇天無親惟
德是輔蓋德足以君天下則天錫佑之以爲
大義覺迷錄　卷一
天下君未聞不以德爲感孚而第擇其爲何
地之人而輔之之理又曰撫我則后虐我則
仇此民心向背之至情未聞億兆之歸心有
不論德而但擇地之理又曰順天者昌逆天
者亡惟有德者乃能順天天之所與又豈因
何地之人而有所區別乎我國家肇基東土
列聖相承保乂萬邦
天心篤祐德教弘敷恩施遐暢登生民於袵席徧

『大義覚迷録』　雍正帝による清代きっての政論

その中でも当時とりわけ注目を集めていたのが、明末の朱子学者・呂留良《りょりゅうりょう》の思想である。呂留良は、すべての人間を一定の範囲の中に固定させて経済を平均化し、大土地所有による格差を防ぎ自足させるという、古代の社会を理想とする「井田論《せいでんろん》」を重視しており、ある意味で典型的な儒学者であった。そのような呂留良が当時ひときわ目立っていたのは、平均化され自足した礼節あふれる社会を作るためにも朱子学を絶対化しなければならず、朱子学に反する学説はすべて邪説であると強調していたことによる。

また、呂留良によると、朱熹《しゅき》が物事の是非を判断する基準としていたのは「義理」の観念であったという。その中でも最も重い大義とは「華夷の別」すなわち「中華」と「夷狄」の区別であり、「中華」の防衛は君臣の義と比べても優先されなければならないものとされた。

したがって、そもそも満洲人が建国した清にとって、呂留良の思想は危険きわまりなかった。それにもかかわらず呂留良の思想が広く流布していたのは、清が科挙制度で朱子学の知識を主に問うていたからである。朱子学そのものは、現世をいかに統治して「天理」を明らかにするかに力を注ぐ学問であり、康熙帝は歴代皇帝の中でもひときわ朱熹のそのような発想を尊敬していた。そこで康熙帝の時代には、朱子学者たちは朱子学者であること自体によって優遇されており、思想統制は自ずとゆるやかであった。

曾静の儒家政治待望論

清とは相容れないはずの呂留良の著作がいつの間にか広まるという事態は長くは続かなかった。曾静《そうせい》という地方知識人の著作『知新録《ちしんろく》』をきっかけに、その矛盾が露呈したのである。

曾静『知新録』は、皇帝にはあくまで儒学者がなるべきだ、と説く。もっとも、単にこれだけであれば「皇帝も儒学思想を尊重する以上、果たして何が危険思想なのか」という疑問もあろう。しかし漢人の歴史を顧みれば、ひとつの帝国から別の帝国へと交替するときには必ずといってよいほど武力革命（放伐と易姓革命）が起こっており、徳の高い儒学者が平和的な手続きを経て権力者として推戴されたことはほとんどない。武力によって覇を唱えた成り上がり者は、たとえ彼がのちに儒学を尊重して天子を名乗ったとしても、それは理想ではない。――このように考える人々は、春秋時代に諸国を遊説して正しい統治のあり方を説きながらもついに権力の座に就き得なかった孔丘（孔子）を、かねてから「素王《そおう》」と呼んできた。それは、本来であれば天子であり、王者であったはずの孔丘と、その後継者に対する敬意の表れである。

そこで曾静は「戦国時代の皇帝は孟子、宋代の皇帝は朱子、明末の皇帝は呂子（呂留良）がなるべきだった」とし、呂留良の議論にしたがって、天下を支配する皇帝の権力が正しく漢人へと引き継がれるべきであることを強調した。なぜなら曾静によれば、皇帝となりうる真の人間は、陰陽が絶妙に合致して正しさと徳に満ちあふれた漢人の「中土」「中国」にしか生まれ得ず、その周辺は「傾いて、険しく、邪《よこしま》な僻地である」がゆえに夷狄しか生まないからである。さらに曾静は、住む場所が遥か遠くにあって、言語や文字が中国と通じない存在は、夷狄にもともと「禽獣《きんじゅう》」だと決めつけ、漢語とまったく異なる語順の満洲語や、ソグド文字に起源を持つ表音文字である満洲文字を暗に「禽獣」の表れだとして、漢人の優越を強調した。

華夷思想を打倒せよ――雍正帝の訊問

これほどまでに満洲人の存在をおとしめ、「漢人の儒学王」によるものではない清という帝国の成立を否定しようとした曾静の思想は、雍正帝はもとより多くの満洲・モンゴル人にとって到底座視できないものであり、ただちに死罪に値するものであった。

しかし驚くべきことに、雍正帝がとった対応はまったく異なっていた。反満思想をとなえた張本人である曾静を紫禁城に直接呼び寄せ、『知新録』に表れた反満思想と華夷思想がいかに間違っているかを、曾静の面前で徹底的に説き聞かせようとしたのである。その際の問答の一部始終をすべて記録したものが『大義覚迷録』である。もちろん、「大義」とは華夷思想を超えた満洲人と清の支配の正当性であり、「迷」とは、華夷思想の狭い視野に溺れる漢人の現状を指す。

雍正帝がこの訊問＝『大義覚迷録』の中でとりわけ問題にしたのは、先に『知新録』の内容として紹介した「中国＝人」「夷狄＝人ではない」という二分法である。この考え方に従えば、生まれる場所を一歩でも間違えれば、より高い人間性や道徳性を目指すいかなる努力といえども永遠に報われない。どれだけ優れた素質を備えていようとも、漢人の文化と社会こそ「正しい」ことから、優れた夷狄よりも凡庸な漢人の方が価値的に上であることになる。

これに対し、雍正帝は自らが夷狄であることをまったく否定しない。むしろ、所詮は儒学と漢字を生んだ「中華」の出自ではないので夷狄であると開き直ったうえで、人間の徳や能力が土地と結びついているとする華夷思想の基本的な見方そのものを完璧に粉砕しようとした。その最大の根拠こそ、漢人の「中華」たる明がモンゴルに圧迫されて「中華」とはとても呼べないような脆弱さをさらし続け、悲惨極まりない崩壊の道をたどったという事実である。しかもその漢人は、雍正帝のみるところ、今でも贅沢と華美に流れて堕落している。これに対して、満洲人はもっぱら武勇と質朴の気風を重視して実力をつけ、ついには内陸アジアと漢人の両者に対して平和をもたらした。したがって、人間性や道徳は民族・文化の出自に関係なく備わりうるものであり、満洲人と漢人を問わず、徳の高い者と凡庸な者は当然存在しうると考えたのである。

そのうえで雍正帝は、もし呂留良や曾静のいうとおり、中国が陰陽の交わる調和に満ちた土地であるとするならば、ただ徳を備えた真の人間のみを生むべきであり、贅沢に走って腐敗・堕落するような士大夫・商人たちや、むやみに民族差別を繰り返すような、禽獣にもおよばない卑劣な人物など決して生まれないはずだと強調した。そして、呂留良や曾静を含む朱子学者一般が「天下一家」「万物一源」といいながら、同時に「中華の外の四方はすべて夷狄であり、中国から遠ざかるほど禽獣である」としていることに対しても、「天下一家・万物一源であるのならば、中華と夷狄の区別などあり得ない。自己矛盾だ」という容赦のない批判を浴びせた。

満洲人である雍正帝からみて、天下の中には漢人だけではないありとあらゆる文化や生活形態が存在し、さまざまな人々が彼ら自身に適した宗教や社会を創り出し選択していることこそ、最も確かな「天の意志」であった。さまざまな人々が、そのさまざまな生活を保障するために粉骨砕身する皇帝に感服して服従を誓う。皇帝は、天の意志がもたらした付託になおさら応えるためにもいっそう努力しなければならない。そのような政治構造があればこそ、真の「天下一家」であり、「万物一源」なのである……。

雍正帝のこのような迫真の議論に対して、果たして反論できる読者はいるだろうか？ 少なくとも筆者は「華夷思想にもとづく差別の帝国に、異なる人々を結びつけうる魅力など果たして歴史的に存在したのだろうか」という疑問を長年抱いていたこともあり、雍正帝の鮮やかな華夷思想批判を初めて目にしたとき、思わず快哉を叫んだものである。

当の曾静も、雍正帝に対して反論することができなかった。ただひたすら「まったく皇上の言うことが正しい。自らは田舎の安っぽい読書人にすぎない。ただやみくもに狭い了見から反満・排満という誤った考えに染まってしまった」とうなだれるしかなかった。そして曾静は雍正帝の恩情によって死罪を免れ、心機一転、清とその皇帝の偉大さを宣伝する人物となり、『大義覚迷録』はいたるところに頒布されて周知徹底された。

崩れゆく誇り

「中外一体」の新時代と近現代中国の原型

民族や文化の違いによって人間性や能力に本質的な違いがあるという見方を排除した雍正帝は、自らの上諭や言行録の中で「中外一体」という表現を積極的に用いるようになった。

先にも述べたとおり、少なくとも雍正帝は漢人のエリートに向けて自らの思想を説明するとき、満洲人自身は夷狄であることを否定しなかった。そして、満洲人は漢人からみてあくまで「外国」にすぎないことは確かだ、という趣旨の見解を繰り返していた。しかし、文化的な出自と、人間性や実力のあいだには明確な関連性はなく、儒学と漢字を生み出した「華」が優越しているという発想自体にも何の実証的な根拠もないことは、いまや満洲人の成功によって明らかであった。一人の皇帝のもとで平和を享受するさまざまな人々を、出自の違いによって差別する必要などなかった。

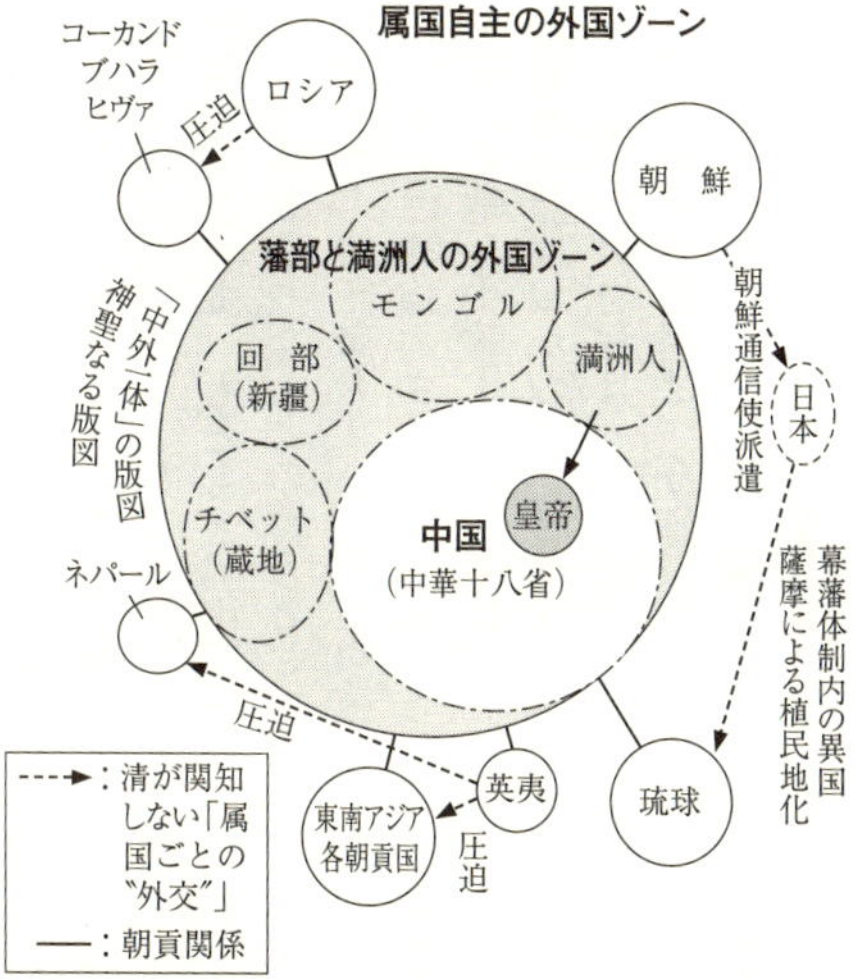

雍正帝の「中外一体」　満洲・モンゴル・チベットなどの「外国」を「中国」と一体と捉え、近代的な国家観を準備した

そこで、もともと「中国」であったか「外国」であったかを問わず、いまや皇帝の実力と公正な支配に服して平和を享受する人々はすべて臣民として平等であり、一君万民であることを強調するために、「中外一体」という表現が生じたのだと考えられる。この「中外一体」は、

皇帝が君臨する天下が最終的にはすべての生霊におよぶという観念にもとづけば、潜在的には全世界を対象としていた。しかし実際には、朝貢国や通交を持たない国に対して用いられることは管見の限りまれであり、むしろ満洲・モンゴル・チベットなどの内陸アジア諸民族を念頭において、もともと「中国」「外国」として隔てられていた彼らと漢人が、皇帝のもとで一体となったことの譬《たと》えとして用いられることがもっぱらであった。

そして、雍正帝の後を嗣いだ皇帝たちと、その周囲にいる政策決定者たちが、清という帝国の正しさや偉大さを表現しようとして「中外一体」という表現に親しんだ瞬間から、漢人中心の土地＝中華十八省（中国）と、満洲人の故地や内陸アジアの藩部（外国）が、他の周辺諸国・諸地域からはっきりと区分・分離され、一体の版図として強く自覚され始めた（もちろん、その過程は一九世紀末にいたる漸進的なものである）。

この版図の範囲は、今日の中華人民共和国とモンゴル国の領土を足した範囲にほぼ相当する。したがって、近現代中国の領域主権（一定の領域に対する排他的な支配権）は、じつは一八世紀における華夷思想批判の中から、当時の表現でいう「中国」と「外国」の和として姿を現しはじめた。華夷思想からは、異なる存在を対等なものとして共存させる発想は生まれない以上、『大義覚迷録』こそ、主権国家・近現代中国を生むきっかけになった聖典である。

もちろん、雍正帝の表現にしたがえば、清の版図全体が最初からすべて「中国」だったのでは決してない。しかも、当時の士大夫からみても、儒学と漢字が広まっていない地域が

「中国」であるとは信じられないことであった。したがって、清という帝国に組み込まれた「中国」と「外国」というまったく異なった存在が、すべてまとめて近代国民国家《中国》と呼びならわされるようになるには時間を要した。しかし最終的には、序章で梁啓超の議論をみたように、「中華」の文明におさまらない諸民族・文化の歴史すら、国民国家《中国》の範囲の中で展開されたというだけの理由で、すべて「中国史」の枠組みでとらえられるようになっていくのである。

乾隆帝の時代へ

しかしその前に、まず皇帝権力の側が何よりも克服しなければならなかったのは、「中外一体」など満洲人の抑圧と欺瞞にすぎないと考える漢人の側の厳しい視線であった。したがって、雍正帝の考え方が広く受け容れられて清という帝国が持続するためには、まさに『大義覚迷録』の精神に照らして、以下のような条件を常に満たしつづける必要があった。

①満洲人の側こそ武勇と実力が備わっており、かつ華美や贅沢から離れて質素と倹約に努め、政治と軍事の主導権を持つにふさわしい、徳のある存在であること。

②反満思想や民族差別そのものが存在しない「真の平等の楽園」が本当に実現していると思わずにはいられないような状況を創り出すこと。

③チベット仏教との関係にみるように、清自身がさまざまな宗教的・文化的存在を保護していた以上、それら個別の存在がその独自のありようを維持しつづけること。

しかしこれらの条件を満たすことは、政治や社会のあらゆる側面において「進歩」したと自惚《うぬぼ》れがちな現代社会ですら極めて困難な課題である。

雍正帝の後継者としてさっそくこれらの難題に直面したのが、乾隆帝（フンリ＝弘暦）である。一七三五年から一七九六年まで、六〇年の永きにわたって君臨し、雍正帝とまったく同じように儒学思想とチベット仏教の両者に深く通じようとした乾隆帝の治世は、表向き清の盛世の絶頂として知られる。しかも、彼の治世の前半、一七五〇年代にジュンガルが最終的に掃討され、最大の版図を達成したことから、乾隆の時代は「中国史」の枠組みにおいて重要な時代として記憶されている。しかし、筆者のみるところこの時代は、一見全知全能であるかのような乾隆帝が、まさに雍正帝の巨大な遺産に仕掛けられたさまざまな矛盾によってゆっくりと締め上げられてゆくという、悲壮なる斜陽の序曲のような時代であるように思える。

乾隆帝と「国語」

まず、「満洲人の武勇と実力」をめぐる問題について考えてみたい。満洲人には、ヌルハチの草創以来の「満洲らしさ」を保つことが求められており、決して漢人のような華美と贅沢に走ったり、中途半端に漢人の「文芸」を学んで満洲人の「武芸」を失ってはならないはずであった。雍正帝はすでにこの問題に対する懸念を持っていたものの、乾隆帝の時代になると満洲人のある者は貴族や軍人としての特権に溺れて贅沢や華美に流れてしまったし、旗地を割り当てられて兵卒として従軍した一般の満洲人にしても、圧倒的多数の漢人と共存するなかで、次第に漢語や漢人の文物へと流れてしまうようになった。この傾向はとくに乾隆中期以降になると誰の目にも否定できないものとなり、乾隆帝は満洲人に対し「固有の美風」を保つように厳しく要求する上諭を頻繁に出さざるを得なくなった。

「伝統」や「美風」といったものが政治的に強調されるのは、権力の側にそれを保つための自信がないときや、外部により強力な他者が現れたときであることは古今東西変わらない現象である。たとえば「美しい国」という言葉もその典型的な例であろう。しかし、いざその「美風」の具体的な内容を定義して、何をどのようにどれだけ回復するのかを定めようとすることは、じつはとてつもなく不安な行為でもある。そもそも「美風」を主張する自分自身がどれだけその「伝統」や「美風」を身につけているのかを正確に測る基準すら存在しておらず、しかも一歩間違えれば「そのような伝統の語りそのものが不十分だ。伝統・美風を体現する者として不適格だ」という非難にさらされかねない。

乾隆帝　チベット仏教の仏画、タンカの様式で描かれた画像。ワシントンD.C.のスミソニアン財団蔵

その行き着く先は果てしない正統争いと、「伝統」「美風」ではないものを排除しようとする恐怖政治にすらなりうる。筆者はべつに、伝統や美風という観念そのものを否定するものではないし、むしろ連綿と築かれてきた人間社会を安定的に再生産するためにも必要だと考える。しかし、それが政治的な強制によって「再確認」されるとき、漠然と根付いた伝統や美風そのものをしばしば打ち壊すことにもつながってしまうだろう。

それでも、満洲人の皇帝にしてみれば、「美風」が「美風」として維持されていることそれ自体が、漢人を論破して服従させるための死活的な問題である以上、とにかくわかりやすいところから「美風」を取り戻さなければならない。そこで乾隆帝は「満洲人としてのかたち」を明らかにすることに執拗なこだわりを示すようになった。

たとえば、政務にたずさわる満洲人に対しては、たとえその政務の内容が漢人の科挙官僚と同じであり、ともに皇帝に対して忠誠を誓うとしても、まず何よりも心構えにおいて儒学を学んだ士大夫と同じであってはならず、ヌルハチが部族社会の中から頭角を現した当時の武人どうしの主従関係を維持しなければならないと強調した。そこで、満洲人が上奏文をしたためる際には、儒学的な君臣関係の延長で「臣」を名乗るのではなく、部族長に対する従僕であることを示す「奴才《どさい》」を使うことによって満洲の美風を示せと説いたのである。この「奴才」という自称は、清末に均質な国民国家をつくる文脈で「満漢平等」が主張されるまで用いられる。

そして、満洲人全般に対しては、何よりも国語＝清語＝満洲語を学び、決して忘れてはならぬと繰り返し厳命した（清の時代、「国語」は決して漢語ではないことに注意しなければならない）。

清は、漢人と内陸アジアの騎馬民族が対等で「中外一体」であることを強調するため、かねてから各地の宮殿や門の名称を示す額に最低限でも満・漢語を併記させ、必要に応じてモンゴル・チベット語を併記させていた。場合によっては、熱河《ねっか》離宮（河北省承徳《しょうとく》市）の正門・麗正門のように、アラビア文字のチャガタイ・トルコ語が併記された。この種の、二～五言語で扁額や碑文を表記する様式を「合璧《がっぺき》」と呼び、どの文字言語も同じ大きさで表記されることによって、満洲人皇帝なりに個別の文字文化への対等な尊重を示していたのである。

熱河離宮の麗正門の合璧　左から、モンゴル、アラビア、漢、チベット、満洲の各文字。筆者撮影

しかし、もし漢語と並んで重視される満洲語が廃れるとすれば、それは満洲人の皇帝として座視できなかったに違いない。そこで乾隆帝は、北京はもとより満洲人の故地・盛京ですら、多くの満洲人が国語＝満洲語を忘れている状況や、さらには漢人が用いている地名を満洲人もつられて用いてしまうことで本来の地名が廃れつつある状況をめぐって、しばしば免職などの処分をちらつかせながら警鐘を鳴らしたのである。

木蘭図　木蘭圍場は、一般民には禁猟区となっていた。乾隆年間の画。台北故宮博物院蔵

廃れゆく武勇と「十全老人」の哀しみ

乾隆帝が「満洲人としてのかたち」を追い求めるときにもうひとつ極めて重視したのが、武勇ぶりを維持するための射撃訓練である。

そもそも八旗の騎馬兵力集団を帝国の根幹と位置づけ、モンゴル人からも騎馬兵力共通のハーンとして推戴されている清は、山海関を越えて北京に遷都してからも、本来の軍事能力を維持し、かつモンゴルを含めた騎馬民族どうしの連帯感を再生産するため、北京の北東二五〇キロの位置に「木蘭圍場《もくらんいじょう》」という広大な軍事訓練場を設けており（現在の河北省圍場県）、八旗の旗人や「年班」（参勤交代）で北京に赴いていたモンゴルの王公たちは、ここで皇帝が主宰する射撃訓練に供奉《ぐぶ》することになっていた。そこで連帯感を確認しあった彼らは、木蘭圍場にほど近い熱河離宮で催された「大蒙古宴」（巨大なゲル＝遊牧民用のテントを中心に、儒学の「礼」的世界とはまったく異なる騎馬民族独自の宴席を催した）をともにすることで誼《よしみ》を通じ合っていた。

熱河の大蒙古宴　外国の使節を招いて離宮の万樹園で開かれた宴のようす。モンゴル式のゲルが設営され、左下には乾隆帝自身が描かれている。北京故宮博物院蔵

しかし、内陸アジアで清が緊張感ある軍事作戦を強いられる機会は、一七二〇年のチベット遠征を境に少なくなってゆき、八旗の軍人たちは華美で爛熟した消費文化の中に巻き込まれていった。その結果、清の騎馬兵力はみるみるうちに機動力や作戦力を失って衰弱した。

いちおう、乾隆帝は晩年自らのことを「十全老人」と呼び、自らの治世における主要な業績として合計一〇回にわたる軍事行動の成功、すなわち「十全武功」を誇っている。しかし、このうち弱体化していたジュンガルに最終的なとどめを刺して新疆を獲得したことを除けば、そのほとんどはどちらかといえば負け戦であった。

その代表的な例として「大小金川の役」がある。神秘的な自然景観が広がる場所として中国の内外から観光客が訪れる「九寨溝《きゅうさいこう》」（二〇一七年八月、大地震に見舞われた）を擁する四川省アバ（阿壩）チベット族羌《チャン》族自治州は、四川省の省

都・成都からすぐ北西に広がる、チベット高原東端の巍々《ぎぎ》とした山岳を連ねた地である。その一隅にある金川という地域には、かねてからチベット系の部族（ギャロン・チベット人）が独特の要塞状の住居を構えて居住していた。そこで、そのチベット人部族が清軍との武力衝突にいたってしまったと記せば、多勢に無勢、圧倒的な清軍の前にあっけなくチベット人が敗れてしまったように想像できるかもしれない。

しかし、事実はまったく逆であった。清軍は五年の歳月、七万強の大軍、そしてジュンガル平定・新疆征服に要した軍費の倍にのぼる七〇〇〇万両もの国庫を費やして、人口わずか三万名の部族をようやく平定したのである。しかも、峻険な要塞に立てこもるチベット人に対し、騎馬兵力ではまるで歯が立たなかっただけでなく、清軍自身の軍紀の乱れも重なった結果、三名の将軍が無能のレッテルを貼られて自殺に追い込まれ、膨大な数の戦死者を出してしまった。

もうひとつの負け戦は、ビルマ（ミャンマー）との戦争である。雲南の辺境問題に端を発するこの戦争は、最終的には妥協して、辺境問題について清が譲歩するかわりにビルマ王が朝貢することを勝ち取り、清は一応「天下の主」としての面子《メンツ》を保った。しかし、実際の戦闘では将軍が戦死したり、一般の騎馬兵力が熱帯雨林と湿潤な気候にまったく適応できなかったりと、極めて悲惨な境遇に置かれていた。

このような状況を常に肌身に感じていた乾隆帝は、なおさらのこと満洲人に対して、満洲語のみならず射撃・軍事訓練を通じて実行力を高めるよう強く求めるよりほかになかった。

紫禁城と「堂子」

乾隆帝の「満洲人としてのかたち」を追い求める焦りは、単に満洲人たちの行動を規律しようとしただけではない。まず誰よりも、皇帝や彼を助ける貴族たちが「満洲人の心」を代表しなければならないと考えたのである。そこで乾隆帝が再発見したのが、北東アジアのシャーマニズムや仏教信仰などさまざまな宗教感情に由来する満洲人独自の祭祀儀礼「満洲祭神祭天典礼」であり、これは俗に「堂子」と呼ばれる。

もともとヌルハチやホンタイジの時代から行われてきた「堂子」は、北京遷都後も儒学者向けに天地日月各壇で執り行ってきた儀礼とならんで、紫禁城の中で毎年執り行われてきた。しかし、それは康熙・雍正と時代を経るごとに次第に廃れてしまった。そこで乾隆帝は、儀礼における器物の様式から、祝詞や作法のすべてにいたるまで自ら古来の方法を考証して編纂し、その内容を永遠に守り続けるよう求めたのである。

しかも、この「堂子」の儀礼は朱子学者がみれば「天子にあるまじき迷信」そのものであった。なぜなら、乾隆帝がここで祀るように求めていたのは、釈迦牟尼仏、観世音菩薩、関聖帝君（三国志の英雄関羽。一般に勝負と商売の神様として信仰を集める）、それに北東アジアの狩猟民族固有の神々であって、しかもこれらの中には孔子の名前がまったく含まれていなかったからである。

つまり、満洲人が北京紫禁城の中で執り行ってきた儀礼は、シャーマニズム的な天・神と、仏教の仏陀と菩薩、それに漢人の民間信仰などが組み合わさった「中外一体」そのものの小宇宙であった。そして、このめくるめく万華鏡の世界を皇帝、そして満洲人が断固として維持しつづけようとする固い意志それ自体の中に、乾隆帝はあるべき「美風」を求めたのである。

逆に、もし満洲人が自らの言語と「美風」を失ってしまうことによって、この渾然一体とした「中外一体」の小宇宙を再現できなくなるとすれば、それは何を意味するのだろうか？

疑心くすぶる万里長城

言語・実力・信仰。これらがすべて揃わないということは、すなわち漢人による民族差別的な表現をそのまま認めざるをえないことを意味する。しかし、それは満洲人が君臨し、「中外一体」であり続ける限り、あってはならない。漢人による民族差別を無効にするために最もよい方法は、雍正帝や乾隆帝が繰り返し強調してきたように、満洲人は満洲人として、あるいはモンゴル人はモンゴル人として、あるいは騎馬に巧みなチベット仏教徒として独自の世界を持ち続けることである。だからこそ、「満洲人としてのかたち」に皇帝は執拗にこだわったし、騎馬兵力の同盟者であるモンゴル人がモンゴル人であり続けることにも執着した。

ところが、清がもたらした平和な環境のもと、万里長城を越えて漢人とモンゴル人が相互に往来する機会が増え、華北の漢人のうちある者は商売目的でモンゴル高原にネットワークを張り巡らせたり（山西商人など）、またある者は貧困を抜け出し新天地を求めるために草原を開墾しようとした。いっぽうモンゴル人の中にも、商品経済の波の中で漢人の商人がもたらした華美に走り、漢語を身につけたり漢字名を得るなどして、自意識はともかく実生活上はあまり漢人と区別がつかなくなるような「漢化」の道へと進む者も増え始めた。しかし、満洲はおろかモンゴル人も「華」「漢」へと流れてしまっては、モンゴル人からも推戴されたハーンとしてモンゴルの宗教と文化を保護するという皇帝権力の存在意義も揺らぎかねない。

そこで清が最盛期を通じて一貫して保ち続けたのは、「満洲人の平和」によって軍事的な意味を失った万里長城を、今度は内陸アジアと漢人を分け隔て、内陸アジアを独自の存在として守るための盾として利用するという態度であった。要するに、万里長城を越える往来を厳しく管理することによって、モンゴル人ができるだけ漢文と「華」に染まらないよう厳重に管理しようとしたのである。こうして、かつては明がモンゴルを恐れるあまり万里長城に頼りきりだったことをあざ笑った清も、今や「中」と「外」を独自の存在とすることで「中外一体」の帝国の正当性を守り通すために、あえて万里長城の存在にすがるという甚だしい矛盾に陥ってしまった。

まことに万里長城は、漢人と内陸アジアのあいだに横たわる「隔絶願望」の象徴であり、華夷思想を批判する清の皇帝による「満洲人の平和」でさえも、その壁を完全に克服することはできなかった。

焚書と「平等」

こうして誰の目にも明らかになったのは、まさに「満洲人の平和」が実現したがゆえに、絶対数としては少ない満洲人やモンゴル人が圧倒的多数の漢人の側に文化的に引き寄せられ始め、それに対して政策的な歯止めをかけることによってしか「武勇」や「実力」を保てなくなってしまったという本末転倒な事態であった。

そうなれば、いよいよ漢人が満洲人やモンゴル人を「虚勢だけで実力がともなわない夷狄」として蔑むことは目に見えていた。乾隆帝の焦燥はいよいよ深まらざるを得ない。

そこで乾隆帝が採ったのは、民族差別が存在するという現実そのものを抹消し去るという荒療治であり、その結果、まれに見る大規模な言論弾圧＝乾隆の焚書《ふんしょ》が引き起こされた。

乾隆帝がここで目の敵《かたき》にしたのは、明末以後の政治的混乱のなかで漢人と満洲人がどのように関わったのかを論じたあらゆる記録であり、それはたとえば単に清と満洲人に対して敵対的であった人々の言論だけでなく、清の権力のもとで編纂が進められていた明の正史である『明史』の内容、さらには北方諸民族地域の地理事情や漢人との歴史的な関係にまでおよんだ。なぜなら、宋と金の抗争や、明末における遼東事情をはじめ、歴代の漢人国家と朝貢国・周辺民族との関係に触れるとすれば、必ずそこには編纂にたずさわる漢人エリートの異民族観が入り込むことは避けられないからである。しかも、もしそれらが権威ある歴史書・地理書として流布することを放置すれば、民族差別的な表現が清の「公定」として天下に流布するという最悪の事態を招きかねなかった。

乾隆帝は自ら主導して、膨大な漢字文献の洪水の中にまぎれ込んだ民族差別的表現をすべて洗い出そうと躍起になった。たとえば、もともと漢字では表現されない異民族の固有名詞に対して、どのような漢字を当てるのかという問題が生じた場合、漢字は表意文字であるという特徴にもとづき、同音異義の字を組み替えることで書き手の主観を露骨に表現することは大いにありうる。この問題が、乾隆帝の逆鱗に触れたのである。乾隆帝の上諭の中から引用してみたい。

明史の編纂で元の人名・地名に当て字をするとき、昔の見苦しい習慣が抜けきらないようだ。たとえば、「図」と当てればよいものを「兔」としているとは（筆者注・どちらもトゥと発音）、字義が適切でないだけでなく、歴史書として雅を欠くではないか。明史は本朝が撰定するのだから、どうして音の転写に誤謬《ごびゅう》があることが許されようか！（中略）無識のやからは音義の優劣を無理矢理分別しようとしているが、そんなものは実にくだらない！「回」（イスラームを指す）と書くとき、ことさらに「犬」を加えて「𢈈」とする書物もあったが、（朕は）「犬」を削除させた。誠にこれらは論評するにも値しないくだらないことだ。（『大清十朝聖訓・高宗純皇帝』乾隆四十二年八月壬子）

しかも乾隆帝は父帝・雍正帝とは違って、自らが夷狄であると開き直ることもできなかった。「中国を内にして夷狄を外にするというやり方は、中国の人が中国のことだけを顧みるというういつものやり方にすぎない」（同、乾隆四十七年十一月庚子）と述べて、そもそも民族差別が存在することを示す「夷狄」という言葉すら徹底的に取り締まろうとした。そこで乾隆帝は、かつてはいたるところに頒布されたはずの『大義覚迷録』すら禁書にしてしまったのである。

こうして雍正帝と乾隆帝の「盛世」は、満洲人、そして内陸アジアと漢人の関係を何ひとつ根底から変えないまま、漢人の「華」に対するかつてない弾圧・抑圧と、それと引き替えの巨大な版図を残して暮れていった。

第四章　さまよえる儒学者と聖なる武力

ポタラの甍にかかる影

光り輝くチベット高原

乾隆帝《けんりゅう》は、満洲人の能力のゆらぎや、漢人との心からわかり合えない関係など、長い治世のあいだに解決するどころかむしろ深まっていった問題のために、孤独な疑心暗鬼へと追い込まれていた。それでも筆者からみて、乾隆帝という人物にはどこか楽天家のような雰囲気が強く感じられる。彼は父・雍正帝《ようせい》のように、完璧な人格を目指してあらゆる政務に心血を注いで寿命を縮めるようなことはなかったし、苦難つづきの負け戦すらも「十全」たる戦いとして数えていた。ジュンガルを征服して最大版図を実現したように、いくつかの巨大な実績さえあれば、その他の難題に常にいら立ちながらも、とりあえずは自負心を保つことができたのかもしれない。

そのような乾隆帝の性格がよくあらわれていた最も代表的な例は、乾隆帝とチベット仏教とのかかわりである。とくに第二章でくわしくみたとおり、清の建国の間接的な原動力はチベット仏教を保護することによってモンゴル・チベット人の支持を勝ち取ることであり、チベット仏教徒の前では文殊菩薩皇帝であることによってはじめて天下の主であり得た。

天を奉じる皇帝は、仏教徒からみても儒学者からみても、さらにはアッラーのみを信じるムスリムからみても同じように、世俗の世界では頂点であるべきで、誰に対しても彼らの聖なる世界を満たすような公正な皇帝でなければならない。これこそが、多様性を保ったままの専制支配――中外一体・一君万民を真に実現するための道である。身は北京にありながらも、仏教王としてモンゴルとチベットを、ムスリムの保護者として新疆をしたがえ、調和ある巨大な版図を実現すれば、それは漢人からみてもとてつもない出来事なのだから、漢人としてもこれ以上満漢の差別にこだわる理由などあり得ず、おのずと天下の主として自らを認めるに違いない。――それが乾隆帝を支える信念であった。

しかも乾隆帝は、父帝に負けず劣らずチベット仏教の精神に共鳴していたことに加えて、ジュンガル打倒の結果、これ以上チベット仏教最大の保護者としての立場を争う必要がなくなったことから、自分こそ古代インドのアショカ王（阿育王）に匹敵する正真正銘の転輪聖王、すなわち究極の仏教王なのではないかと自負していた。

そこで乾隆帝は、北京はもとより夏の宮殿がある熱河（承徳）に莫大な費用を投じて、空前絶後の勢いでチベット仏教寺院の新築や増築を進めた。北京には、雍正帝の皇子時代の藩邸が改装された雍和宮《ようわきゅう》があるだけでなく、東西の黄寺《おうじ》、隆福寺《りゅうふくじ》、それに香山《こうざん》の周辺に点在する諸寺院など大小のチベット仏教寺院があり、乾隆年間にはさかんに整備が加えられた結果、北京は一大仏教都市としての彩りを増した。また、新疆のトルコ系イスラーム教徒の有

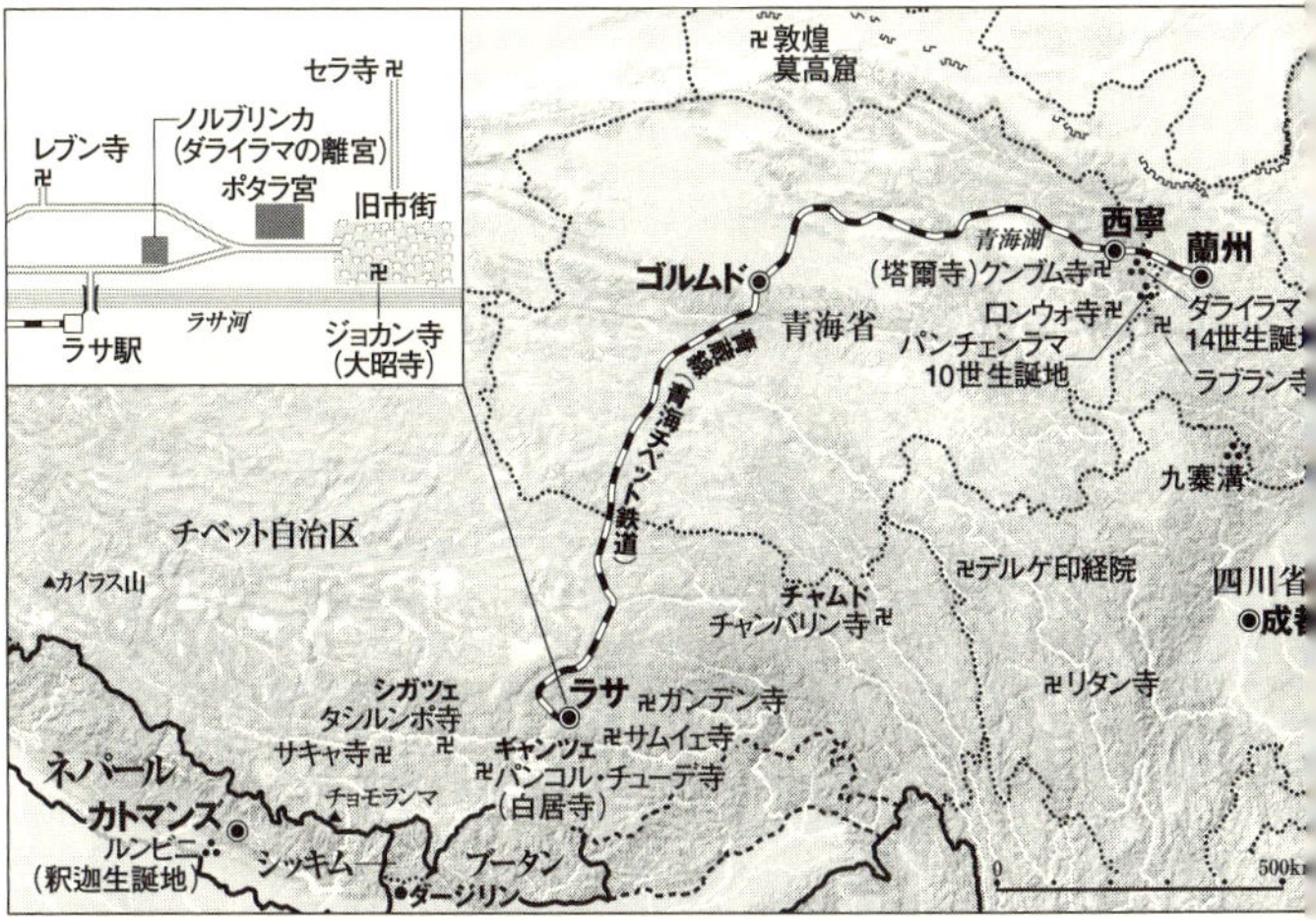

チベットの主な寺院・史跡　チベット自治区から青海省、四川省西部、甘粛省南部を含むチベット高原一帯に分布する

力者たちが北京を訪れたときのためのモスクも創建されている。乾隆年間の北京は、内陸アジアの首都としての性格を最も強めていた。

いっぽう、チベット仏教の中心・ラサをはじめ各地にあるチベット仏教ゲルク派の大寺院も、清の歴代皇帝が寄進につぐ寄進を重ねたことに加え、何よりも清がもたらした「内陸アジアの平和」のもと、満洲人やモンゴル人、そしてチベット仏教に帰依した漢人からの莫大な金額にのぼる寄進を集めて、豪華絢爛きわまりない黄金の甍《いらか》を連ねるにいたった。

ゲルク派の開祖・ツォンカパが顕密《けんみつ》総合の大殿堂を目指して、眺望絶佳な山上に切り開いたガンデン寺は僧侶の数三三〇〇名。最大規模の仏教総合大学として圧倒的な偉容を誇るレブン寺は七七〇〇名。他に

①

②

画や装飾が施されたセラ寺の内観。ラサ市。③聖地ラサ市の心臓、ジョカン寺。④レブン寺の大タンカの開帳には多くの巡礼者が集まる。ラサ市。筆者撮影（４点とも）

③

④

帝国の柱・チベット仏教の大寺院　大清皇帝はチベット仏教の最大の保護者となることで、漢人社会と内陸アジアをひとつの版図として治めることに成功した。①ラサ市の東、タグツェ県のガンデン寺。②壮麗な壁も明治時代の僧・河口慧海《かわぐちえかい》がもろもろの危険を冒してまで仏典を求めて留学を果たしたセラ寺、ダライラマに次ぐ活仏であるパンチェンラマが住持するチベット第二の都市・シガツェのタシルンポ寺、今日の青海《せいかい》省西寧《せいねい》近郊のツォンカパ生誕地に建立されたクンブム寺（塔爾《タール》寺）、チベット高原東部の人々が「第二ガンジス河」と美称する黄河上流域に花開いた学問の寺・ラブラン寺など……。これらチベット仏教ゲルク派六大寺院をすべて訪れた筆者は、今日でも人口わずか六〇〇万人台で、どうみても土地あたりの生産力が高くないチベット高

チベット高原の大寺院　上からタシルンポ寺、ラブラン寺、サムイェ寺。いずれもチベット仏教ゲルク派の影響力をみせつける。筆者撮影

原に、これだけ巨大で豪華な寺院が林立するには、外からの経済的な流れが途方もないほどのものであったことを痛感せずにはいられなかった。とりわけ、ラサにあるチベット仏教諸宗派共通の総本山・ジョカン寺（大昭寺）を訪れれば、ここが今も昔も内陸アジアの精神的な首都として、人と富の渦巻くところであったことを即座に理解できるだろう。

承徳の「外八廟」――乾隆帝の大伽藍

いっぽう、乾隆帝独自のチベット仏教とのかかわりでとりわけ目を見張らせるのは、今日の河北省承徳市にある熱河離宮（避暑山荘）を取り巻くように建設された「外八廟《がいはちびょう》」と呼ばれるチベット仏教寺院群である。ここでいう「外」とは、万里長城の外の意である。

康熙《こうき》帝の治世の晩年、一八世紀に入った頃に整備された熱河離宮とその周辺は、満洲人とモンゴル人が北京での形式張った日々から抜け出して、木蘭囲場《もくらんいじょう》での狩猟訓練に参加し、さらに熱河離宮にしつらえられた大蒙古宴で感興を尽くすなど、騎馬民族としての誼《よしみ》を通じるための格好の舞台であった。そのような場に、彼らが信仰してやまないチベット仏教寺院があればなおのこと意義深いと考えたのであろうか、モンゴル王公たちが康熙帝の在位六〇年を記念して寺院を寄進したのが外八廟のはしりである。しかし、雍正帝は多忙を理由に熱河離宮を一度も訪ねなかったので、彼の時代には離宮と寺院の整備は停滞した。これに対して乾隆帝は、ジュンガルを征服するや否や、この一帯を一大仏教祝祭空間に仕立てようと熱い情熱を注いだ。

乾隆帝がまず一七五九年、まさにジュンガル打倒、オイラト＝モンゴル統合を記念して建立したのが普寧寺《ふねいじ》である。この寺院の最大のみどころは、見上げるほど巨大で優美な大仏であるが、この大仏をモンゴル高原から吹き付ける風雪から守るための木造の大仏殿は、何と七世紀にインドからチベットに仏教が伝えられて最初に建立された由緒正しい僧院であるサムイェ寺を模したものである。この建築は純粋なチベット式建築ではないものの、少なくとも天下の主が「中華」の文化的威光を振りかざしたものではないことが一目瞭然である。

承徳の外八廟　普寧寺（上）は高さ22mを超す世界最大の木像仏、千手千眼観音を安置。普陀宗乗之廟（中）は「小ポタラ」と呼ばれ、頂上に乾隆帝による「万法帰一」の扁額（右）がある。いずれも1994年にユネスコの世界遺産に登録され、整備が進められている。2000年、筆者撮影

また、一七七一年に乾隆帝の六〇歳を記念して建立された普陀宗乗之廟《ふだしゅうじょうしびょう》は、グライラマの宮殿であるラサのポタラ宮殿を模しており、「小ポタラ」と通称されている。乾隆帝は、ラサのポタラ宮殿の威光を再現する存在としてこの廟を建立したことを碑記の中ではっきりと記している。仏教的にもっとも聖なる存在はインドとチベットにあり、夏の宮殿がある熱河の地はあくまでその光を受け止める側だったのである。

筆者がこの小ポタラ宮を訪れたのは、モンゴル高原からの烈風が吹きすさぶ厳冬であった。一九世紀以後の激動の中ですっかり色褪せた堂宇《どうう》を寒風をついてまで訪れようとする人は他におらず、暇を持て余しながらも面倒を嫌う服務員の、「さっさと自分の持ち場から去れ」と言わんばかりの口笛だけが底冷えの中に響き渡っていた。もはや乾隆帝の、異論に対しては苛烈ながらも、どこか大風呂敷な性格をしのばせる雰囲気は残っていないのだろうか——そう思った矢先、頂上に躍り出て「万法帰一」なる乾隆帝御筆を目にした筆者は、まさに雷に打たれた気がした。ああ、これこそが民族差別や文化の違いを克服して一君万民的な空間を創ろうと躍起になった乾隆帝の本意だったのか、と。

パンチェンラマ六世との対面

乾隆帝による一連の大伽藍造営、あるいは熱河の仏教テーマパーク化の集大成となったのが、乾隆帝の七〇歳を記念して一七八〇年に落成した須弥福寿之廟《しゅみふくじゅしびょう》である。この廟の建立には、チベットから遠路はるばる北京と熱河を訪問し、転輪聖王として君臨する乾隆帝の福寿を祈ろうとするパンチェンラマ六世の宿泊に供するという重大な目的が加わった。

パンチェンラマはダライラマに次ぐチベット仏教ゲルク派の大活仏であり、阿弥陀如来の化身であるとされ、シガツェのタシルンポ寺の住持をつとめている。そのようなパンチェンへの歓待を尽くそうとするならば、決しておざなりの寺院であってはならないと乾隆帝は考えたのであろう、須弥福寿之廟はタシルンポ寺の雰囲気にかなり忠実な建築となった。しかも乾隆帝が残した碑記によれば、「ポタラをすでに建てたので、タシルンポを欠かすわけにはいかな」かった。どこか楽天的な乾隆帝の面目躍如といえよう。こうして熱河離宮の北側には、ポタラとタシルンポ、さらにサムイェ寺を模した寺院が立地し、チベット仏教の後光を受けながら乾隆帝が離宮の玉座に腰掛けるという構図が完成したのである。

パンチェンラマ六世を歓迎する乾隆帝は、ひたすら謙遜につとめていた。チベット仏教の側からその一部始終を記録したジャムヤン活仏著『六世パンチェンラマ伝』が伝えるところによると、まず乾隆帝はパンチェンラマの待遇について「朕《ちん》の御用の儀仗《ぎじょう》・毬《まり》・傘・宝幢《ほうどう》・旗幟《きし》・御轎《みこし》を賜うので、必ずやそれらを用いられたい。そうすれば朕にも福徳があろう」との意向を示した。しかし、清浄を旨とするパンチェンとしては、いくら大施主からのもてなしとはいえ破格の厚遇ぶりに恐縮してしまった。そこで清の軍機大臣らは代わる代わる「大師は怯えられませぬよう。聖上はもっぱら大師を尊敬するがためにそのようにされる」と説得し、ようやくパンチェンも同意したのであった。

そしていよいよ乾隆帝とパンチェンの初対面——乾隆帝にハタク（チベット仏教圏で相手

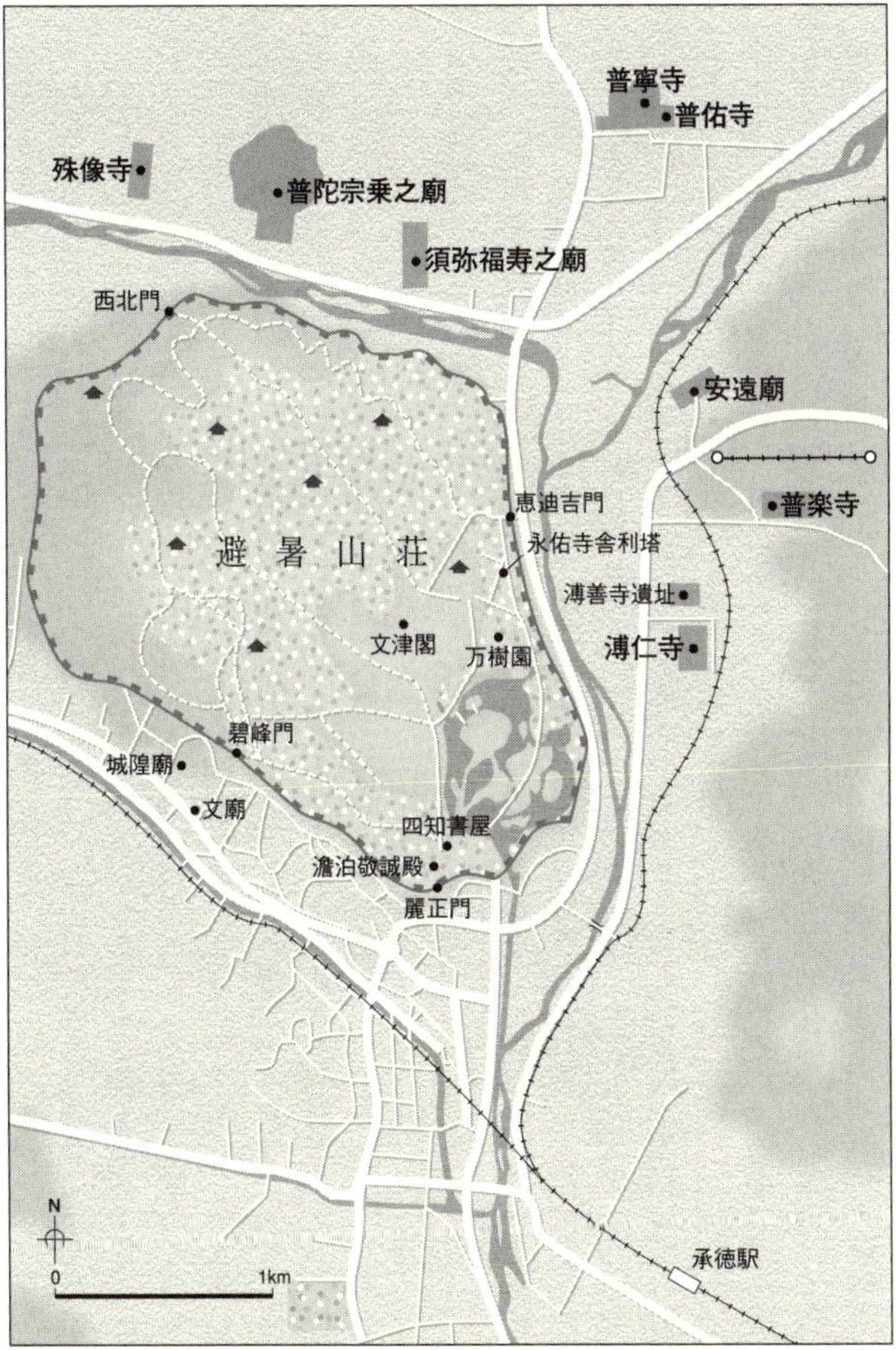

熱河離宮と外八廟の配置　自然地形をいかした熱河の離宮は、避暑山荘とも呼ばれる

への敬意を表する際に差し出す白布）・仏像・装飾品などを献上しようとパンチェンが跪《ひざまず》こうとしたとき、乾隆帝は慌ててパンチェンの手を握り、この日に備えて懸命に学んだチベット語でひとこと「ラマ（上人）は跪拝《きはい》されないよう」と言った。引き続く茶宴でも、乾隆帝とパンチェンはお互い先に茶を勧め、結局は両者が同時に茶碗に口を付けて飲むという気配りぶりであった。そして乾隆帝は「現在われわれが会したことは、善を願う心が成熟した結果であり、朕はラマからさらに法を学ぶつもりである」という趣旨の、喜びに満ちた発言を繰り返し、それはチベット仏教の側から見ても「天地広しといえども到底得がたい不可思議な金旨」であった。そこで二人は、政治と仏法の合一について熱く語りあったのである。

朝鮮使節の冷たい視線

さて、乾隆帝と仏法のもとで満洲・漢人と内陸アジアがひとつに結ばれたことを言祝《ことほ》ぐ一大祝祭を、仏教を嫌悪して止まない朱子学に染まった人々は受け容れることができたのだろうか。もちろん乾隆帝は、それは可能だし、そうしなければならないと常に考えていた。しかし、「実」を重んじる儒学者が「空」の仏教へ敬意を払うなど、天地が逆転してもあり得ないと考えるのが、原理主義的な儒学者の立場である。

雍正帝や乾隆帝がもたらした文化政策と、自らの信条とのあいだで常に悩まなければならなかった清の儒学者の発想はあとで詳述するとして、原理主義的な儒学者の集合体であった朝鮮王朝の人々がこの祝祭をどうとらえていたのかを先にみてみよう。一八世紀朝鮮きっての儒学者である朴趾源《ぼくしげん》が、朝貢使節の随員として北京と熱河を訪問した際の記録である『熱河日記』は、この儒仏の葛藤をめぐる問題を生々しくえぐるように記録している。

そもそも、朝鮮が満洲人の皇帝と清という帝国を見つめる態度は、きわめて屈折したものであった。朴趾源によると、本来朝鮮は明の恩恵を最も受ける存在として、漢人が清の支配で失った「先王の制度」すなわち儒学的古典古代における理想社会を守り抜き、明の末代皇帝・崇禎《すうてい》帝が自害した時点を基準とした「崇禎後紀元」を年号として使わなければならない。そのことによってのみ、明＝正しい中国の輝きが鴨緑江《おうりょくこう》の東で続いていることを証明できるのだという。「中国のために復仇し、恥を雪《すす》ぐ心はどうして一日として忘れることができようか！」「皇帝・大臣から庶民にいたるまで薙髪《ちはつ》（辮髪《べんぱつ》）にしている《犬羊》には見るべきものはない！」――これこそ、清の圧倒的な武力のもとで朝貢を強いられた朝鮮士大夫の悲哀に満ちた合い言葉であった。

しかし、思慮深い朴趾源は、心の底ではそこまで単純には割り切れなかった。中華の文明が育んだ都市や人々、そしてさまざまな技術や芸術、良き学問と制度は依然として清の支配のもとで続いており、むしろ胡＝満洲人はその利益を享受できることを知って占拠したからである。したがって、もし尊明攘夷《そんみんじょうい》を実現するならば、清が依然として受け継いでいる「中華の遺法」を学び、「我が俗の稚拙な部分」を変えなければならず、朝鮮が強力な軍事力を備えて清を圧倒してはじめて「見るべきものなし」と言えるのだ、と朴趾源は考えていた。

だからこそ、当面は恥と屈辱を忍んででも清を形式的に「中華」の継承者と見立て、彼らの求めに応じて朝貢し、儒学的な「礼」の往来に徹することが、朱子学を学ぶ者としての自負心を最低限でも保つ道であると朴趾源（そして朝鮮の朝貢使節）は判断していた。もっとも、彼らはそれでも内心抵抗を感じていたことから、自らの一行を朝貢使節とは呼ばず「燕《えん》行使」と呼んでいた。燕京＝北京にやむを得ず行く使い、という意味である。

したがって、北京と熱河を歴訪していた朝鮮使節の前で、軍機大臣が「西番（チベット）の聖僧と相まみえることを欲するか？」という諭旨を示したのは青天の霹靂《へきれき》であった。朝鮮使節が交わるのはあくまで、まがりなりにも「中華」の遺風を受け継いだ「中国の人士」のみであるべきであり、「他国の人とは相通じることはしない」というのが、朝貢関係という「礼」で皇帝と結ばれた小国のとるべき態度だったからである。

しかし、軍機大臣があらためて「パンチェンは中朝（中国）の人と一体であるので、必ず会うべし」という諭旨を携えてきたことで、一行は血相が変わってしまった。乾隆帝からみれば、満漢の「中国」と藩部の「外国」は同じ版図として一体であるので、こう発言するのは何も不思議ではない。しかし、いくら皇帝の求めとはいえ、朱子学の徒が仏僧に拝礼するなどあり得ないというのが朝鮮士大夫の固い決意である。それを脇で見ていた朴趾源は酒を飲みながら「これはまさに尊明攘夷をする良い機会だ。もし朝鮮の使臣が拒絶すれば、それに呼応する義声が天下を動かすことになるだろう！」という思いに駆られてにわかに胸を熱くしていた。

ただ、それも束の間、事態は急転直下して朝鮮使節は絶望の淵にたたき落とされた。彼らのもとに「朝鮮は礼を知っているが、陪臣は礼を知らない」という乾隆帝の発言が伝えられたのである。ここに来てついに、朱子学原理主義的な朝鮮がまがりなりにも清とのあいだで構築しようとした「礼」と、乾隆帝が考える「礼の方法は《教》の違いによって複数あり、どれも目指す精神は同じなので共有しうる」という発想とは、根本的に相容れないことが明らかになってしまった。一行は誰もが「礼を知らない」の一言に激しく憤り、「我らは死ぬ！」と叫びつつ号泣してしまったのである。

ここから先の朝鮮使節の行動は、ほとんどうわの空に近いものであった。抵抗も空しく、僧服に身を包んだ軍機大臣（！）に促されてパンチェンに拝礼させられた使節は、ただパンチェンが導くままに任せていただけで、しかも通訳もチベット↓モンゴル↓満洲↓漢↓朝鮮の五言語を介さなければならなかったので、ほとんど会話が成り立ちようもなかった。朴趾源は朝鮮使節一行のパンチェンに対する印象として「荒野を行く際に出くわした奇鬼」「決して良きゆく末なき万古の凶人」という言葉を記している。

グルカの侵入

このように、チベット仏教からみた視点と朱子学原理主義的朝鮮からみた視点はまったく異なっていた乾隆帝とパンチェンラマ六世の対面であったが、ひとまず祝祭そのものは、漢人士大夫も含むおびただしい数の参拝客を集めて大成功に終わった。そして乾隆帝は、まさにさまざまな人々が儒仏の垣根を越えて集ったことそれ自体に、差別を乗り越えて「中外一体」をなし遂げた喜びを見出したことであろう。七〇歳を迎えた乾隆帝の未だ衰えない意欲に比べれば、朝鮮使節の憤慨はまったく取るに足らないものであった。

しかし、朴趾源が書きとめた「良きゆく末なき万古の凶人」というパンチェンへの悪罵は、奇しくも的中してしまう。パンチェンラマ六世はその後、北京で天然痘に罹ってそのまま急死してしまったのである。乾隆帝は、あまりにも突然の出来事に心から嘆き悲しみ、北京での宿舎として用いられていたチベット仏教寺院・西黄寺《さいおうじ》に大理石の繊細な仏塔を寄進して、パンチェンと祝祭をともにした喜びの時を静かにしのんだのであった。

しかも、このパンチェンの死は、歴代皇帝が築き上げて乾隆帝が必死に守ろうとしてきたもの――満洲人・騎馬民族の武勇、そして儒学とチベット仏教をともに尊重しようとする態度――の両者がともに大きな音を立てて崩れ去ってゆくことを、乾隆帝がついに自覚せざるを得ないような重大事件の発端となった。それは、パンチェンラマ六世の遺産相続問題に端を発するネパールのチベット侵入と、それに対する八旗の軍人たちの対応の杜撰《ずさん》さである。

もともと、一八世紀中頃に成立したネパールのグルカ王朝と、ダライラマ政権のチベットとの関係は険悪であった。なぜなら、チベットがそれまでネパールに鋳造を委託していた銀貨の純度が、グルカ王朝の成立後低下したからである。こうした緊張がついに一七八八年にグルカの攻撃を招いたものの、当面それは局地的な戦いに終わり、しかも乾隆帝が一応朝貢国であったネパールに強い態度を示したことで、ひとまず収拾がついていた。しかしこのとき、チベット現地に派遣されていた将軍オタイは、非があるはずのグルカ王朝に出兵費用を支払って撤退を求めるという対応をとってしまった。本来、いとも簡単に賊を平らげることができるはずの八旗の軍人が、なぜこのような方法で収拾を図ろうとするのか。これにうまみを覚えたグルカは、また平穏をかき乱すのではないか……乾隆帝の脳裏には、不満と不安が渦巻いてしまった。

果たせるかな、乾隆帝の悪い予感は当たってしまった。パンチェンラマの死にあたって、弟のシャマルパ活仏はその遺産を一手にしようとして秘かにグルカと連絡をとり、その結果グルカがタシルンポ寺を攻撃したのである。しかも、それに先だって数人の僧がシャマルパの差し金で占いを行い、侵入した賊と戦ってはならないという結果を出させており、それが当初グルカを迎え撃つチベット人たちの判断を狂わせていた。さらに致命的なことに、そもそも一七二〇年に清がチベットを版図におさめて以来、チベットでは大きな戦乱が起こらなかったことから、ダライラマ政権の軍隊はもとより清の駐屯軍さえもグルカの前に圧倒的に脆弱であった。

利益のために必要とあらば、占いでいくらでも現実を操作しようとする、清浄とはおよそかけ離れたチベット仏教の現実。皇帝の名代としての立場を忘れ、戦わずして「敵に敗北した」と虚報を捏造して逃げまどう満洲やモンゴルの軍人たち……。グルカに金品を渡して撤退させたことも、じつは単なる失態ではなく、もはや脆弱の一途をたどっていた騎馬兵力の実態を反映したものであった。一体今まで何のためにチベット仏教を尊び、満洲人らしさにこだわってきたのか……。この瞬間、乾隆帝が漢人からの差別に打ち克って、多様性と一君万民を同時に満たした空間を実現するためのあらゆる努力は、すべて空しいものであったことが明らかとなった。

晩年の乾隆帝は豹変した。まず彼は、グルカと正面から戦おうとしなかっただけでなく、グルカを避けるためにダライラマをラサから別の場所に避難させようとした駐蔵大臣・保泰《ほたい》に対して怒りの鉄槌を下した。

朕はグルカの侵入などたやすく処理できると思った。もしなんじがチベット人を善く激励し、兵を率いて戦えば、グルカの賊はタシルンポにいたることはなく、雪の季節の到来で必ず逃げ帰るはずだったのだ。しかし、略奪して逃げ帰る賊を追って殺そうともせず、ダライを金沙江の東や西寧に移せとは一体どういうつもりか？　ダライラマもチベットを離れることを望んでいない。それは結局のところ、ダライラマの信徒と、歴代皇帝たちが兵を動かして得たチベットを捨てるということではないか。さらに、いずれ賊が前進すれば成都をも与えてしまうことになる。それで理にかなうだろうか。なんじの意図は、ダライラマを別の場所に移した後、自分は家に帰って安逸を享受しようというものだ。（『元以来西蔵地方与中央政府関係檔案史料匯編』乾隆五十六年十月十一日）

そして、晩年の乾隆帝にとって最も頼れる腹心・フカンガ（福康安）をチベットに急行させて最終的に混乱を収拾するとともに、逃げ腰を見せた駐蔵大臣・保泰を「フシフン（卑賤を意味する満洲語)」と改名させて、死ぬまで枷《かせ》をはめてラサの街角でさらし者にするという厳罰に処したのである。このようにしてはじめて乾隆帝は「十全老人」の名を保つことができた。

金瓶くじ引き制度の成立

また、乾隆帝はチベット仏教に対しても、皇帝として保護を加えることと、宗教本来の目的から離れた勝手な行動を放置することはまったく別であり、むしろチベット仏教を保護するからこそ問題ある行動に対する断固とした規制を行うのだ、という姿勢を明らかにした。そこで乾隆帝は一七九二年に「御製喇嘛説」(ラマに説く書)という文章を著し、大施主としてチベット仏教のありかたに対して徹底的な制約を加えようとした。

ここで乾隆帝がとりわけ問題にしたのは、教団の権威を引き継ぐときに有力者の思惑が占いなどのかたちで極めて介在しやすく、本来世俗を離れ清浄に徹して仏教の本義をきわめるはずの教団が腐敗の巣に陥っているという問題である。じっさい、そのような状況があるからこそ、パンチェンラマ六世の弟も活仏として兄の財産を狙おうとして占いに操作を加えていた。他にも乾隆帝はたとえば、モンゴルの最有力活仏・ジェブツンダムバの生まれ変わりを探そうとしたときに、有力者が自分の家系から後継者を出そうとして占い師に手心を加えたところ、生まれたのは女児であったという事情を冷ややかな筆致で記述している。

したがって、根拠が明らかではない予言や占いから仏教の本来のありかたを少しでも守るには、「仏の意志」という名の偶然性を介在させる必要がある。そこで乾隆帝が考案したのが「金瓶《きんぺい》くじ引き制度」である。これは、乾隆帝がラサのジョカン寺（大昭寺）と北京の雍和宮に黄金の壺を与え置き、チベット仏教の著名な活仏を選ぶ際に必ず三名の候補者を選び出し、名前を記入したくじを入れて選ぶというものである。そして乾隆帝は「このようにすればいささかでも公平さを増すことができよう」と強調した。

中国共産党とくじ引き

問題は、このような制度を乾隆帝が自ら考案したことの意味をどのようにとらえるかにある。少なくとも、乾隆帝が仏教の保護者・転輪聖王を任じており、そのことが内陸アジアのチベット仏教徒に受け容れられているあいだであれば、権力者が仏教の内部に介入すること自体は必ずしも特異ではない。タイをはじめとした仏教国では、信徒を代表する国王（または国政の最高責任者）が教団の清浄を求めて厳しい宗教政策をふるうことは珍しくない。政教分離ではなく、政治が宗教の名において正当化され権威づけられるという論理を少しでも採用している国家であれば、キリスト教圏やイスラーム圏なども含め、宗教のありかたは政治と社会一般の安定をうつす鑑《かがみ》である。そこで、政治と社会の安定をこころざす国家権力は、宗教のありかたを正そうとして介入し、宗教と政治のあいだには緊張した関係が繰り返される。政教一致、あるいは政治と宗教の近さは、相互の馴れ合いばかりを意味するものではない。

しかし、制度を立てた時点での精神がいつまでも続くとは限らない。もし制度は続くとしても、それを行使する権力の側が制定者としてふさわしくない存在であるとすればどうなるか？

今日の中国政府は、乾隆帝が金瓶くじ引き制度をつくり、それをチベット人が受け容れたことをもって、「中国のチベットに対する歴史的な主権行使を証明する重要な一例」であると位置づける。中華を支配した乾隆帝が国家主権を行使してチベット人を従わせた以上、中国政府がチベットの独立を阻止して「祖国中華」を統一するのは当然ではないのか。こう主張する中国政府は、国家主権の表れとしての金瓶くじ引きを重視する。

ところが、毛沢東時代の激動を通じてチベットの仏教と文化に執拗かつ壊滅的な打撃を加えたはずの中国共産党政権は、果たして自らが乾隆帝と同じように、仏教の保護者としてチベット仏教徒に受け容れられているのかどうかを深く問おうとしていないようにも思える。また、中華人民共和国が自らを多民族国家として説明するときに掲げる「中華民族」理論からみて、およそ「中華」の文明的な魅力とは関係ない「くじ引き」なるものを持ち出して、「これが中国の主権の表れだ」と強調すること自体、「中華」の価値から大きく逸脱するものなのではないだろうか。しかも、中華人民共和国がなぜ歴史的な必然として成立したのかを明らかにしようとする「革命史観」によれば、野蛮な外来の満洲人の権力を排斥して「中華」を回復したところに中華民国があり、中華人民共和国があるはずなのだから、外来の人である満洲人の皇帝を否定して、彼がつくった制度や領域だけを肯定するのは矛盾しているのではないか。

一九八九年にパンチェンラマ一〇世が死去し、一九九五年に生まれ変わりのパンチェンラマを選ぼうとしたとき、ダライラマ一四世は中国政府のくじ引きよりも前にチューキニマ少年を霊童として選び出した。しかし、その動きに衝撃を受けた中国政府は、チューキニマ少年を幽閉のうえくじ引きを挙行して、ゲンツェンノルブ少年を「パンチェンラマ一一世」とした。この出来事は、「世界最年少の無実のとらわれびと」と「愛国的聖職者という名の少年公務員」を同時に生み出してしまった悲劇であるといえよう。その背景には、中国政府側とチベット亡命政府側とのあいだで、くじ引きを主宰しうる資格をめぐる鋭い対立があるのはいうまでもない。

経世儒学への脱皮

「中華」の変質

それでもこの事件は、ひとつの重要な示唆を与えてくれる。中国政府が「神聖な領土」を主張するときに頼ったのは、チベット仏教徒の前では仏教王であろうとした乾隆帝の制度である。それに比べれば、儒学と漢字、そして漢人の「中華」の魅力は功を奏していない。このことから、漢人のナショナリストたちが讃える「中華」の文化的伝統と、現実の近代「中華」国家とのあいだには、大きな隔たりがあることがわかろう。

①古代文明以来連綿として続き、儒学と漢字の文明を中心とした、理念としての「中華」。そして、「中華」の文明が花開く場としての「中国」。――文化的に決定される「中華」。

②「中華」の文明が行われていようがいまいが、「中華」王朝が支配した場所はすべて「中華」「中国」でありうるので、それを放棄せず維持する。――権力的に決定される「中華」。

そして、今日の中国共産党は②の立場をとる。

しかし、すでに第二章でみたように、前近代の儒学者は最初から②のようには考えてはいなかった。「中華」とは、優越する自らと劣った他者を峻別する文化的な価値基準であり、清の言論弾圧をかいくぐってでも明への忠誠を誓った士大夫たちは、この点に最もこだわっていた。これに対して雍正帝も、別に自らが「中国」「中華」の人である必要はないと割り切っている。また、朝鮮使節からみて、「外国」であるチベット人が「中国」の人と一体であるなどという乾隆帝の発想は、さぞかし奇想天外なものだっただろう。

このように、文化的な「中国」と、「中国」に都を置いた帝国が支配した地域をすべて「中国」と呼ぶことのあいだには、今から二〇〇年少々前までこれほど隔たりがあった。序章で紹介した梁啓超の議論でも、漢人の知的世界にはただ「天下」のみがあって、国境線や境界といった権力の区切り目で表現された一定の範囲を「中国」と呼ぶ発想などなかった。「中国」の範囲は、あくまで「中華」の文明の広がり方によって決まる。

したがって、儒学思想の世界で生き、その影響の中で政治にたずさわった人々が、「外国」

だったはずの地域＝清の藩部をいったいどのようにして「中華」「中国」の一部とみなすことができるようになったのか、またそれはいつからだったのかという問題は、近代中国の国家形成（そして民族問題）を考えるうえで決定的な意味を持っている。

少なくとも、雍正帝や乾隆帝にとって、今日の中華人民共和国に引き継がれることになる版図のまとまりは「中外一体」として自明であった。「中国」と「外国」の違い、また首都が「中国」と「外国」（たとえば盛京）のいずれにあるのかという違いは、よりよい専制支配が実現しさえすればどちらでもよいことであった。ただ、大清の版図のみが真実だったのである。

すると、このような清の版図全体を次第に「中国」と読み替えてゆくような知的な営みがあればよいということになる。それはもちろん、華夷思想からみれば大きな逸脱である。

しかし現実にはこのような逸脱が起こり、清という帝国の構造や近代中国ナショナリズムのありかたに決定的な影響を与えることになる。しかもそれは、儒学者による民族差別を徹底的に封じ込めようとした清の言論統制の中で、儒学者たちが自らの活路を求めようとする中から起こった。考証学、そして経世《けいせい》儒学と呼ばれる学風の高まりがそれである。

考証学とは何か

そもそも儒学とは、宗教というよりもまず政治哲学である。そのうえで、天に認められて社会を担ってゆくという人格の陶冶を目指し、精神的に満たされた状態＝天人合一を得ようとすることで、次第に宗教的な性格を帯びていった。

　したがって、政治哲学としての儒学が重視するのは、現実の世界に積極的に働きかけて社会を変えてゆこうとする「経世致用《けいせいちよう》」という価値である。

　それにもかかわらず、儒学には長らく、華夷思想にもとづく宗教・民族差別の発想が分かちがたく結びついていたため、清の支配が成立した瞬間から、本来政治を語るはずの儒学思想はにわかに語りづらいものになってしまった。そのため、儒学者が現実政治のありかたを鋭く批判する動きは、清の支配の前半では激減した。

　いっぽう、雍正帝の儒学観で端的に表れているとおり、清の文化政策における朱子学の位置づけは、体制に従順で、上下の秩序を保ち、廉潔に徹するような人格をつくるために活用するというものであった。歴代の皇帝たちが、山東省・曲阜《きょくふ》の孔子廟に扁額を下賜して、孔《こう》丘《きゅう》や朱熹《しゅき》に尊敬の意を示したのも、彼らが釈迦やダライラマ・パンチェンラマに示した尊敬と比べれば、筆者にはそれほど大きな違いはないように思える。もっとも儒学思想に親しみを感じていたとされる康熙帝にしても、明の残党や反満思想の側が儒学を援用して言論を展開することを積極的に認めていたわけではない。清という帝国の前半は、前近代の「中華」文明を最大限に発展させた帝国ではない。最も周到な方法で「中華」を押さえようとした帝国である。

　しかし、儒学に対して抑圧的で、都合の良いところだけを活用しようとする文化政策が、その狙いどおりに功を奏したとは限らない。むしろ、日常的な道徳として、さらには科挙合格のための学問として儒学に親しむ人々は膨大な数にのぼっており、彼らの中でもとくに知的な人々は、まるで「星の光のような火種がやがて荒野全体を焼いてゆく」かのように新たな思索を始めた。しかも、明末清初の混乱がおさまって以来、長江下流・江南地方を中心とした経済発展は著しく、知的な活動に注がれるエネルギーそのものは豊富にあった。そこで、清の専制支配を正面から批判的に論じるよりも、むしろ古典に焦点を当て、その典拠をさまざまに探究する動きが活発になっていった。これが清の最盛期における考証学の一大流行である。

もっとも、それはしばしば古典の知識を趣味的にひけらかすだけで、儒学の本来のあり方からほど遠い、まさに清の言論弾圧の厳しさの裏返しにすぎないものに終わることも少なくなかった。それでも考証学は、朱子学がひどく禁欲的な観念論であったことへの反発と、明末の陽明学が朱子学に反発するあまり人欲と主観を強調してもう一方の極端に走ったことへの反発という、きわめて大きな二重の動機をはらんでいた。そこで、考証学者たちのあいだからは、現実の政治を直接批判することは避けながらも、草創期の儒学が持っていたような、あるがままに現実の政治社会をとらえる気風を回復しようとする動きが起こった。現実を思う存分語ることができない分、発掘した古典の中に現実をうつす鑑を求めようとしたのである。

なぜ満洲人を認めざるを得ないのか――顧炎武の葛藤

このような思索のありかたは、おのずとひとつの重大な課題――いったいなぜ「中華」であったはずの明が崩壊して、満洲人という外来勢力の支配を受け容れざるを得なかったのかという問題に行き着く。もちろん、ここで明を懐かしみ清の支配への恨み言を並べ立てるのは禁物である。それでも、過去からのさまざまな帝国・王朝の歴史を比較して、それぞれの得失を論じることは不可能ではなかった。じっさい、そのような目的で宋代の一〇八四年に編まれた『資治通鑑《しじつがん》』は、発禁どころか科挙受験にあたって一読が望ましいものであった。

そこで、早くも順治・康熙帝の時代には、「中華」の文明が抱え込んだ弱さと、満洲人などの騎馬民族が誇る強さの秘訣を対比させることによって、言外には失われた明への愛惜をひそかに込めつつも、同時に儒学者としての立場から、清という帝国と満洲人を冷静に評価しようとする動きが出てきた。明末の官僚のひとりにして、清に請われても仕官しなかった知識人・顧炎武《こえんぶ》の『日知録《にっちろく》』は、その最も代表的なものである。

もちろん、顧炎武自身は心の底でひそかに明への忠義を誓った人物であるから、古典や過去の考証に集中しつつも、あくまで儒学者の本分は天下を保つことにある点を決して忘れない。彼は「易性（姓）が改まることを亡国という。仁義がふさがれ、獣が人を食い、人が互いに食い合う状況を亡天下という。天下を保ったのちはじめてその国を保つことを知る。国を保つ責任は君・臣にあるのに対し、天下を保つには匹夫の賤にも責任がある」というきわめて有名な一節を著した。明末の大混乱にともなう苦い記憶を読者の脳裏に呼び覚ましながら、それを繰り返さないためにも誰もが責任を持つことを呼びかけたのである。

それでは、肝心の顧炎武の場合、清が明に取って代わって天下を握ったことは、果たして「亡国」と「亡天下」のどちらを意味していたのだろうか？　たとえば『大義覚迷録』に関連して紹介した呂留良《りよりゆうりよう》や曾静《そうせい》であれば、清の支配は「仁義がふさがれ、獣が人を食う」という「亡天下」であろう。しかし、顧炎武はそこまで言い切らない。明末の暗黒を知る彼からみて、秩序を力ずくで回復した清はそれなりに見るべきものがあったからである。彼はそのような認識を、北東アジアの諸王朝の歴史に託して、次のように述べている。

金の世宗は「朕はこれまで女直（ジュシェン）の風俗を忘れなかった。今の飲食や音楽はみな漢風に習い、朕の好むところではない」「女直の旧風は古書（儒学の経典）を知らなかったとはいえ、天地を祭り、親戚を敬い老人を尊び、賓客に接し朋友を信じること、その礼儀はみな自然である。その善なること、古書に書いてあることと異ならない」と言った。そこで女直人に対し、漢人の姓に改め南宋の衣装をまとうのを禁じた。さらに「女直の旧風は、酒食宴会ごとに騎馬にまたがり射撃をたしなむことを楽しみとしてきた。しかし今や、それを禁じて旧俗を忘れ、漢人の風俗を学ぼうとする動きがある。これは根本を忘れている」と言った。（中略）

昔から犬戎《けんじゆう》は、古くからの徳を純粋なまま固く守り、上は徳をもって下を待遇し、下は忠信を抱いて上につかえたという。一国のまつりごとは、一身を治めるようなものであり、国があるのも長き世にわたってこの道を用いるからである。しかし、久しくして華風に染まり詩書につとめなくなり、ただ娯楽や服飾を競い、財は無用に流れ、驕った態度が習いとして染み込んでしまった。

このように、満洲人の前身・ジュシェンの国家である金が、自らの純朴な気風を保ってきたことを誇ると同時に、漢人のような華美に流れることを避けようとしてきたことを肯定的に紹介する顧炎武は、いったい何を言おうとしていたのか。答えは自ずと明らかであろう。彼は「外国が中国に勝つのは、ただそれが簡易であることによる」と述べ、たとえ野蛮人（犬戎）が「中華」の儒学や華美な文明を備えていないとしても、実質・実力においてすぐれたものを持っているとすれば、彼らの存在を一方的に否定できず、彼らが天下を握ったのもある意味で必然であったと説くのである。もっぱら反省するべきは、華美に流れて「文弱」に陥った漢人の側だ。――それが、明末清初を生きた顧炎武の苦渋に満ちた文明観であった。

この認識は、雍正帝が説いたような、武勇と実行力に秀でた存在こそ天命を承《う》けるのであり、その基準の下では「中華」も「夷狄《いてき》」もまったく関係がなく平等・対等であるという意識と何と似通っていることであろうか。明の崩壊と清の支配という現実は、ひとくちに儒学者といっても、これほどの意識の違いを漢人と朝鮮人にもたらしていたのである。

崩れ去る「盛世」

もちろん、清の前半期におけるすべての儒学者が、顧炎武のように「夷狄」をありのままに評価する視線を持っていたわけではない。むしろ、たとえ儒学を学ばない夷狄が、結果的に儒学の目指すものを実現していたとしても、やはり儒学を生んだ文化的な空間としての「中華」こそ最も大切なものだと考える人々は多かった。

たとえば、乾隆期の科挙官僚・大学者である趙翼《ちょうよく》は「天主教」なる文章の中で、世界各地に広がる儒・仏・カトリック・イスラームといった宗教を比較し、儒学の教えは仏教やカトリックほど広がっていないことを指摘している。しかし趙翼にとって、儒学がさほど広がりをみせなかったこと自体は大きな問題にはなり得なかった。なぜなら趙翼によれば、文明の精華たる儒学は、ただ「中州清淑の区」だけでしか実践できないものだからである。問題は信徒の数や広がりではなく、あくまで儒学という唯一至高の価値を生んだ「中華」の地にどれだけの誇りを抱けるかということであった。

しかし、あくまで儒学を生んだ「中華」の輝きにこだわろうとする発想すら、やがて乾隆帝の末年以後漢人地域が農民反乱に見舞われ、「盛世」が音を立てて崩れ去ったことで、あらためて深刻な信念の危機に直面した。

乾隆帝の末年から後継者・嘉慶《かけい》帝の治世にあたる、一八世紀末から一九世紀初頭にかけて漢人地域で吹き荒れた農民反乱は「白蓮教《びやくれんきよう》の乱」と呼ばれる。とくにその中心となったのは、黄河の中流域から長江の支流・漢水流域にかけての山がちな地域である（陝西・甘粛・

四川・河南・湖北）。その背景にあるのは、清の前半を通じて一貫して進んだ農地の拡大が頭打ちになり、明末の一億人から四億人へと一気に増え続けた人口を次第に養いきれなくなってきたことに加え、山地へと開墾に次ぐ開墾を進めていったことが土壌の崩壊を引き起こし、土地あたりの生産力が下がり始めたことによる。これに加え、貨幣経済が急激に発展し、贅沢と華美の気風がついに雍正帝や乾隆帝の手に負えないほどまで深まってしまった結果、地方・末端の官僚たちによる放漫な支配が一般庶民の生活を大きく脅かすようになったことも重要な要因である。

白蓮教の乱と嘉慶帝

こうして苦境にあえいだ農民たちのあいだで急速に受け容れられたのが白蓮教である。これは、弥勒仏《みろくぶつ》が五六億七〇〇〇万年後に降臨し、苦しみの海から逃れられないすべての衆生を救済することへの信仰に加えて、呪術や経典を唱え続けることによって目の前の恐怖＝劫《ごう》から逃れることを基本的な教義としており、いわば仏教的な表現をとった救世主信仰である。生活苦しかもたらさない農民の境遇を捨てて、輝ける都市へと押し寄せようとする農民たちの凄まじいエネルギーと、弥勒仏への渇望が結びついた結果、反乱は一気に過激化していった。

このような事態を前にして、乾隆帝の時代の後始末という重い責任を負った嘉慶帝はどう行動したのだろうか。嘉慶帝という人物は史料からみるかぎり、少なくとも政務を着実に処理して責任を果たそうとする意欲は強く、もし時代が追い風を吹かせていたとすれば、おそらく名君としての誉れを得ることができたかもしれない。地方から続々と送られてくる奏《そう》摺《しょう》状に対しては、それこそ几帳面に朱砒《しゅひ》（朱筆のコメント）を書き入れ、何としても雍正帝や乾隆帝の継承者にふさわしい人格であろうとした。そして嘉慶帝は、地方の官僚や軍人が不公平な判断を行った場合、厳しい調子でその誤りを正すことを忘れなかった。

しかし一九世紀になると、嘉慶帝の周囲にはごくわずかな腹心以外に頼るべき存在は残っていなかったようにもみえる。白蓮教の乱を鎮圧する過程での清軍は逃げ腰であり、そのことに深い危機感を覚えた嘉慶帝は軍事力全体の引き締めを図ろうと躍起になると同時に、山岳部での鎮圧を進めるために要塞の建設を急いだ。ところが、それも必ずしも功を奏さず、いたずらに要塞の建設費用が地元民の負担とされていっそうの困窮を招いただけでなく、最終的には地方・民間レベルで白蓮教の乱などの農民反乱に対応しようとした士大夫たちに頼らざるを得なくなった。そこで、武装化を認められた漢人の地方社会は、清の中央権力から徐々に距離を置いて、独自の勢力として拡大してゆくきっかけを手にした。

それに引き替え、八旗を中心とした清の軍事力は、大反乱の鎮圧で国庫が枯渇したこともあり、もはや回復不能に近いところまで弱体化した。嘉慶帝にとって最も頼れる腹心であったモンゴル旗人・松筠《しょういん》が、木蘭圍場で代々続けられてきた射撃訓練について、狩猟地の荒廃や軍事費の枯渇を理由に、やむを得ず今後は中止することを提言したとき、嘉慶帝が何とか担おうとした父祖たちの「盛世」の栄光は完全に崩れ去ったのである。

沈滞の時代に花ひらく経世儒学

「盛世」の崩壊は、単に嘉慶帝の絶望を誘っただけでなく、少しでも現実の政治に関心を持つ当時の人々、とりわけ考証学に親しむ知識人たちのあいだに沈鬱な煩悶を呼び起こした。たしかに、強大さを誇ったはずの清の騎馬兵力は、今や右往左往するだけの頼りない存在に堕落してしまった。満洲人には実力があるからこそ天下を支配しうるのだという『大義覚迷録』の論理は、いまや漢人にとっては欺瞞に満ちた紙屑にすぎないと考えることもできるはずである。

しかし、それにもかかわらず康熙・雍正・乾隆と続いた「盛世」は、経済が富み栄え、江南を中心に都市の文化が爛熟し、モンゴルをはじめとした内陸アジアとの積年の緊張も解けるなど、曲がりなりにも明るい面もそなえた時代だったのではないか。それすらも結局空しいものに終わってしまったのは、やはり皇帝たちがあれほど警鐘を鳴らし続けたとおり、「中華」の文明の中に潜むような、文章の知識におぼれて華美に走る態度そのものの中に大きな原因があったのではないだろうか？　――そう考えれば考えるほど、儒学者たちは単に責任を満洲人や清という帝国に帰するのではなく、自らの思想と行動をかえりみることによって、秩序の回復と安定のためにあらためて儒学が何をなしうるのかを深く問いつめようとした。

しかも幸いにして嘉慶期以後の清には、雍正・乾隆期のように、四庫全書《しこぜんしょ》の構築や文献整理の美名とうらはらの執拗な言論統制を行うだけの体力は残されていない。完璧をめざした専制から不完全な専制へと体制が移り変わるなかで、かえって自由な言論の空間は広がった。

そこで一九世紀前半から中頃にかけて、考証学がさらに発展した「経世儒学」と呼ばれる学問が沸騰する。それは、主に『春秋』を中心とした歴史経典の中に流れている精神を汲み取り、それと同じ精神をいまあらためて再現して「復古」を実現させようとするならば、果たしてどのような政策が新たに必要になるかを論じようとするものである。しかもそれは、必ずしも額面どおりにすべての制度を昔に戻すことを説くものではなく、いまをとりまく状況に積極的に対応するために、儒学と士大夫のありかたを一新させようという気迫をはらんでいた。経世儒学は、古典の内容ではなく古典の精神を最大限に活用することを目指していたのである。

日本の場合の「経世」

ちなみに、これと似たような動きは、海を隔てた江戸期の日本でも進んでいた。もともと仏教の影響力と下克上の観念が強かった日本では、儒学は長らく見向きもされず、わずかな僧侶などが細々と輸入される儒学の経典を参考程度にたしなむ程度であった。しかし、徳川の支配による「天下泰平」が実現し、武士が幕藩体制のもと「世襲公務員」へと変質していった結果、安定した社会をどう再生産してゆくのかを問う学問として、儒学が本格的に受容されはじめた。その中で、朱子学の観念論や陽明学の人欲・主観重視に飽き足らない人々が、儒学の本質は「経世致用」にあると説き、その精神を古典に求めようとした。そこで現れたのが荻生徂徠《おぎゅうそらい》の掲げる「古文辞学《こぶんじがく》」であり、代表的著作である『政談』では、江戸の浮かれた気風を正し、人々を「地に足をつける」状態にするための各種の政策提言がなされている。

また、為政者の立場から「経世致用」の学問としての儒学に注目したのが、かの徳川光圀《みつくに》である。彼が主導して興した水戸学は、朱子学に重点を置いて忠孝の観念を強調するものであったが、やがて一九世紀になり、ロシア船を皮切りに欧米の列強が日本に迫ってきたことに危機感を強め、本居宣長《もとおりのりなが》が創始していた日本国学と密接に結びついてゆく。本居宣長が「漢」の易姓革命の繰り返しと、天皇家の「万世一系」を対比させて、『古事記』に描かれた「神つ世」以来の「皇国」の歴史こそ真実であり優れていると説いたことに深く共鳴し、対外的な危機を克服するために天皇という権威を前面に押し出そうとしたのである。とくに、天皇を中心とした一君万民の国家づくりと攘夷を強く主張した会沢正志斎《あいざわせいしさい》『新論』は広く読まれ、幕藩体制の恩恵に与っているはずの武士みずからが徳川の支配を打破し、尊皇と自主独立を同時に実現しようとする革命としての明治維新が準備された。

神聖化される乾隆帝と版図――大転換としての魏源『聖武記』

内乱と国家的な破産にあえぐ清と、「天下泰平」から徐々に一揆や外患に包まれていった日本。長崎の出島を介したきわめて細い「互市《ごし》」関係でしかなかったふたつの国家で、同時並行的に儒学思想が変化して、政治全体の動きに大きな影響力を示し始めたといえる。このうち日本の場合は、先の見えない時代における新たな象徴として天皇の存在が浮上した。それでは、一九世紀の清ではどうだったのか。

すでに騎馬兵力の実力は薄れ、儒学者がこれ以上卑屈になる必要はなくなった。しかし辛酸をなめた儒学者からみて「文弱」も否定するべきものである。いっぽう、清の支配はすでに一五〇年以上の時を経て、一九世紀の漢人にとって半ば所与の国家となっていた。いま目の前にある敵は、必ずしも満洲人の帝国ではない。「実」を失い「虚」に流れた自らのあり方である。

そのような議論が高まってきた結果、ひとつの巨大な思想的転換が起こった。すべてを失った儒学者たちのあいだに、「やはり清の歴代皇帝の支配は偉大だった」という確信が生まれ始めたのである。明は「華夷」の狭い見地にこだわるあまり周辺民族の反発を買うと同時に、朝貢体制を通じて国庫を消耗したことにより、ついに天下全体を真に統べることには失敗して自滅した。これに対し、「中外一体」の清は、モンゴルやチベット、そして新疆のムスリムまで広く版図として彼らの信頼を勝ち取り、地図で表現するだけでも途方もない広がりを持った版図を実現しており、古典古代以来、とくに司馬遷が『史記』の中で怨みとともに記したような内陸アジアの異民族との連綿と続いた戦いを完全に昔話にしたのではないか。大清の体制そのものこそ、たたえるにふさわしい、価値あるものなのではないか……。

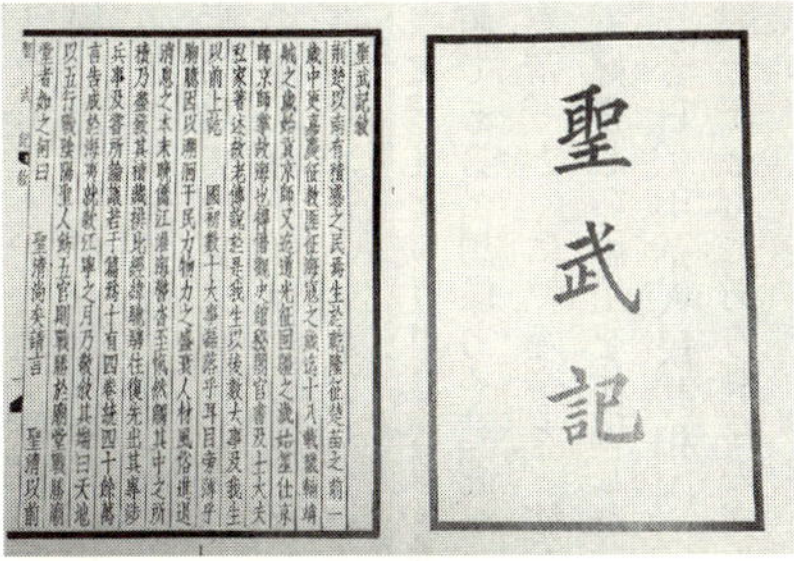

『聖武記』　表紙と冒頭部分

魏源　経世儒学の第一人者

このように、一九世紀の中頃に一世を風靡した大清賛美論の中でも最も代表的な議論こそ、まさに当時の経世儒学の第一人者・魏源《ぎげん》が著した『聖武記《せいぶき》』である。『聖武記』はその名のとおり、「神聖なる武力」という視点から、清という帝国の成立とその後の拡大過程をとらえようとするものであるが、その内容の大部分は内陸アジアに偏っており、とりわけモンゴル・ジュンガル・チベット・タリム盆地をめぐる政治史に多くの記述が割かれている。そして魏源は、軍を動かすことを通じて、いかにして歴代の皇帝たちが人心を奮い立たせ、質の高い人材を適所に用い、国威を発揚してきたかを熱く説く。

そのうえで、伝統的な「中華」は漢人とモンゴル高原のあいだで越えがたい壁を抱えていたものの、満洲人の皇帝ならではの実行力と現実主義があってはじめて、モンゴル人と漢人の共存が成り立ち得たのだと位置づける。新疆の地を手に入れたことは、清がチベット仏教の保護をめぐるジュンガルとの対決に勝利した栄光を象徴しているだけでなく、漢人からみて「西域の治まらないこと、古より数千年」という悩みを一掃したことをも意味しており、二重の意味で決して放棄することは許されない存在とされた。

さらに魏源は、清とチベット・モンゴルとの緊密な関係は、儒学をふりかざす天子の教化によっては到底実現しえなかったと強調し、「堯舜《ぎょうしゅん》・周孔《しゅうこう》の教では和平を達成できない周辺の争いを仏教は鎮める。そして高宗（乾隆帝）はまさに仏教の力を用いて周辺を安んじた。高宗はマンジュシュリー（文殊菩薩）天ハーンである」という心からの賛辞を惜しまなかった。

こうした実力主義や実務能力こそ、一九世紀の経世儒学がはっきりと見出した新時代の価値である。想像力や記憶がおよぶ範囲で最もその価値に近い存在として見出された清の歴代皇帝、とくに乾隆帝と、彼がつくりあげた版図は、既存の「中華」の限界を打ち破りつつ最も好ましい価値を体現した、このうえなく神聖な存在となったのである。

今日、中華人民共和国の領土として描かれる国家のかたちは、儒学者の狭い偏見や「文弱」とともにある既存の文化的「中華」ではない。経世儒学者たちが清という権力と長年かかわってきた中で、儒学そのものが求める価値を問い直し、その過程ではっきりと認めるにいたった、実力主義の帝国によって築かれた空間としての「中外一体」の版図であった。この版図をつくりあげた外来の満洲人も、いまや彼らからみれば疑いもなく「中華の地に君臨する天子」である。あとは、「中国」「中華」と連続した不可分の一部分として版図の全体をみる視線さえ揃えば、近代中国の成立はもう目の前である。

アヘン戦争と「人心の再建」

魏源をはじめとした経世儒学者たちが弁論をふるった一九世紀の中頃、すでにその予兆ははっきりと存在した。彼らは長らく、荒れ果てた「中華」の地をどのように立て直すのかという課題を痛切に感じており、加えて英国のアジア貿易の変容（次章でくわしく触れる）にともなって増え続けたアヘンの吸飲を取り締まらなければならないという課題を抱えていた。

一八三九年に勃発し、東シナ海を取り巻く海域世界の政治外交環境を一変させるきっかけとなるアヘン戦争は、英国からみれば、膨大な貿易収入の源となっていたアヘンを取り締まろうとする清の蛮行への怒りの意思表示であった（もちろん英国には、健康に害をもたらす輸出品の取り締まりを開戦理由とすることへの道徳的な反発がうずまいており、自由主義者の議会政治家として知られるグラッドストンが若き頃に行った「ユニオンジャックがかくも邪悪な目的のために掲げられることは耐えがたい」という趣旨の国会演説が拍手喝采となるほどであった）。

しかし、この問題も清からみれば、あくまでアヘンの吸飲を厳しく取り締まる姿勢をみせることによって人心を一新し、国家を再建するための荒療治という位置づけであった。とくに、アヘン問題の責任者として広東に派遣されて没収・焼却を指導した科挙官僚の林則徐《りんそくじょ》は、魏源ときわめて親しい経世儒学者で、アヘン問題には強硬に対応するよう道光《どうこう》帝に要求したことが容れられて責任者に抜擢されていたのである。

清の当時の知的雰囲気からみて、第一に優先させるべきは人心の再建であり、英国との局地的な戦闘で香港島を失い、一八四二年の南京条約で沿海部の五港を開くよう認めさせられたところで、それは遠方から来て暴れた「夷狄」としての英国に、多少の居場所を与えて懐柔すればよいという程度の痛みでしかなかった。ここで実質的に対等な条約を結び、港を開いたことが、清という帝国の命運を大きく揺さぶることに気付くのは、もう少し時代が下ってからの話である。

屯田論にみる「近代」の予兆

それはともかく、人々の気風を正して国家を再建しようにも、先立つ費用が欠乏しているという問題は何も変わらない。では、何もないところに自給自足の農耕を基盤とした新しい社会を創り出し、同時に軍事訓練をほどこすことによって、地に足がついた、自ら耕し自ら守る気風を大いに盛りあげればよいのではないか？——一九世紀中頃の経世儒学者たちはこのように考え、「屯田《とんでん》論」と呼ばれる議論が熱い注目を集めた。「何もないところ」とは一体どこなのか？　それこそ、乾隆帝以来清の版図に組み込まれたジュンガルの故地＝新疆にほかならない。

新疆では当初、清の軍事支配と地元のトルコ系ムスリムの有力者による二重支配が行われ、乾隆帝はジュンガルと比べればイスラームの信仰・文化を保護したことから、当初は多くのムスリムが清の支配を受け容れていた。しかし、清の国庫が白蓮教の乱とともに枯渇してゆく中で、新疆に配置された軍隊は北京からの満足な補給を受けることができず、次第に現地社会からみて略奪集団と化してしまった。その結果、一八二〇年代になると「ジハンギールの乱」と呼ばれるムスリム反乱が起こるなど、清の新疆支配は早くも根幹から揺らいでいた。

経世儒学者たちは、まさにそのような新疆において、天山山脈の豊富な雪解け水を得られる地域を中心に漢人を入植させ、耕しながら武装して新疆を守るという構想を抱いたのである。当時、魏源とならぶ経世儒学者であった龔自珍《きょうじちん》は、「西域に行省を置くの議」という文章の中で、屯田の成功によっていずれ新疆を省とする構想を述べている。

この屯田構想は、まもなく太平天国の乱が吹き荒れたことによって実施にはいたらなかったものの、中華人民共和国の成立後、延安の革命根拠地での自給自足経験が新疆に持ち込まれることによって、「新疆生産建設兵団」として実践された。いっぽう、一世を風靡した屯田構想は、同時代の日本にただちに輸入され、北海道開拓において北米開拓の経験とあわせ実践されることにもなった。しかし、屯田兵が配置された「何もない」はずの土地は、もともと遊牧・オアシスの民や、アイヌの民が生計を営んでいた土地であることは忘れられるべきではない。

ともあれ、満洲人の皇帝に代わって、漢人の経世儒学者が政論の第一線を占めるようになるにつれて、清の支配のもと「中国」と一体とされた内陸アジアの命運はほぼ決まりつつあった。あとは、「大清」の全体を「中国」と呼び替える過程が待つのみであり、それは西洋の出現と列強の角逐を儒学者たちがどう受け止めるのかという問題と大きくかかわることになろう。

第五章　円明園の黙示録

東西文明の出会い方

乾隆帝の秘密の園

果てしなく広がりゆく高層ビル群が空との境目に描く複雑な線が、まさに世界経済のゆくえをも左右するにいたった国家全盛の力を象徴しているかのような北京市街。しかし、その大部分は改革開放政策の前までひなびた農村のような地域であり、本来の北京市街は長らく、かつての城壁の範囲とその周辺にすぎなかった。北京市北西の、現代中国の科学技術の粋を集めて「中国のシリコンバレー」とも呼ばれる一角が「中関村《ちゅうかんそん》」という地名を名乗るのは、ここが長年にわたり一面の田園風景であったことの名残である。

その近くに、北京に都を置いた歴代国家が、西山の清々しい眺めを背景に庭園を設けていた一帯がある。そこに乾隆帝は、頤和園《いわえん》と円明園《えんめいえん》というふたつの巨大な庭園を気前よく造営した。

頤和園は、広大な人造湖である「昆明湖《こんめいこ》」と、その畔《ほとり》にたたずむ築山の「万寿山《まんじゅさん》」を中心に、主に漢人伝統様式の建築がちりばめられた庭園である。そのたたずまいは、日本人が思い描く「中華」のきらびやかな姿そのものかもしれないが、万寿山の頂上にそびえ立つひときわ秀麗な塔の名称は「仏香閣《ぶっこうかく》」であり、その周囲も母の還暦を記念した仏教建築群が立ち並ぶなど、いかにも仏教を深く信仰した乾隆帝らしい趣味があふれている。

いっぽうの円明園も、もとはさまざまな様式の建築が立ち並ぶ瀟洒《しょうしゃ》で広大な庭園であったが、とりわけ北東端にある「西洋園」の異国趣味には目を見張らざるをえない。乾隆帝が宣教師カスティリオーネに命じて造らせたその庭園は、上から見ると独特の幾何学模様を描いている迷路といい、バロック風の古典美を再現した大理石の見事な柱や装飾といい、来京し

乾隆帝大閲鎧甲騎士像図　イエズス会宣教師、カスティリオーネの筆。北京故宮博物院蔵

頤和園　元は清漪園といい、清末に西太后が再建して頤和園と改称した。筆者撮影

円明園　英仏軍に破壊された当時（上）と、カスティリオーネが描いた往時の西洋建築（下）

た宣教師たちが語る彼方の地のたたずまいに、乾隆帝がどれだけ熱心に想像をめぐらしたのかがしのばれよう。

筆者には、北京や承徳の仏教寺院も、そして円明園の西洋建築も、どちらも満洲人としての立場から、どんな「教」でもよいものはよいと言い切ろうとした雍正帝や乾隆帝の精神をはっきりと物語り、今に伝える存在のように思える。しかし、そもそも乾隆帝がかくも贅を尽くした庭園や寺院群を造ったこと自体、きわめて矛盾した行為だった。彼は盛世を誇りながら、同時にその奥に巣くう病巣を見ていたからこそ、八旗の軍人には武勇を求め、科挙官僚には贅沢や腐敗との訣別を厳しく求めていた。しかし同時に、遠征の痛ましい犠牲や見苦しい失態のなかで辛うじて得た「十全武功」を誇る彼のどこか楽天的な態度は、文化相対主義や極めつきの多趣味と重なり、いつの間にか途方もない蕩尽《とうじん》を引きおこした。絶対的な権力には、たとえよほどの責任感の持ち主が担うとしても、最終的にそれが突出して暴走するのを止める手だてはない。

廃墟は語る

一九世紀に国力を落とした清は、一八六〇年になると北京を英仏連合軍によって総攻撃され、頤和園と円明園は略奪の限りを尽くされ、灰燼《かいじん》に帰してしまう。乾隆帝が描いた盛世の夢は、世界帝国としての清が崩れゆくことを世人に広く告げ、その残骸の中から近現代中国が立ち現れてくるうえでの最も象徴的な存在となってゆく。

もっとも、頤和園は、西太后《せいたいこう》――清末の激動の時代に君臨した光緒帝《こうしょ》の叔母であり、一九世紀後半における清の政治的黒幕ともいえる――の意向で、巨額の海軍費を流用して大規模な修復が加えられて今日の姿となった。ところが、そもそもこの海軍費は、明治日本との深まりゆく対立を制するための北洋艦隊拡充に充てられるはずであった。頤和園の風雅は、帝国全体への致命傷と引き替えに回復されたものなのである。

いっぽうの円明園は、頤和園とは違って修復は加えられず、壮麗なる「西洋園」は破壊されたままの姿をさらしている。それは、本当に悲劇的なものだけが放ちうる凄絶な美すら漂わせているかのようでもある。

今やここは、外国に侵略された屈辱を青少年のあいだに知らしめ、「偉大な祖国の防衛と富強」を誓わせるための「愛国主義教育基地」のひとつとして指定されている。筆者が訪れた夏の暑い一日も、円明園の廃墟は歴史教育を受ける学生のグループや若者でごった返していた。しかし、彼らがあろうことか大理石の装飾群によじ登って記念写真に興じている光景は、思わず眉をひそめざるを得ないものであった。中国という国家は、近代史の過程で被害

遺跡によじ登る若者たち　愛国主義教育の現状。2006年、筆者撮影

者であることが多かったことから、《歴史を鑑《かがみ》とせよ》と主張することには熱心である。しかし同時に、これだけの歴史的遺産を尊重しない態度をも同時に生み出しているのはなぜなのか？

それはおそらく、「国家とは何のためにあるのか。なぜこうなったのか」という問いかけを一人一人の学生や国民に考えさせるよりも、単に英雄を讃えて敵を貶《おとし》めるだけの《愛国》の流布が目立つことと隣り合わせなのではないか。歴史の遺産を土足で踏む態度と、自国の体面すら無視して日章旗へ石を投げる態度に共通する安易な英雄気取りは、歴史を生きた人々の苦悩とはおよそ関係がない。筆者は、中国のために深くこのことを憂うとともに、日本もそうなってはいまいかと恐れる。少なくとも、さまざまな現実をより冷静に、深くとらえる態度を人々に共有させることに失敗した国家や社会がたどる運命は古今共通であろう。世界史を学び、諸文明や諸帝国の消長を知ることは、まさにこの運命を避けるためにあるのだと筆者は信じる。

実学は共鳴する

それにしても、なぜ円明園はこのような運命をたどってしまったのだろうか。もちろん、それを「西洋の衝撃」「西洋文明と東洋文明の対立」という図式のもとで語ることはたやすい。しかし、どのような文明・文化であれ、異なるものどうしが接触したときには、積極的な反応を起こして新しいものを生み出しうることも確かである。宣教師とともにもたらされた西洋文化は、もしかすると一八世紀の時点で漢人や満洲人の文化と融合し、その後の世界を大きく変えることもできたのかもしれない。どのような歴史的条件が加わると共存と対立のさまざまな相が生まれるのかを、清と近代的な国際関係とのかかわりから考えるのが本章のねらいである。

そもそも儒学思想は、実用を重んじる経世済民の学問であるため、西洋近代文化の重要な特徴である科学主義・合理主義とは共鳴しうる余地が大きい。じっさい、明末に宣教師マテオ・リッチが宮廷に入って以来、儒学者たちのあいだで少しずつキリスト教・西洋文化の影響が広がった。とくに、『農政全書』などの著書で知られる科挙官僚の徐光啓《じょこうけい》はマテオ・リッチと親密な関係を結び、さまざまな利器をもたらす西洋文化に学ぼうとした。また朱子学からみて、実用的な性格を持つ技芸とともに現れたキリスト教は、「空」の仏教と比べてはるかに好ましいものであった。そして、マテオ・リッチをはじめとしたイエズス会の宣教師たちも、漢人社会への布教をより積極的に進めるために「唯一神およびキリストへの絶対的な信仰と、儒学の伝統である祖先崇拝は両立する」という方針をとっていた。こうした要因が重なったことで、漢人社会におけるキリスト教信仰・西洋文化の影響は、ゆっくりと拡大してゆくかにみえた。

「実用」を鍵とした儒学と西洋文明の接近は、江戸期の日本についてもいえる。まず、「天下泰平」の訪れとともに官僚化した武士たちのあいだで、儒学が経世済民の学問として受容れられた。さらに、長崎の出島から蘭学が入り、その内容が漢人伝来の知識よりもはるかに正確であることが、杉田《すぎた》玄白《げんぱく》の『解体新書』などを通じて広まった結果、儒学者たちはまさに実用・経世済民の価値にもとづいて西洋を積極的に評価しはじめた。

その後、強大な軍事力を備えた西洋諸国が日本の周辺に現れたことは、一面では水戸学のように「万世一系の真実」を手がかりとして、天皇という名の「聖人」を中心とした強力な国家を志向する動きに結びついていた。しかし同時に、遥か遠く離れた日本にまで到来した西洋の強大化の秘訣をさぐったとき、幕末の儒学化した武士たちが見出したのは、経世済民の理想を花開かせ、議会と公論にのっとった政治を行う西洋の姿であった。

こうした儒学と西洋の共鳴が、西洋近代と儒学思想・日本文化を大胆に結びつけようとする革命としての明治維新をもたらした。五箇条の御誓文にいう「万機公論に決すべし」という表現はまさにその表れである。そして、西洋諸国の実情を見聞するために一八七一年から派遣された岩倉使節団が目にしたのは、普通教育や困窮者の救済が手厚く行われる真の「仁政」であった。また、寺請制度が廃され、キリスト教信仰が認められると、まず内村《うちむら》鑑三《かんぞう》や新渡戸《にとべ》稲造《いなぞう》など、儒学の豊かな素養を身につけた若者の中からキリスト者が続々と現れた。

典礼問題

ところが、明末に引き続いて宣教師たちが布教に力を注いだ清で、長らく儒学と西洋文明の接近が起こらなかったのはなぜなのか。この問題も、満洲人の皇帝が漢人を支配したことと深くかかわっている。

清は明に代わって天下の主を唱えるにあたり、漢人中心の「中華」が連綿と伝えてきた暦法と、宣教師が新たに持ち込んだ精密な天体観測による暦法のどちらを選ぶのかという問題を抱えていた。皇帝が定める暦は天下にあまねく頒《わ》け与えられる神聖なものであるから、安易に決めるわけにはゆかない。しかも、当時は順治《じゅんち》帝や一部の儒学者たちが西洋文化に親しみつつあったとはいえ、圧倒的多数の士大夫は、布教に奔走するキリスト教と西洋文化を「邪教」視していた。「邪」を取るのか、それとも「正」を守るのかという選択の問題は、満洲人皇帝への反感に結びつきかねなかったのである。じっさい、天文をつかさどる「欽天《きんてん》監《かん》」という官職に任命されていた宣教師アダム・シャールは、このような問題に巻き込まれて処刑の寸前にいたり、間一髪のところで西洋天文学の正確さを実証して命拾いした（この成果を導入したのが農暦である）。

清の支配の当初から、西洋的なものを受け容れることそのものが政治問題化する構図が出来上がりつつあり、そのことを警戒した清が新たな布教を禁じる方向に転じたところに、今度はローマ教会が、西洋文化と儒学思想との交流を妨げることに直結する判断を示した。ローマ教会は、神・キリストへの絶対的信仰と祖先崇拝は両立できるとするイエズス会の立場を批判し、キリスト教に入信した者は儒学的な家礼・祭祀と縁を切らなければならないとしたのである。するとこの方針は、漢人を統治するうえでの道徳規範として儒学を活用しようとする清の立場と相容れないことになってしまう。そこで康熙帝の末年以後は、北京や広東にいたった西洋人やロシア人以外のキリスト教信仰は禁じられてしまった。これを典礼問題という。

清の時代における西洋文化との出会いには、双方の原因で歯止めがかかった結果、それは結局のところ宮廷を中心とした狭い範囲での受容、または愛玩にとどまることになった。円明園の中に壮麗な西洋建築が造られたのは、このような時代の所産にほかならない。宣教師たちから天文学や工芸の精華を見せつけられた乾隆帝は、天下が尽き果てる遠方の地でありながらも決して一概に否定できない存在として西洋をとらえたのであろう。その粋を建築として再現することで、あらゆるものを評価しようとする自らに酔ったのかもしれない。

それでは、一九世紀の前半に経世儒学が発展するなか、西洋はどう位置づけられたのだろうか。経世儒学は、おもに古典の探究による儒学精神そのものの再解釈と強化、そして清の最盛期の美化に振り向けられていたことから、物事をとらえる視線としては基本的に内向きであった。もっとも魏源《ぎげん》は、アヘン問題への対応のために広東に出向いた友人・林則徐などからもたらされる情報に触れることにより、南洋・西洋事情をまとめた『海国図志《かいこくずし》』を著して、次第に東へと拡大する西洋諸国の形勢を広く伝える役目を果たしている。しかし、それがより深刻な危機感とともに広く読まれ、速やかな体制転換を引き起こしたのは日本においてであった。

過去を振り返って純粋な儒学の精神を再興し、まず士大夫みずから実践して人々に行きわたらせることによって、宗教反乱や腐敗から帝国を守り、乾隆帝の威光を輝かせようとする――たまたまそのような空気がきわめて強まっていた一九世紀半ばの当時、西洋文化の受容が円明園という小宇宙に閉じこめられていたことと、英夷には香港島と条約港を与えておけば「天朝」の制度は揺るがないと考えていたことは、じつは表裏一体だったのではないだろうか。しかも、このような経世儒学者たちの自負は、アヘン戦争に次いで起こった大事件である太平天国の乱で清が苦境に陥ったことで、むしろかつてないほどまで高まってゆくのである。

英国のアジア政策とアヘン戦争

カントン・システムの形成

一九世紀半ばという時代は、経世儒学者たちの影響力が強まった時代だというだけでなく、英国をはじめとする西洋列強の影響力がアジアの東方へと明らかに拡大していった時代である。

再び時代を少々さかのぼって、一八三九年のアヘン戦争、香港割譲と東シナ海の五港開港を認めた一八四二年の南京条約、そして北京攻撃に結びついた一八五六年のアロー号戦争にいたる英国のアジア政策の展開をみておきたい。

アヘン戦争を英国からみた場合のおおまかな遠因は、西洋のいわゆる「新大陸発見」や商工業の発展で、香料や茶などの嗜好品への需要が増し、それらを産出するアジア諸地域とのかかわりを通じて東洋貿易が形成されたことにある。そして、原料の産地と製品の販路として、インド亜大陸や東インド諸島（今日のインドネシア）をはじめとした地域が、英仏蘭入り乱れた争奪戦の対象となっていった。このような植民地主義の尖兵として、英国で一六〇〇年に東インド会社が設立され、インドをめぐるフランスとの激しい戦いを一七五〇年代までに完全に制した結果、英国の勢力がさらに今日の東アジア・東南アジアへと拡大してゆく基盤が確立した。英国は主要な港に、商人の居留地と要塞を兼ね備えた「ファクトリー」と呼ばれる拠点を構え、これがさらに植民地経営へと進むにつれて西洋と現地の様式を兼ね備えた植民都市、または租界《そかい》へと変貌していった（その遺産は南アジアの主要都市などでキャントンメントという名称で残っている）。

マラッカ海峡を越えて東シナ海へと姿を現した英国船は、清が海を介して行っていた朝貢貿易の枠組みに組み入れられることになり、早くも一八世紀末には毎年一五〇隻以上の船舶が広東《カントン》に入港するなど、貿易の規模は急速に拡大した。しかし、まさか乾隆帝の威光がにらみを利かせる広東で、英国勢力が武装した「ファクトリー」を造ることなど不可能である。そこで、彼らは広東では武装解除されて狭い範囲に限った行動を許され、「広東十三行」と呼ばれる広東の特許商人たちが、船員の行動に対する連帯責任を負うとともに船舶からの徴税を請け負った。もっとも、広東十三行の商人たちはことあるごとに、広東を管轄する両江総督や広東巡撫から「舶来の珍奇な品を皇帝に献上せよ」と要求されたものの、外国との取引ではたしかな信頼関係を築きあげ、広東の貿易では欠かせない役どころとなっていた。このような、武装解除された貿易船を朝貢貿易の延長として受け容れる管理貿易の枠組みを「カントン・システム」という。

帝国主義の圧迫か、それとも外交関係か

しかし英国としては、一見軌道に乗ったかにみえたカントン・システムに対してきわめて不満であった。なぜならそれは、競争的な自由貿易を通じてアジアでの利権を拡大するという方針とは合わなかったからである。

とはいえ、英国はただちにそれを理由として清を攻撃しようとしたわけではない。産業革命を経て世界の工場・経済的中心へとかけあがった英国の国益は、何よりも貿易の利益を最大化することで得られる。したがって、将来もっとも重要な貿易相手になりうる人々をやみくもに敵に回すのは得策ではない。

たしかに英国は、帝国主義列強どうしの角逐がもっとも激しくなる一九世紀（とくに後半）、全世界に自由貿易と西洋文明を押し広める「白人の責務」論を掲げて植民地獲得競争に没頭した。ただし、それは多くの場合、植民地化の対象となる国・地域が政情不安定であるか、小さな王権が点在するゆるやかな秩序があるのみで、先に制圧しなければ他の列強が

侵略し、英国の利益を大きく損ないかねないと判断された地域であった。

いっぽう、将来の市場やそこへの通路としてきわめて有望な地域であり、しかもその地域では強い支配が成り立っており、全面衝突は望ましくないと判断された場合には、むしろその権力に働きかけて、ある種の協力関係を築くことで市場の拡大を図ろうとした。とりわけ英国は、日清戦争で清の命運が揺らぐ頃まで、基本的に清の国家権力と地域レベルでの影響力がきわめて大であると考える傾向が強く、アヘン戦争やアロー号戦争などで実力に訴えたとしても、最終的には外交的な働きかけ、または条約のかたちで英国の利益を拡大しようとしたのである。

英国の対清接触——ボーグルとマカートニー

その具体的な例として、すでに英国東インド会社は、インドへの支配が確立してまもない一七七四年、カントン・システムを経由しない陸路での自由貿易を模索するため、青年ボーグルをチベットのダライラマ、パンチェンラマのもとに派遣して、二人の活仏が乾隆帝への仲介の労をとることに期待を寄せていた。そしてボーグルは、清の妨害のためダライラマ八世とは面会できなかったものの、パンチェンラマ六世と対面して好意的な反応を得ることに成功した。

ところが、肝心のパンチェンラマは前章で述べたとおり一七八〇年に北京で死去したため、東インド会社の当面のねらいは挫折してしまった。それでも、乾隆末期のグルカ戦争の結果、金瓶くじ引き制度の制定に象徴されるような清のチベットへの監督が強化されたことから、彼らはチベット経由の通商を模索するにあたって、自発的な外交政策を展開できないチベットではなく、直接北京に話を持ってゆくのがよいのではないかと考えるようになった。

その一方、英国は一九世紀に入ると、ヒマラヤ周辺で力の論理を振りかざして軍事活動を活発化させ、ネパール、ブータン、シッキムがその矢面に立たされた。このうち、英国がとくに狙いを定めたのが、ネパールとブータンのはざまにある小王国・シッキムである。シッキムはかねてからダライラマ政権に朝貢するとともにネパールの政治的影響を受けていたが、英国はそれらを取り除いてチベットへの最短ルートを確保することを狙って繰り返しネパールを攻撃し、シッキム王室の混乱にも介入した結果、一九世紀中頃までにシッキムを完全に保護領とすることに成功した。このときネパールは清に対し、朝貢国としての立場から繰り返し救援を求めたものの、北京では乾隆末年にネパールがチベットに侵入したことを根に持っていただけでなく、白蓮教の乱と軍事力の弱体化も重なって十分な対応をとらなかった。

こうして英清両国から苦しめられたネパールは、

乾隆帝とマカートニー　三跪九叩頭を拒んで片膝をついて皇帝に謁見し、通商の拡大を求めた。東洋文庫蔵

一九世紀半ばになるとついに清を見限るという一大決心を下して英国と不可侵条約を結び、勇猛果敢で広く知られるグルカ兵を英国軍の精鋭として提供した。いっぽうのシッキムは、英領インドによる保護国化がもとで、今日まで続く中印間のしこりの最大要因のひとつとなっている。チベットへの主権を清から受け継いでいると主張する近現代中国としては、シッキムがダライラマに朝貢していた経緯は、間接的に清の皇帝や近現代中国とシッキム王のあいだの政治的な上下関係を意味するというのである。したがって、独立インドがシッキムの保護権を英国から受け継ぎ、のちに王制を廃してシッキム州としたことは認めがたいとしている（中国の地図では、シッキムは独立国「錫金」となっている）。

　ともあれ、英国がこうしてヒマラヤ経由の対清ルートを模索しはじめた中、もうひとつの働きかけとして、一七九三年にマカートニー使節団が熱河にいたり、海を介した通商の拡大と規制緩和を申し入れようとした。ここで彼らは、乾隆帝の前で三跪九叩頭《さんききゅうこうとう》の儀礼を強要されそうになりながらも、大英帝国の権威を守るため断固拒否し、代わりに片膝をついてひざまずき、乾隆帝の手に接吻するという儀礼だけで済ませるよう妥協を勝ち取った。しかしそれも乾隆帝からみれば、遠路はるばる絶海を越えて来朝した者に対して相応にねぎらい、彼らの儀礼を認めるにすぎないというものであり、遠近や関係の深さに応じて清がそれぞれの朝貢国に適用する通商条件を簡単に変更することはあり得なかった。

アヘン貿易の構図とアヘン戦争

英国は結局、一八世紀のあいだはカントン・システムを打ち破るだけの外交的成果を得られなかった。しかし産業革命がいっそう深まり、アジア貿易の構造が変化してゆくにつれ、英国はアヘンを手がかりに清にいっそうの門戸開放を求めるという誘惑にとらわれていった。

その遠因のひとつは、アメリカ独立戦争である。このとき英国は戦費を調達するため、東インド会社が扱う茶の輸入関税を強引に一一九パーセントとしたところ、販売量と関税収入が激減してしまった。そこで関税を一気に引き下げたところ、自然の成り行きとして広東からの茶の輸入額も急増した。ところが、茶の輸入額と相殺するために毛織物を売ろうとした目論見ははずれ、手持ちの銀は一気に清に流出してしまった。一八世紀末の当時はまさに産業革命で銀の需要が旺盛だったため、議会からの攻撃を受けた東インド会社は窮地に陥ってしまった。

そこで東インド会社は、今日の東南アジアを中心として当時流行し始めていたアヘン（鎮痛剤のモルヒネと同じ成分で、ケシの汁から精製する）に目をつけ、清が発した禁令にもかかわらず、地方商人を前面に立てるなどさまざま

アヘン戦争　清の兵船を砲撃するネメシス号。東洋文庫蔵

な手を使って広東に輸出し、銀を回収しようとしたのである。しかも、一九世紀に入ると英国本国からインドへの製品輸出が急増し、本国への銀の流れが加速したことから、植民地インドは銀不足から抜け出すためにいっそうアヘンの販売に手を染めざるを得なくなった。これは要するに、産業革命とアヘン貿易が切り離せないという歪んだ貿易構造の形成を意味しており、アヘン戦争直前には毎年四万箱ものアヘンが広東に流入した。

アヘン輸入で銀が一気に流出した清の対外交易はたちまち赤字に陥り、しかもアヘン中毒者は増える一方となってしまった。だからこそ、財政再建と人心の腐敗からの訣別を両立させようとした林則徐や経世儒学者たちの議論が影響力を拡大していったのである。しかし英国からみれば、たしかにグラッドストンの国会演説にいうとおり、アヘンの取り締まりを開戦理由とすることが英国の名誉に永遠に傷をつけるものだとしても、銀の獲得源を失うことによって自国の産業資本とアジア貿易の利益に大打撃を加えることは考えられない状況となっていた。かくしてアヘン戦争は、ふたつの強まりつつある勢力——儒学者と西洋、とくに英国——が対峙した、ほとんど不可避の戦争として火蓋が切られてしまったのである。

もっとも、これまで内陸アジアの帝国だった清の軍事力は騎馬兵力中心で、海軍力は自ずと脆弱だったので勝ち目はまったくなかった。近代兵器で固めた西洋の軍事力を前にして、もはや騎馬兵力は役に立たないという残酷な現実が、満洲・モンゴル人の存在感を薄くすることになる。

条約港と租界

広東での戦況は決定的に英国有利となり、清英双方は和平を求めて歩み寄った。その結果、一八四二年に締結されたのが南京条約であり、広東に加えて厦門《アモイ》・福州《ふくしゅう》・寧波《ニンポー》・上海《シャンハイ》の開港と香港島の割譲が取り決められた。そして清は翌一八四三年になると米国の要求に応じ、英国以外の諸国に対しても「一視同仁」という論理にもとづき最恵国待遇を付与した。これこそ、条約港・開港場を中心として展開される、東シナ海を取り巻く新しい政治外交秩序の入り口である。

上海の租界　現在は近代的なビルが立ち並ぶ外灘（バンド）の1880年頃の光景

もっとも、条約港での貿易も清の側からみれば、朝貢関係の一環であるカントン・システムを拡大解釈したものであった。だからこそ港の数が限定されており、条約港といっても当初は十分な体をなしていなかった。今や無数の高層建築が林立する上海も、もとはといえば低湿地気味の水田地帯に浮かぶ片田舎の街にすぎなかったし、自由貿易の一大中心として長年名を馳せてきた香港島も、当時は穏やかな漁村が点在する場所であった。従来の朝貢貿易とは無縁な場所に一から港湾設備や商館を構えなければ貿易できない以上、清としては西洋人に場所を与えただけでも十分西洋人を懐柔できると考えたのである。

しかし、それはまったくの見込み違いであった。条約港という足がかりを得た西洋諸国は、混乱した清の当局に代わって基本的な都市基盤や行政・治安・司法などの機構を整える必要から、一定範囲の土地を清から借り上げて管理に乗り出すようになった。これを租界《そかい》(settlement)という。とくに上海では、共同租界(英米両国の租界を合した。のち日本人が多く住む虹口地区は日本租界とも呼ばれるが、正式には共同租界の一部である)やフランス租界が設定され、工部局(フランス租界は公董局)と呼ばれる行政機関が取りしきることによって、外灘《ワイタン》や南京《ナンキン》路・淮海《わいかい》路に代表されるような西洋的な都市景観が急速に姿を現していった。さらに、上海の共同租界は一国が完全にその運営を左右しえない「共同」であることによって、さまざまな国の利害が渦巻く謀略の舞台となっていく。

また、清の行政権がおよばない租界は、このさき戦乱から逃れようとする多くの人々にとって格好の逃げ場となるだけでなく、科挙の受験に失敗したり、西洋の事物の中に儒学的な経世済民の理想を見出した士大夫たちを少しずつ引きつける磁場となっていく。もはやここには、弱体化した清によるキリスト教・西洋文化への厳しい制限はおよばなかった。その結果、租界内に設立されたキリスト教系の学校での教育を通じて、漢人の文化的伝統と西洋を結びつけようとする人々が現れ、彼らの知識や発想が次第に清を近代中国へと向かわせることになるのである。

太平天国とアロー号戦争の曲折

客家と禁欲——洪秀全の王国

ただ、条約港を通じた漢人と西洋文化との新たな出会いは、最初から順調だったわけではない。むしろ、条約港から新たに広まりつつあったキリスト教信仰と農民反乱が結びついて一八五〇年に発生した太平天国事件は、漢人地域をさす「中華十八省」のうち一七省を大混乱に陥れた。内紛と鎮圧の過程で流された、二〇〇〇万人から四〇〇〇万人にのぼるといわれる犠牲者の血は、清という帝国の命運をさらに押し流したのである。

太平天国は、一九世紀前半における白蓮教徒の乱と同じく、一八世紀末からの社会不安を背景としており、とくに人口の急増や貨幣経済のもとでの格差の拡大、そして腐敗と隣り合わせの重税など、清の歴史における負の要因が重なり合って起こったという点でも類似していた。ただ、太平天国は、アヘン戦争以後の広東で布教活動が活発化したプロテスタントの影響を受けたという点で、やはり西洋の影が強まりはじめた時代を象徴している。

とはいえ、教祖の洪秀全《こうしゅうぜん》が漢人のサブ・エスニックである客家《ハッカ》の出身であることも、太平天国のエネルギーを生み出したもうひとつの原動力として注目してよいだろう。客家は、かつて「中華」の文明を生み出した黄河の流域・中原に住んでいたものの、戦乱に追われて南方へ移住してきたという歴史を持っている。しかし、移り住んだ先の社会からみれば、彼ら

タイの商店街　タイの華人は広東省潮州出身の客家が多数を占め、タイの商業で存在感を示している。筆者撮影

は外来の存在でしかなく（そのことは「客」家という名称が示すとおり）、生活条件の悪い山間部で貧しい生活を送る者が多かった。だからこそ、彼らは「自分たちこそ漢人の正しい末裔であり、中華の本流である」と信じ、血縁関係を中心とした結束力を高めてきたのである。福建西部や広東東部の要塞のような集合住居（円楼）は、そのような客家の境遇をいまに伝える代表的な建築である。このほか、新天地を求めて台湾や南洋の各地に移住する客家も多かったし、少しでも資金を融通し合って親類縁者の中から科挙の合格者を出そうとする気風も強かった。

今日の広西チワン（壮）族自治区東部の山岳地帯で生まれ育った洪秀全も、そのような科挙受験者のひとりであるが、経済力が弱いこともあって受験に失敗しつづけ、深い挫折を味わっていた。そのような折、彼は広州の街角で『勧世良言』という漢語訳の布教書を目にした。洪秀全は、偶像崇拝を打破して禁欲につとめ、唯一神を信仰するという教義に、朱子学の反仏教・道教志向や、修身を通じて「天人合一」を目指す精神に通じるものを読み取って心から共鳴し、やがて何度か夢でうなされるうちに「自分こそキリストの弟である」という自覚を抱いたのである。そこで彼は宣教師のもとを訪ねて、自分の考えや見解はプロテスタントの教義に照らして正当なものであると認めてもらおうとしたものの、当然それがかなうはずもなかった。

そこで、洪秀全が自分独自の教義の世界を広げて興したのが「拝上帝会《はいじょうていかい》」であり、この新興宗教は、客家を中心とした貧しい人々に対する布教を通じて、急速に勢力を拡大していった。しかもそれは、漢人の民間社会に深く根を下ろした素朴な信仰のありかたを知らず知らずのうちに採り入れることによってなされた。信者である楊秀清《ようしゅうせい》が「天父《てんぷ》」＝神のことばを、蕭朝貴《しょうちょうき》が「天兄《てんけい》」＝キリストのことばなるものを伝え始めると、かねてから道教や民間信仰に親しみ、「神降ろし」あるいはシャーマンの託宣に真実を感じていた多くの農民たちは、先を争って拝上帝会の熱心な信徒となっていったのである。

こうして拝上帝会は、禁欲の精神によって平等な新しい農村社会を創りあげる政治運動へと転換してゆき、一八五〇年になると「団営」と呼ばれる軍事・宗教共同体をつくった。そして、広西東部の金田村《きんでんそん》で蜂起した拝上帝会は、清と戦いつづける過程で国号を「太平天国」と定め、ついに南京を制圧して「天京《てんきん》」と改称した。

太平天国は当初、貧しい農民にとって調和に満ちた理想郷が出現したようにみ

洪秀全　客家出身の太平天国の指導者。A・F・リンドレー『太平天国』より

えた。だからこそ、彼らは禁欲的で軍事的な集団生活に耐え、これまで権力をむさぼってきた満洲人や士大夫を打倒しようとする膨大なエネルギーを生み出したのである。南京制圧後、すべての人をみな均等にし、財産の私有を禁じてすべて国庫へ納めさせ、一人残らず衣食住に困らないようにするという「天朝田畝制度《てんちょうでんぽ》」が創始されたとき、彼らはさぞ歓喜にふるえたことであろう。

ユートピアの教訓

しかし、太平天国がたどったのは暗澹《あんたん》たる運命だった。天京＝南京に入った首脳陣たちは、一般兵士や農民には引きつづき極端な禁欲を強いていたが、その陰で贅沢の限りを尽くすようになった。それだけでなく、目先の権力に目がくらんだ神がかりの首脳陣たちは、いわば「お告げ合戦」を通じて内紛を激化させていった。また、国家のあらゆる生産と財の流れを計画的に取りしきる天朝田畝制度は、厳しい管理があってはじめて成り立つものであるが、もともと行政能力や経験に乏しい反乱軍の農民たちがそれを有効に運用できるはずもなかった。こうして太平天国は略奪集団へとおちぶれていった。多くの地域で農民たちが太平天国を支持するとしたら、それは天朝田畝制度の脆《もろ》いユートピアのためではなく、太平天国の行政が崩壊して徴税から免れることができたためという皮肉な状況となっていたのである。

かつて、毛沢東の中国革命・農村革命がもてはやされた頃、太平天国は農民を主体とする

「抵抗としての中国史」の代表的な歴史的経験として讃えられてきた。しかし、貧しい農民たちの爆発的なエネルギーを指導する側の楽観的な思い入れと、担い手の能力に照らして現実的ではない制度が組み合わさったとき、そこに現れるのはとてつもない混乱であることを、毛沢東は一九五〇年代末の「大躍進」で思い知ることになる。

今の中国共産党政権はそのことを痛感しているためであろうか、社会の安定こそ国家の発展と人民の生活に寄与するという立場から、太平天国に対する評価を次第に消極的なものに変えつつある。安定と繁栄が、自由な精神と競争の集大成によってではなく、放置しておくとどのようなエネルギーを発するかわからないユートピアや自由を抑え、ある程度犠牲にす

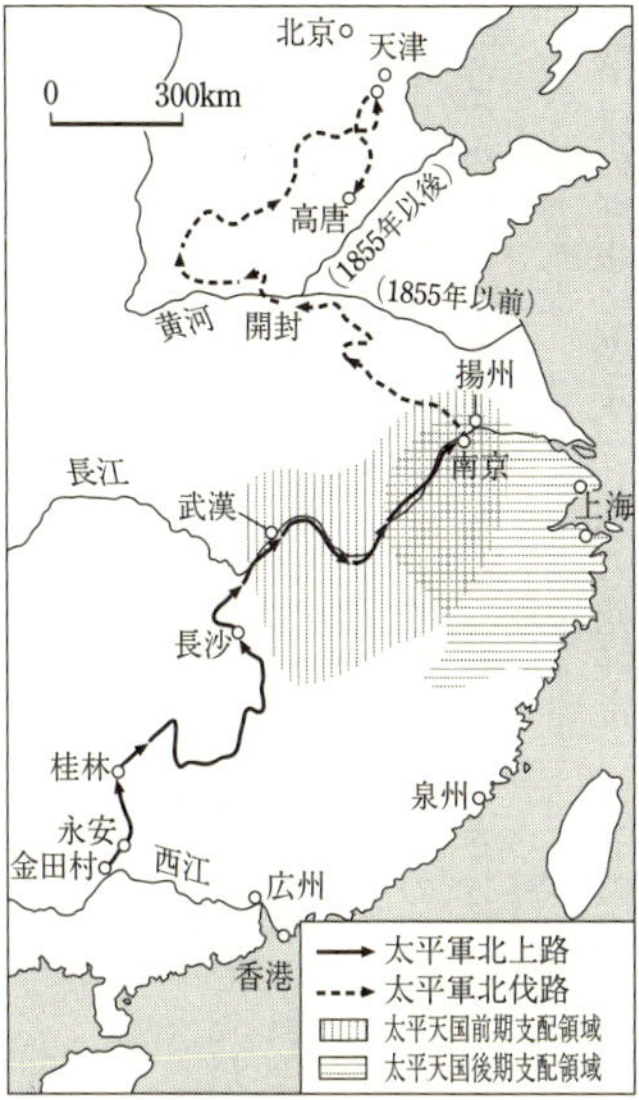

太平天国関係地図　1850年、金田村に蜂起した拝上帝会は、3年後に南京を制圧。並木頼寿・井上裕章『世界の歴史19　中華帝国の危機』(中央公論社、1997年)などをもとに作成

ることによって辛うじて成り立つところに、巨大な漢人の社会が今も昔も抱える困難がある。

郷勇と新しい漢人官僚

それでは、太平天国事件が清の歴史におよぼした最大の意義、あるいは衝撃はいったい何だったのだろうか？　それは恐らく、太平天国を鎮圧する過程でじゅうぶんな力を発揮できず没落と腐敗にあえいでいた清の正規軍（八旗と緑営）に代わって、漢人の地方勢力が独自の軍事力として台頭したことであろう。この地方勢力の中心となったのは儒学を学び科挙合格者を輩出した知識人の集団――士大夫である。

彼らはすでに一九世紀前半の経世儒学の時代を通じて、現実の腐敗した社会を変革する経世済民の理想に燃え、しかも乾隆帝の遠征の意義や屯田を論じるなど、儒学者＝「文」という固定観念では到底とらえきれないほど軍事を語っていた。そこに突如として、これまでの人倫と礼儀の世界を完全に破壊するような勢力が現れ、漢人の「中華」全体を覆い尽くそうとしていたのだから、彼らは到底「礼教の危機」を座視しえなくなった。そこで彼らは師弟関係を手がかりに結集して武装し、清の正規軍の管理を受けない軍隊を地域ごとに創り、太平天国の軍勢を打ち破っていった。このような、儒学エリートによる新しい地方軍事力を郷《きょう》勇《ゆう》という。

このとき、最も重要な役割を果たしたのが、湖南省出身の科挙官僚・曾国藩《そうこくはん》である。彼は単に官僚として極めて有能だっただけでなく、個人の修養や家庭のありかたに関する問題から国政・対外関係にいたるまで膨大な著述を残した経世儒学者でもあった。彼は太平天国事件が起こった当時、北京で礼部の高級官職にあったが、キリスト教がかった太平天国の拡大に深刻な危機を感じ、故郷の湖南省で義勇軍＝湘軍《しょうぐん》を組織したのをはじめ、各地の士大夫に決起を促した。

満洲人たちは当初、漢人の地方軍事力が台頭すれば、すでに弱体化した満洲人の権威がさらに低下しかねないとして警戒した。しかし、目の前にある危機としての太平天国を何とか抑えるため、軍事力を率いる漢人の地方エリートに官職を与えて取り込みを図るしかなかった。

こうして、湖南省の湘軍や安徽《あんき》省の淮《わい》軍などの系譜に属する人々の中から、一九世紀後半という激動の時代に大清の命運を握る人々が現れてくることになる。彼らはその後、経世儒学者としての自己認識、そして乾隆帝が遺した版図を受け継いで帝国を守る者としてのプライドをもとに、西洋から押し寄せる新しい事物や、激しく変転する政治情勢を担うことになる。その中でも最有力の人物が、淮軍系の李鴻章《りこうしょう》である。ほかにもたとえば湘軍系の左宗《さそう》棠《とう》、そして曾国藩の息子・曾紀沢《そうきたく》といった人物が、「天下」としての清を近代国家へと転換させるうえで、計り知れないほど大きな関わりをすることになる。

ちなみに曾国藩は、一九八〇年代まで長年にわたり「漢奸《かんかん》首切り人」と呼ばれ、罵倒の対象であった。彼は「農民が封建社会を打倒するために自発的にたちあがった」太平天国を鎮圧し、人々を縛る旧い道徳としての儒学を維持しようとしたからである。しかし今や曾国藩は、中国史上最もよく伝統文化を体現し、社会の調和を取り戻そうとしたエリートとして再評価が著しい。

アロー号戦争

ともあれ太平天国事件は、正規軍ではなく武装した士大夫が団結した郷勇こそ、屋台骨が揺らぐ清を延命させた存在であることを誰の目にも印象づけた。

いっぽう、太平天国事件は期せずして、西洋列強の「好意」がふたたび清に注がれることにもつながった。西洋諸国は太平天国事件の当初、条約体制に対して渋りがちな清を見限り、キリスト教の影響を受けた太平天国こそ、今後切り開かれる外交と通商の相手としてふさわしく、西洋文明をすみやかにおよぼしてその進歩をうながすことにもつながると考えたのである。しかし、太平天国の杜撰《ずさん》な内幕が次第に広く知られ、郷勇による秩序の回復も進むにつれ、西洋諸国としては、やはり清のほうがまがりなりにも交渉相手としてふさわしく、彼らの支配を前提としたうえで積極的に働きかけるほうが好ましいと判断するようになる。

こうした流れの中で一八五六年に偶発的に起こったのがアロー号戦争である。この戦争はもともと、「香港船籍」のアロー号に掲げられたユニオン・ジャックが清の軍人によって引き下ろされたとされる事件に端を発している。しかしこの事件は、このときアロー号の香港船籍登録は期限切れになっており、しかも偶然この船に逃げ込んだ犯罪者を逮捕するため、広東の当局者が船籍切れを理由として所定の手続きを踏まずに臨検したという偶然が重なっていたことから、厳密に考えれば、それが本当に開戦理由になりうるのか疑わしいものであった。

しかし、英国は船籍切れの問題はひた隠しにして、ユニオン・ジャックへの侮辱と「香港船の管轄権への侵害」をことさらに誇張することで、仏・露・米の各国にも共同出兵をもちかけ、南京条約では得られなかったさまざまな権益を一挙に拡大しようと考えた。この英国の誘いに乗ったのが、インドシナでの権益拡大を狙っていたナポレオン三世のフランスだった。一八五七年末に広東を占領した英仏連合軍は一気に天津《てんしん》に迫り、太平天国との戦いで疲弊していた清もやむを得ず和平交渉に応じたことにより、一八五八年、英仏米露とのあいだに天津条約を締結した。

しかし、この当時の北京では、乾隆帝の遺産に象徴される「天下」を守ろうとする経世儒学者の言論が活発化し、しかも太平天国に象徴されるキリスト教勢力が既存の儒学と礼儀の世界を破壊しようとしていたことへの危機感がかつてなく高まっていたことから、主戦論が主流になっていた。郷勇たちが太平天国と善戦していたことも、官界の雰囲気を高揚させていたに違いない。当初は、郷勇の活躍を苦々しい思いで見ていた満洲人の皇族・貴族たちも、もはや既得権益を守るためにはなりふり構わなかった。とりわけ、太平天国が反乱を起こした一八五一年に即位した若き不運な皇帝・咸豊《かんぽう》帝と彼の妃（のちの西太后）は、主戦論を強く支持していた。

このような動きに対して、英仏連合軍は天津条約の履行を求めるべくいっそう戦力を増強し、一八六〇年夏になると、咸豊帝をはじめとする主戦論者たちが熱河に逃亡したのちに北京入りして略奪の限りを尽くした。その傷跡を今日まで残しているのが、本章の冒頭で紹介した円明園の姿なのである。凡庸すぎる若き咸豊帝にとって、この一大事を前に陣頭で指揮をとることはあまりにも荷が重すぎたのだろうか、彼は一八六一年に熱河で病死してしまう。

洋務運動の時代

北京条約と対等な外交関係の創始

北京が惨禍に見舞われてしまった以上、清としてはあらためて天津条約の内容を正式に確認して履行することに応じざるを得なくなった。そこで一八六〇年に締結されたのが北京条約である。その具体的な内容は、英仏両国への賠償金支払いのほか、次のような一大変革を盛り込んでいた。

①条約港について……天津・漢口・南京など計一一港の条約港化。条約港居住外国人への旅行権付与。

②外来の存在に対する規制緩和について……キリスト教の布教権承認。アヘン貿易合法化（これ以後、漢語の名称も「鴉片」から「洋薬」へ。そして関税を課金して清の軍事費に補充）。

③外交関係について……外国使節の北京常駐（清との直接交渉が可能に）。清の公文書でそれまで西洋人に対して用いていた「夷」字の使用禁止（アヘン合法化と外国使節常駐権はアヘン戦争で追い求めた内容であるので、アロー号戦争は「第二次アヘン戦争」とも呼ばれる）。

④香港について……英国に九龍半島を割譲する（のち一八九八年になると、九龍半島の北側を英国が九九年の期限で租借し「新界」とした。その期限が切れる一九九七年をもって、英国は租借を更新せず、香港島と九龍半島もまとめて返還することとした）。

こうして、欧米諸国との日常的な外交関係という、それまでまったくあり得なかった新しい展開が北京条約に盛り込まれた結果、いつでも起こり得る欧米外交使節との接触や外国人にからんだ事件を臨機応変かつ迅速に処理しなければならなくなった。そこで一八六一年になると、軍機処から独立した新しい外交機関として「総理各国事務衙門」が設置された。

もちろん、遠来の西洋人によって北京を荒らされるという屈辱を味わった清としては、最初から完全に対等な関係というものを心から認めていたわけではなかった。しかし、欧米諸国との外交関係が進展しはじめるなか、米国の外交官・国際法学者であるホイートンが著した『Elements of International Law』が総理各国事務衙門の主導で翻訳され『万国公法』として刊行されると、これに触れた若い官僚たちが徐々に第一線に就くにつれて（とくに一八八〇年代以後）、近代国際法の論理によって清の国益を主張してゆくようになる。

いっぽう、アロー号戦争で清が敗北したことと、欧米諸国とのあいだで近代国際法にもとづく外交関係が始まったことは、日本においても大事件としてとらえられた。一八五八年当時、まさにアロー号戦争と同時進行でアメリカと修好通商条約交渉を進めていた幕府は、東シナ海を取り巻く権力の重心が清から西洋諸国へと傾いてゆくことを正確に把握し、条約を回避して清と同じような圧迫を受けるよりも、条約を締結することで生き延びようとした。

さらに日本は、『万国公法』が出版されると即座にこれを輸入し、幕府の出版機関である開成所が返り点を付して翻刻出版することによって、いち早く一般に流布した。このことも、日本が近代西洋と同じような主権国家・国民国家に脱皮しなければならないという幕末の世論、そして明治維新へとつながってゆく。こうして、西洋諸国に次ぐもうひとつの主権国家が東シナ海を取り巻く海域世界に現れたこと自体、清の運命を大きく左右することになるのである。

同治の中興と洋務運動

以上にみてきたような清と西洋との出会いは、結果的にみればさまざまな条件が重なり合って極めて不幸なものとなった。「盛世」にひそむ問題の傷口が次第に広がって国力を大いに損ね、ついには幾度も大反乱に見舞われた中、経世済民の理想に燃えた儒学者たちは、礼教に満ちた質実剛健な社会の回復を目指そうと必死であった。そのような彼らと、古い社会を流動化させて西洋の文物や国際関係の流儀を持ち込もうとした西洋諸国の立場は、そう簡単には相容れなかった。こうして円明園を破壊され、「天下」の調和を完全に破られた清の世界帝国としての立場は大きく揺らぎ、その苦い記憶が彼らを変革の道へとかき立てていった。

そこで咸豊帝の息子・同治《どうち》帝が幼くして即位した一八六一年以後、母・西太后と叔父の恭《きょ》親王奕訢《うしんのうえききん》が実権を握るなかで「同治の中興」と呼ばれる動きが始まる。その主な担い手は、経世儒学的な素養を持った科挙官僚や、太平天国の鎮圧過程で郷勇として台頭した地方勢力であり、自らの延命を図りたい一部の満洲人が彼らを支持するという体制であった。

同治の中興は、一般的に「中体西用《ちゅうたいせいよう》」であるとされる。その最大の目的は、西洋諸国を前にして失墜した清の栄光を回復して「自強」を達成することであり、そのために思い切って西洋の先端的な技術、とくに軍事技術を導入して「上からの近代化」と富国強兵を進めようとした。これを洋務運動という。その重点となるのは海軍力であり、天津・南京・上海など沿海部の主要都市を中心に、鉄鋼・造船・兵器製造工場が続々と建設されていった。いっぽう、統治の精神としては「中」を前面に押し出し、経世儒学的な思想にもとづいて、康熙・雍正・乾隆帝に代表される繁栄の時代へのあこがれを拡大

恭親王奕訢　異母兄の咸豊帝の没後、西太后とともに実権を握り、洋務運動を進めた

再生産しようとした。

洋務の限界と蒔かれた種

ただ、それは短期的にみれば中途半端なものであった。なぜなら、漢人の官僚たちが最終的に守ろうとしたものは、あくまで儒学の精神と静態的な農業経済だったからである。太平天国やアロー号戦争に懲りていた彼らは、通商の拡大と外来の宗教がもたらす混乱を恐れており、むしろ「儒学の精神に照らして良き人材が得られ、まっとうな統治を施すならば、何事も自ずと調和を回復できる」という信念を持っていた。したがって、それは近代的な経済発展を通じた「自強」ではない。旧来のものを守り自足するという意味で「自ら強くなる」というものであった。

ところが、もし西洋の技術を積極的に導入して「洋務」を徹底し、工業を発展させて商品を幅広く流通させるならば、社会は流動化せざるを得ない。しかも、近代西洋の技芸を学び、彼らと対等にわたり合おうとするならば、その背後にある独自の精神や知識を知り、内面化する必要が生じる。すると、守ろうとするはずの文化的伝統とのあいだに摩擦が生じるのは避けられなかった（この問題はあらゆる文化についてもいえる一般論である）。じっさい、洋務運動が進展する中で「条約港知識人」と呼ばれる人々が現れ、西洋と儒学の伝統を結びつけようとするようになっても、彼らはごく一部が李鴻章《りこうしょう》や左宗棠など洋務官僚と呼ばれた人々のアドバイザーとして重用されたほかは、総じて一般社会から冷眼視されていた。

それにもかかわらず、同治の中興・洋務運動をきっかけに、新しい経営者層や条約港知識人が現れ始めたことは、のちに清末社会が日清戦争のショックから立ち直るべく猛烈な勢いで近代国家への道を進んでゆくのを前にして、きわめて重要な下ごしらえにもなったといえよう。

とくに、代表的な条約港知識人である鄭観応《ていかんおう》が『盛世危言《せいせいきげん》』を日清戦争の直前に著して、「今日、列国が通商する勢いはもはや拒絶しようがなく、万国公法で律するよりほかはない」と述べ、対等な条件でさまざまな国家が競争する情勢に適応し、国際法の利益に浴することが望ましいと強調したことは、西洋から得た知識と経世儒学の素養を結びつけた集大成であった。しかも鄭観応は、国威を張り、外の侮りを防ぐための君民一体を説き、そのために西洋にならって議会を設け、公共の利益を形成すべきだと説いた。条約港を通じて儒学思想と西洋思想が正面から出会ったとき、ようやく幕末・明治の日本の思想状況とよく似た「儒学的な近代」なるものが萌芽を見せ始めたのである。

近代東アジア史の序幕

「天下」の終焉

以上、清の時代における西洋との接触の過程を駆け足でみてきたが、とくにアヘン戦争から北京条約、そして洋務運動にいたる時期を中長期的な視点からみれば、あらゆる側面で清という帝国のありかたを根本から転換させる意義を持っていたことは疑いない。

とくに、一八世紀までの脅威はジュンガルのように内陸アジアから迫っていたが、アヘン戦争を機に東シナ海を取り巻く海域世界の側から現れたことの意味は強調してもし過ぎることはない。しかも、この軍事的な環境の変容は、騎馬兵力がおとろえ、重火器や艦船などの重厚長大な軍事力が強弱を決定するという近代的なパワー・ゲームの論理へと移行してゆくことと軌を一にしていた。この圧倒的な力の差を痛感し、それを必死に埋めるために変化を追い求めてゆくことは、一九世紀後半以後の清にとって最大の課題となるであろう。

この過程は、東シナ海を中心とした地域で異なる存在どうしが接触する方法をも一変させた。

これまでの陸を中心とした歴代の帝国では、華夷思想・儒学・漢人と、反華夷思想（実力主義）・仏教・騎馬民族という対立軸がみられ、そこでは相手を夷狄または不信心として格下に扱うことがしばしばであり、できることなら自らの文明・文化の側に同化・教化することが望ましいと考えられていた。とはいえ、さまざまな地理的要因が互いを隔てていたことから、他者に対する完全なる教化や同化を達成するのは無理だということも明らかであった。そうした中で、「天命を承《う》けた」「仏教をよりよく保護する」と称する皇帝がなぜ政治的に優越しているのかという問いを発するとすれば、それは彼らがどれだけ多くの人々に認められるのかという、いわば他力本願によってのみ証明される。

逆に、皇帝を慕わずに無視する者や狼藉をはたらく者がいて、皇帝を中心とした秩序から排除されているとしても（教化の外＝「化外《けがい》」）、それは天の恵みを受けられない放置の状態を彼ら自身の責任で選んだことを意味しており、皇帝があずかり知るところではなかった。皇帝たちは、ただ自らの利害に密接に関わるところを統治または征服し、慕ってくる者たちを朝貢国に列して満足すればよく、それこそが「中国」と「外国」を合わせた「天下」のかたちであった。

この点において、じつは華夷思想の宋・明も、反華夷思想・実力主義の元・清も、それほど大きな違いはない。筆者は、華夷思想が秩序を形作るとする「中華帝国」なる概念でこれらの帝国をひとくくりにするのではなく、むしろ個別の帝国がかかげた統治の論理の違いが歴史の流れに投げかけたものに注目したいと考えている。とはいえ、どの帝国にしても、皇帝を中心とした支配がゆるやかに広がり、その中では皇帝との結びつきの濃淡によってさまざまな関係が表れていたのは確かであり、それはどれも漢語では「天下」または「天朝」と呼ばれていた。それは同時に、「天下」に組み込まれることを自発的に放棄して「化外」という境遇に甘んじたり、またはせいぜい細々とした通商のみを行う「互市《ごし》」にとどまる自由を含むという点で、いっけん緻密にみえてじつは粗放このうえない秩序でもあった。

しかし、ひとたび蒸気船と近代的な軍事力によって港をこじ開けられるや、清は、もはや一人の皇帝を中心とした「天下」ではあり得なくなった。英国、そして欧米が、東シナ海を取り巻く海域世界に持ち込もうとしたのは、別に皇帝を慕おうが慕うまいが一切問題にせず、主権国家どうしが完全に対等な立場で関係を持とうとする秩序だからである。しかもそれは、これまで「化外」「互市」「疎遠な朝貢国」として突き放していた側から、「主権国家どうしの対等な関係」を盾にして勝手に要求をするものであるから、「天下」を統《す》べる皇帝の体面とは根本的にかみ合わないものとなったのである。

国家主権の隙間を埋める争奪戦

しかも、主権国家と近代国際法のシステムは、すべての土地がいずれかの国家の主権に属することを前提としており、その国家は国土の隅々まで十分な支配をおよぼしているとみなされる。そして、宗主《そうしゅ》国と属国、または本国と植民地の関係をつくる場合でも、宗主国や本国の管理が行き届いていることが前提とされる。もし管理が行き届かない場所があれば、その立場の曖昧さゆえに他の国が介入する口実を与えることになり、主権国家間の関係は揺ぎやすくなる。主権や宗主権がおよばない曖昧な土地をなくし、そこに「文明」の支配をおよぼすことを肯定するため、国際法にはいち早く「無主」の土地を得た国家の権利を認める「先占《せんせん》」の論理がある。

逆に、国土のすみずみまで十分な支配がおよび、独自の判断で対外関係を創りあげることができる権力が存在するならば、その国家は植民地化されない限り、ひとまず独立国としてみなされることになる。

そのため、近代国際法にもとづく秩序は、ある特定の国家や地域が皇帝との関係の濃淡に応じて朝貢国＝属国という立場をとることに対して寛容ではない。さまざまな経緯によって皇帝に定期的に朝貢をしながらも、それがもはや皇帝の指図ではなく自発的な判断で行われており、諸外国との関係も自律的に処理しているのであれば、その国は独立国であって属国ではないという判断がなされるであろう。たとえば、清に朝貢しながらも、それとはべつに日本には朝鮮通信使を差し向けている朝鮮は、「自主の国」＝独立国としてみなされ、ひいては清と対等であるとみなされうる。そうなると、「天下」の立場は危うい。いわんや、放置された「化外」にいたっては、その場所は誰のものでもなく、知らず知らずのうちに他国に陣地を与えかねない。

かくして、独立した主権国家からなる国際関係のありかたを掲げて通商を求める国々を、ついに東シナ海の海域世界に引き入れたことは、「懐柔」の名の下に香港を分け与え、条約港の開港を許した清の思惑をはるかに超えた根本的な大変革を意味していた。

その中でもとりわけ清にとって厄介な問題は、海を隔ててこれまでごくわずかな交流しか持たなかった日本とも、主権国家間の関係を取り結ばなければならなくなったことである。日本はそもそも清に朝貢していない「互市」にすぎず、しかも倭寇や豊臣秀吉の朝鮮出兵の苦い記憶ゆえに、無理に朝貢させず放置して遠ざけておいてもよい国の筆頭格であった。しかも清はもともと海域世界には明るくない内陸アジア国家であり、そのような発想は最盛期ほど強かった。

いっぽうの日本は、江戸期を通じて清に対する独自の優越意識を強めていただけでなく、一九世紀以後の西洋諸国の出現と接触を通じて、早くから極端に強い緊張感を持っており、明治維新を通じて欧米並みの近代国家に脱皮したあとは、完全に清と対等な国家として欧米と同列に加わろうとした。しかも日本は、虎視眈々と漢文文献を大量に輸入し続け、日本人が独自に作り上げた「中華」から「支那」にいたるさまざまなイメージを清に対して抱いていた。

このような、互いに正面から向き合わず、なかば勝手に相手のイメージを増幅させてきた国家どうしが、突然対等な関係として、主権国家システムからみれば曖昧な政治的立場にあった朝鮮・沖縄＝琉球・台湾の所属を問題にするとすれば、何が起こるかは明白であろう。それが、この先日清戦争にいたる、東シナ海を取り巻く政治秩序の再編と激しい葛藤である。これに加えて、条約港を中心に形成された利益圏を確保しようとする欧米諸国の利害を巻き込むかたちで、生き残りを賭けた角逐が起こることになる。

東シナ海を取り巻く「東アジア国際関係」なる枠組みは、まさにこのような緊張の中から始まるのであり、前近代から華夷思想の存在ゆえに積み重ねられてきた不信と誤解のうえに、近現代の主権国家システムの冷酷な論理が組み合わさることによって形成されたものである。

「中国の近代」と乾隆帝の遺産

いっぽう一九世紀中葉という時代は、「中国の近代はいつ始まったのか」という問題と密接にからんでいる。

これまで中華人民共和国や日本・アメリカなど各国の「中国史」研究の枠組みでは、「中国の近代」はアヘン戦争から始まったと考えられてきた。それは「南京条約によって半植民地的状況が始まり、その打破のために中国人民が立ち上がっていったから」である。いっぽう、西洋のオリエンタリズム的な視点からみても、外界＝西洋からの刺激が古く停滞的な中国社会を変え、近代へと向かわせることになったという意味で、アヘン戦争は大きな意味を与えられている。ナショナリズムにもとづく歴史観とオリエンタリズムによる歴史観は一見対立しているが、じつは「外からの刺激なくして近代中国なし」と考える点では同じである。

　しかし同時に注目しなければならないのは、この時代を通じて「乾隆帝から引き継いだ天朝・天下」としての意識は強く持続しており、むしろアヘン戦争から太平天国の時代はそれが最も強まった時代でもあったということである。儒学者たちは、清の最盛期における執拗な言論弾圧から解き放たれて自由に経世済民を論じ、しかも太平天国から儒学の理想を防衛するために自ら戦った。政治の中核を担うエリートの知的背景や意識という点からみて、清はこの時代から急激に、ことばの正しい意味での「中華帝国」になりはじめたと筆者は考える。

　したがって、単純にアヘン戦争＝外圧を「近代の始まり」ととらえる見方は不十分である。むしろ、乾隆帝の遺産を引き継ぎながら儒学的な社会を造ろうとする内発的な動きが、外からの刺激を受けていっそう進んだと考えることもできるのである。いっぽう、魏源をはじめとする経世儒学者たちが、乾隆帝の遺産たる版図を明確に意識して守るべきものとしたことは、まぎれもなく近代主権国家・中国のあの領域のかたちにつながってゆく重要な要素であり、これは近代の萌芽が内発的に始まったことを意味していよう。

それにもかかわらず、世界史的な環境変動によって東シナ海の海域世界が政治的な磁場となり、清自身を内陸アジア向きの国家から東アジア向きの国家へと完全に転換させたという意味で、アヘン戦争からアロー号戦争を経て、洋務運動での海軍力増強にいたるまでの変動の過程は無視できない。しかも、この東アジア国家への変動過程は、日清戦争での敗北によって激しいナショナリズムが喚起され、従来の帝国としてのありかたを捨てて国民国家へと脱皮しようとするまで続くことであろう。

それゆえ、いつから「中国の近代」なのかは、じつは明確な線引きが難しい。それでも、筆者があえて一本区切りを入れるとすれば、アロー号戦争で北京が直接の戦場となり、世界帝国としての清の栄華を最も象徴する庭園が略奪と破壊に遭遇し、その結果対等な外交関係を結ばされた時点であろうか。なぜなら、そのことによって近代東アジア国際関係なるものが実質的に始まったからである。

第六章　春帆楼への茨の道

近代史の傷口を歩く

下関で李鴻章を想う

東京から東海道線と山陽線を西へ向かうこと約一一〇〇キロ、細長い本州を常に表と裏に区切っていた高い山々が次第になだらかになり、明るくのびやかな風景が広がった先にたどり着くのが下関の街である。ここは九州への玄関口にして、歴史をひもとけば壇ノ浦の合戦の地であり、幕末には倒幕を主導した長州藩士を数多く生んだ土地でもある。そして近代史においては、朝鮮半島や中国大陸へ向かうための要衝として常に名を馳せてきた。

政治史的な視点からみた下関最大の名所は、一八九五年春に日清戦争の講和会議が行われた割烹旅館・春帆楼《しゅんぱんろう》であろう。長州出身の時の首相・伊藤博文は、自らはじめて公式にフグ調理の認可を与えた由緒あるこの旅館に、交戦国の全権大臣である李鴻章《りこうしょう》を招いたのである。何も知らずにここを訪れてみれば、彼らは講和交渉の息抜きに、咲き始めた桜と眼下に広がる関門海峡のうららかな春景色を眺めたかのようにみえる。

しかし、伊藤博文の狙いはまったく逆であった。黄海上や山東半島の威海衛《いかいえい》（現・威海

李鴻章　清末外交をリードした政治家

春帆楼　かつての旅館（上）と、講和会場を再現した記念館の内観（下）

市）で繰り返された海戦の結果、李鴻章が洋務《ようむ》運動を通じて心血を注いで整備したはずの北洋艦隊は壊滅的な打撃をこうむり、旗艦である「定遠《ていえん》」は沈没、司令官の丁汝昌《ていじょしょう》は自らの死と引き替えに戦闘の停止を請うたのであった。これに対して、日本側は小ぶりながらも機動力に富んだ戦艦を数多く温存していたことから、伊藤博文は李鴻章との交渉中、これらの戦艦を関門海峡に集結させ、隙あらばロシア・フランス・ドイツによる対日干渉を招き入れようと画策していた李鴻章を牽制したのである。春帆楼からふと外を見やれば戦艦がひしめく光景に、李鴻章は緊張を隠せなかったことであろう。

しかも李鴻章は、交渉のために宿舎から春帆楼に向かう途中、暴漢に襲われて負傷する悲運に見舞われていた。幸いにして傷は浅く、李鴻章は明治天皇をはじめ日本の朝野各界からの見舞いを受けて交渉を継続したが、彼は以後、人目を避けて薄暗い路地裏を通り春帆楼に出向いていた。その路地は今も「李鴻章道」と呼ばれ、立派な看板が春帆楼の傍らに立っている。

それを見た筆者は、大清という帝国の盛衰・興亡に関心を持つ者として深い感慨を覚えずにはいられなかった。堂々たる「天下の主」であったはずの帝国、そしてその全権大臣ともあろう者が、なぜこのような裏道に追い込まれるほど凋落《ちょうらく》してしまったのだろうか？

怨念の独立門

しかも、清は単に日本に敗れて屈辱を味わっただけではない。日本ではあまり知られていないことだが、下関講和条約で朝鮮の独立が決まった結果、それまで表向き最も緊密な朝貢国として清に従っているようにみえたはずの朝鮮で、清の影響力を排除しようとする怨念が爆発し、清は世界帝国としての体面を完全に失ったのである。

清と朝鮮との関係は、すでに触れたとおりきわめて屈折したものであった。朝鮮は長らく「中華」の本流である明を慕い、その思いは満洲人が「中華」の地を窃取し、自らも屈辱的な朝貢を強いられたという認識ゆえにいっそう強まっていた。しかし、それでもなお朝貢を果たそうとしたのは、儒学の「礼」を真に代表するのは朝鮮しかないことを明らかにするためであった。

朝鮮の微妙な立場は、首都・漢城《かんじょう》＝今日のソウルの街にも刻みこまれてきた。

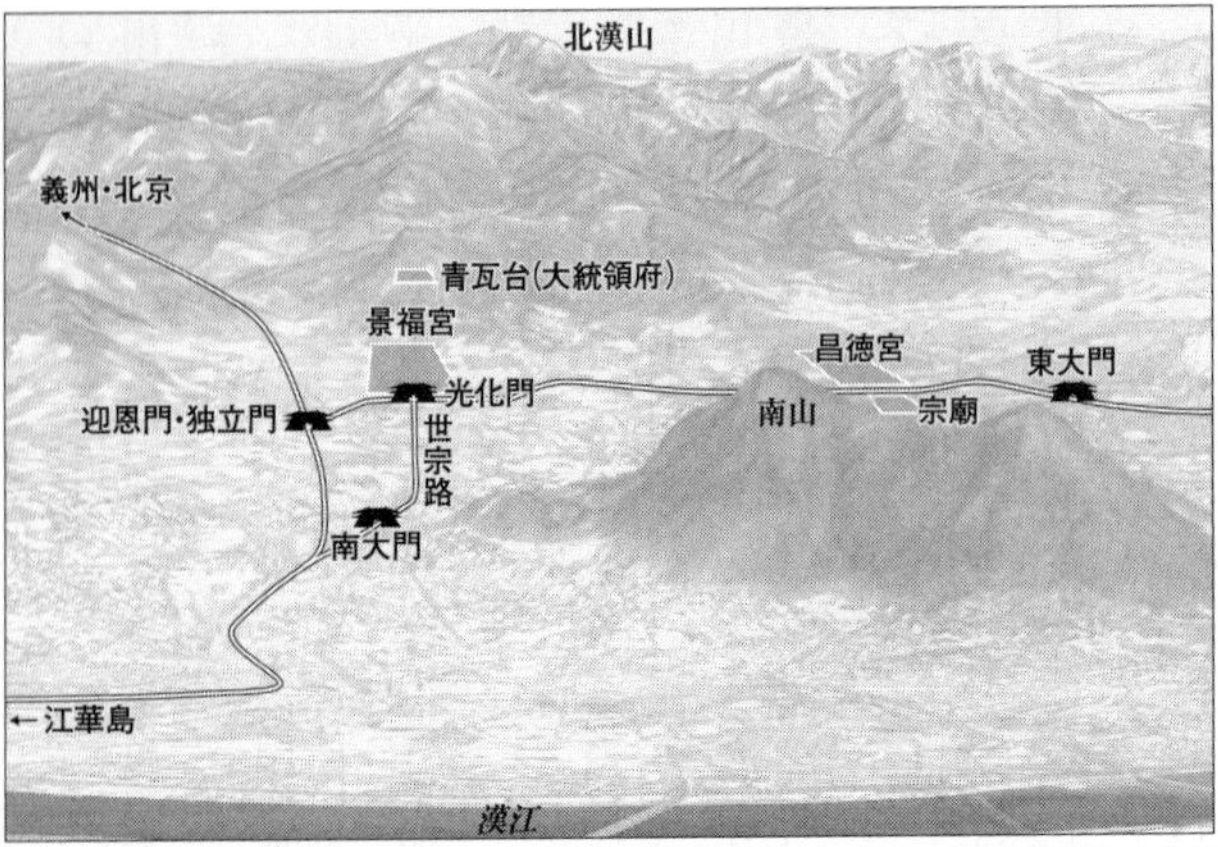

ソウル市街略図　景福宮は北漢山を背に南面し、西向きに迎恩門がある

北に一幅の山水画のような優美さと峻険さを兼ね備えた北漢山を控え、南に滔々と流れる漢江《かんこう》を望む中に盆地のように広がる漢城（漢江の北岸＝陽にあることから漢陽とも呼ばれた）は、まことに風水思想が理想とする勝地である。その中に朝鮮王朝は、北京の紫禁城を小さくしたような構造の景福宮《けいふくきゅう》を構え、光化門《こうかもん》から現在のソウル市庁へと真っすぐ南に延びる大道（今日の世宗路《セジョンノ》）は、帝王が南面して「正気」を全国に向けて発するという理想をあらわしていた。朝鮮国王は本来、明の威光を受け継ぎ守る帝王であるべきだった。

　とはいえ、朝鮮の宗室が帝王を名乗るとすれば、それは朝貢国にあるまじき僭越であり、朝鮮国王はあくまで清の東にある臣下にすぎなかった。臣下の立場を強いられた以上、国王が代替わりするたびに西の燕京《えんけい》（北京）から封号を携えてやって来る冊封使《さくほうし》を丁重に迎え入れるためのかたちを整えなければならない。そこで朝鮮は、「南向きの帝王の空間」とは異なる「西向きの臣下の空間」として、鴨緑江のほとりの国境の町・義州からの街道が漢城に入る位置に「迎恩門《げいおんもん》」を建てていた。しかし朝鮮としては、間違っても清に恩を感じるはずはない。あくまで彼ら自身の「小中華」としての矜持が、清の恩を迎えるふりを続けさせたのである。

しかし、日清戦争終結・下関講和会議ののち、迎恩門は柱のみを残して破壊され、一八九六年にはそのすぐ北に洋風様式の「独立門」が建設された。そして朝鮮国王・高宗は、翌九七年になるとついに帝号を名乗り、国号を大韓帝国と改めた。独立門はそれまでの「迎恩」を完璧に否定するかのごとく、迎恩門の柱のすぐ北側に立ちはだかり、今も独立国・大韓の自己主張を全身で表現しようとしている。ほとんど激情ほとばしるまでの勢いで、朝鮮・大韓が清との従来の関係のすべてを否定しようとした象徴こそ、独立門

ソウルの史跡　紫禁城を模した景福宮(上)と、日清戦争後に建造された独立門(下)。筆者撮影

の遺構なのである。

朝貢国という立場を捨てるとき

独立門の存在は、単に朝鮮が内心で清を嫌悪し、下関講和条約で独立国であることが認められたことを記念するものだというとらえ方だけでは説明がつかない。朝鮮の人々は、清を内心拒みながらも朝貢を堅持することによってこそ、「小中華」としての自らを確認し正当化できるはずだと信じていた。そのような人々が、下関講和条約による朝貢国としての立場の否定と独立の決定に対して、なぜ抵抗しなかったのかという問題をもあわせて考えてこそ、はじめてその存在に込められた情念、あるいは怨念の深さを知ることができる。

しかも、日清戦争は日本が朝鮮半島での影響力を拡大しようとしてきた結果であり、もし清との臣属関係が失われて朝鮮が保護を得られないとすれば、そのまま日本によって政治的に呑み込まれることにもなりかねない（じっさい、一九一〇年には日韓併合にいたる）。そこで朝鮮としては、今こそ清への臣従の誓いと義憤を新たにして、日本主導による地域秩序の再編に対して最後まで抵抗を続けることで、明から受けついだ「礼」の秩序の守り手――「小中華」としての立場を貫き通すこともできたはずである。

したがって独立門の出現は、単に清の体面を著しく損ねたというにとどまらず、そもそも前近代以来の「天下」の論理と秩序が完全に崩壊したことを意味していた。もちろんこの過程では、日本が自らの土地を戦場として勝利したうえで朝鮮の独立を決めたことから、朝鮮はあくまで受動的な立場に置かれており、それは彼らにとってあまりにも苦々しい事態であった。それにもかかわらず朝鮮は、自ら主権国家・大韓として清と対等になることを選んだ。これ以後、近代東アジアという世界は、独立した主権国家がひしめき合いながら、互いにナショナリズムにもとづく自己主張を突出させ、もし独立の維持に失敗すれば即座に保護国や植民地に転落して行くという、きわめて単純な弱肉強食の国際関係へと移行していったのである。

万国公法への「適応」

主権国家の時代へ

そこで本章では、アロー号戦争の結果いったいどのように、西洋由来の国際関係とナショナリズムが東シナ海を取り巻く近代東アジアの海域世界で拡大してゆき、それが清を中心とした「天下」の秩序に取って代わっていったのかという問題を考えてみたい。

ふつう、近代東アジアにおける歴史を考えるとき、日清戦争と下関条約が大きな転換点としてとらえられている。清の世界帝国としての立場が地に墜ち、清の内部でも富国強兵に成功した明治日本の刺激をうけてナショナリズムが噴出し、全面的な体制の刷新を求める「変法・自強」が起こるきっかけとなったからである。

しかし、そこにいたるまでのあいだには、朝鮮でかくも朝貢体制への怨嗟がつのったことに代表されるようなうねりが読み取れるし、前章でも触れたとおり、長らく清とはきわめて疎遠な関係であった日本が、東シナ海の地政学的な空間を通じて清とじかに直面し、ついには互いに矛《ほこ》を交えるようになってゆくことも、アロー号戦争以後の歴史の大きな変化として見逃せない。むしろ、アロー号戦争以後、日清戦争にいたるまでの過程それ自体を、筆者はひとつの巨大な歴史的画期であるととらえてみたい。そうしてこそ、近代東アジアの国際関係が抱えてしまったナショナリズムどうしの対立の構図をより深くとらえることにもつながるだろう。

ここでまず問題になるのは、アロー号戦争以後、西洋諸国によって強いられた、西洋近代的な国際関係あるいは主権国家が並び立つ世界そのものを、当時の人々、とくに外交にかかわったエリートたちがどう価値づけていたのかということである。

これまでの中国からみた「正しい」歴史観は、一九世紀後半以降のいわゆる近現代中国史の全体的な性格について、侵略戦争による被害や租界《そかい》の設定、そして不平等条約などの負の要因にもとづいて、「半封建・半植民地」であったと規定している。それは同時に、王朝交替を繰り返しながらも「天下の主」でありつづけた「中華」の文明世界と帝国が、世界のもろもろの主権国家の中のひとつに転落させられてゆく過程であり、「中国史」が抱いている「悠久の天朝」イメージに照らして肯定できない、という発想にもとづいている。

したがって、体制の刷新に失敗したまま、みすみす帝国主義列強の権益の拡大と経済的な搾取を許して人民を塗炭の苦しみの中に陥れた清は「封建的なおくれた体制」であり、西洋諸国と取引をすることで私腹を肥やしてきた官僚たちは売国奴扱いされてきた。

もちろん、清と近代国際関係の出会いにはそのような側面が強かったことは否定できない。しかし、文明を振りかざすにせよ、または人民の革命を号令するにせよ、「中華」「中国」の名を輝かせるかどうかがすべての基準であるという歴史観で洋務運動期の清を否定するだけでは、東シナ海を取り巻く地域世界で突如はじまった弱肉強食の世界を前にして必死に対応しようとした清の「努力」を過小評価することにもなる。

むしろ、当時新たに台頭した漢人エリートたちが、なぜ自分たちを抑圧し要求を突きつけようとする西洋のやり方を取り入れて、「中体西用」の洋務運動に乗り出したのかという問題を考えてみる必要があろう。その理由のひとつは、前章で述べたとおり、実用を重んじる経世儒学と西洋の実学や政治思想のあいだには共鳴しうる余地が大きかったことである。また、鄭観応の思想にも表れていたとおり、押しつけではじまった万国公法についても、実務外交に徹して自らが強くなれば共通の基盤で物事を解決でき、その利益に浴することができるという発想が次第に強くなっていったことも見逃せない。清の総理各国事務衙門による外交でそのことをうかがわせるのが、一八七〇年の天津事件と、一八七五年のマーガリー事件である。

天津事件

天津事件とは、アロー号戦争ののち条約港として開かれた天津で、フランス人宣教師の布教に反発する民衆がフランス領事フォンタニエを虐殺した事件である。それは、アヘン戦争以後しだいに存在感を増した西洋的なもの、とくにキリスト教に対する反発であり、一九〜二〇世紀にかけて宣教師や教会が襲撃された「仇教案《きゅうきょうあん》」と呼ばれる事件のはしりでもある。

当時の天津や華北では、儒・仏・道の各宗教にみられる儀礼や教義を組み合わせた民間宗教が貴賤を問わず大流行しており、それらは白蓮教の乱から太平天国にいたる長年の混乱ですっかり疲弊していた老若男女の心をつかんでいた。

したがって、宣教師が当時の民間社会に割って入る余地は決して大きくなかった。宗教どうしの自由競争の中で伝統的な宗教が支持を集め、太平天国の痛手から立ち直って人々が自信を取り戻しつつあったのであれば、宣教師、そしてフランスとの関係が暴力沙汰へといたる必要はとくにない。ところが、そうはならずに宗教を理由とした紛争が起こるのは、往々にして社会的な矛盾と宗教が結びつけられ、特定の宗教が偏見の対象になってゆくからである。

とくに当時の天津・華北地域の場合、たんに民間宗教が勢いづいていただけでなく、それらが人々の助け合いの場、あるいは公共的な空間としても機能しており、富裕な商人からの寄進で潤沢な教団などが母体となって孤児院や貧民救済施設をつくる動きが活発化していた。ちょうどそのとき、フランス宣教師も布教の一環として孤児院設置や貧民救済活動を進め、民衆的な基盤を持った助け合いの動きとカトリック教会が競合してしまっただけでなく、カトリック系の孤児院が、当時急増していた幼児誘拐疑惑の温床とみなされてしまった。その結果、天津の民衆は急激にキリスト教への疑念を深め、教会内部への視察を行うよう天津の当局者を突き上げた。

もしここで天津当局の視察申し入れをフランス領事や宣教師たちが受け容れ、疑惑が根も葉もないものであることが明らかにされれば、深刻な外交問題にはならなかったであろう。しかし、フランス領事フォンタニエは深慮に欠ける横暴な人物であった。彼は、申し入れに訪れた当局者の目の前でやおらサーベルを抜いて机を叩き、フランスが侮辱されたと激高しただけでなく、群衆の面前で発砲して死者を出してしまった。そこで、居合わせた群衆は怒り狂ってフォンタニエを虐殺し、その死体は八つ裂きにされただけでなく、フランス領事館・教会・孤児院はもとより英米人が運営する教会までも襲撃されてしまったのである。

本来ならば不要だったはずの誤解に、粗塩を塗り込むような対応のまずさが連続したことこそ天津事件の真相であり、天津の民衆とフォンタニエの双方に責任があったのだが、事ここにいたった以上、列国は総理各国事務衙門に圧力をかけて謝罪と賠償を勝ち取るべく軍艦を天津に集結させた。問題解決の陣頭に立った曾国藩は、もちろんフォンタニエのやり方に同意できなかったものの、もし事件がさらに拡大して不穏な情勢が長引けば、せっかく軌道に乗りはじめた西洋諸国との外交・通商関係が頓挫しかねないと判断した。そこで解決策として、民衆の側の首謀者の処刑、天津当局の責任者の流罪、賠償金二〇万両の支払い、謝罪使のパリ派遣を示すことによって、新たな外交環境の枠組みを強化することを選んだ。

た。

英露グレート・ゲームの激化と陸の対清交易ルート

一八七〇年代の清が近代国際関係へと適応してゆく過程を示すもうひとつの事件であるマーガリー事件は、前章で述べたアヘン戦争にいたる英国のアジア政策の延長で起こった。カントン・システムを打破して、海から清の扉をこじ開けようとした英国の意図はすでに成功していたが、いっぽう陸路でインドと重慶・揚子江を直結させようとする試みも続いていた。

とくに一八五〇年前後から、ヒマラヤの山麓にある寒村だったダージリン（チベット語の原名はドルジリン。金剛洲の意）が保養地および茶の生産地として急速に発展すると、多くの英国人の視線がチベット経由の陸路による対清関係に注がれるようになった。

インドには、植民地経営やアジア貿易のために数多くの英国人が居住していたものの、緯度が高く寒冷な英国からやってきた彼らにとっては、炎暑から逃れられないインドや今日の東南アジアでの活動には、自業自得ながらさぞかし苦労がつきまとったことだろう。しかし、彼らはひとたびダージリンに避暑に来れば、雪を頂いたヒマラヤの高嶺からチベットへと続く空に、グレート・ブリテン島の風景を思い出させる澄み切った青を望むことができた。酷暑に悩まされることなく、慕わしい故郷の牧草地を思い出す広大無辺な草原が広がるチベットを悠々と横断して、対清貿易の巨万の富を得ることができるとすれば、何とも素晴らしい話ではないか！

しかも大英帝国の本領は、全世界で綿密に探検を重ね、現地の地理・社会・物産などを徹底的に調べ上げて外交・植民政策を考えるところにあった。大英博物館の膨大な蓄積はその表れである。新たな交易路の開拓を通じて積極的に沿線の人々に働きかけ、彼らを「おくれた野蛮な社会から救い出し、キリスト教の光り輝く近代西洋文明の恩恵のもとにおく」ことができるとすれば（「白人の責務」論）、いよいよ彼らの歪んだ使命感は燃え上がらずにはいられない。

また、英国がダージリン（およびアッサムやセイロン島）で茶の栽培を始めたのは、銀の対清流出による貿易赤字を最小限にとどめ、英領内部での自給を目指すためであったが、やがて英領インドでの茶の栽培は成功し、重要な輸出品目へとのし上がっていった。そうなれば、陸続きのチベット、そして漢人に向けて大量に売りさばき、やがては華中・華南産の茶に取って代わることも夢ではないととらえられていった。

いっぽう当時は、インド利権をめぐる英露の利害が真っ正面から衝突し、いったんは敗れたフランスも虎視眈々とインド利権の回復を狙っていた。内陸アジア・東南アジアから西アジアにいたるまで、英国がどれだけ多くの地域を植民地・緩衝国・利権の対象とすることができるかは、まさに大英帝国の死活的な大問題となっていたのである（インド亜大陸を最終的な目標とした英露の角逐はグレート・ゲームと呼ばれる）。そこで、「英国は中国（China）とチベットをインドに結びつけることができる唯一の強大で富裕な国家である」と説き、露仏両国を牽制しながら通商・植民政策を正当化する議論が沸騰した。

マーガリー事件と英国観の転換

こういった雰囲気をうけて一八七〇年代以後、英国はいよいよ陸路で重慶《じゅうけい》を目指しはじめ、チベット経由の道とアッサム―ビルマ（ミャンマー）北部―雲南を経由する道の探索が本格化した（なお、これらのルートはのちに日中戦争期になると、重慶に逃れた蔣介石《しょうかいせき》の国民政府を支援するための「援蔣《えんしょう》ルート」として用いられた）。その矢先の一八七五年、ビルマのバモーから雲南の騰越《とうえつ》に向かおうとしていた英国探検隊の通訳マーガリーが地元民に殺害されたのがマーガリー事件である。

この事件に対して、もちろん英国は清に賠償を要求し、深刻な国際問題になるかにみえたが、李鴻章と英国駐北京公使であるトマス・ウェードはあくまで冷静に善後策を講じ、一八七六年に芝罘《チーフー》（煙台《えんだい》）協定を締結した。これは主に、事件の再発防止策や清の賠償金支払い、条約港および租界の追加、そしてより効率的な関税の課税などを規定したものであったが、一八七七年には特別条項として、英国人が北京からチベット経由でインドへと調査旅行を行うことを追加していた。もちろん清にとって、二〇万両の賠償を支払い謝罪することは好ましい内容ではなかった。それでも李鴻章からみれば、この協定は条約港での通商をより円滑にし、多くの税収をもたらす作用を持つため、即座に批准するに値するものだったのである。

天津事件とマーガリー事件を処理する清の態度からみえてくるのは、西洋列強とのあいだで発生した問題を一方的に抑圧や謀略と位置づけて声高に抵抗を唱えるのではなく、より長期的な利益を計算しながら交渉し妥協するという行動様式が洋務運動・総理各国事務衙門外交のなかで次第に定着したということである。それは「反帝国主義・革命史観」からみれば「売国」であったが、国益を最終的に最大化するという観点からみれば、あくまで必要悪な選択であった。

このような判断の背景として、一八七〇年代以後日清戦争にいたる時期の清が直面した外交環境の悪化があった。後でくわしく触れるが、一八七〇年代から八〇年代はじめにかけてはロシア・フランスが、そして一八八〇年前後から日本が、清にとって最大の脅威としてはっきりと意識されてくる。そこで曾国藩や李鴻章など洋務官僚たちは、西洋列強や未知の新興国・日本が周囲を取り囲む中で権力の均衡を考えるならば、突発的な事件をことさらに大きくして自らの首を絞めるよりも、むしろ穏便に妥協を図ることで利益を得ようとする発想を強めた。

とくに英国との関係についていえば、一八六〇年代までの清からみた英国は「アヘン戦争とアロー号戦争の張本人である」という負の印象を抜きにして語れなかった。とはいえ、英国の対清外交目標は、その国力や他の列強との関係からみて植民地化が現実的ではなかった以上、硬軟とりまぜながら国交を緊密なものにして、貿易の利益を最大化することにあった。そこで、条約港から得られる豊富な税収に満足しつつあった洋務官僚たちは、「通商の拡大を錦の御旗としており、しかも学ぶに値する進んだ社会と技術の源泉となっている英国は、実は清からみて良き存在なのではないか」と考えはじめ、いつしか英国は《通商の国》

《泰西商主の国》であり、日本やロシアといった存在とはまったく異なる、という発言を繰り返すようになっていった。

チベットを襲う不運

なお、洋務官僚たちが英国を理想的な存在としてとらえはじめた結果、英国が対清交易の一大経路と位置づけたチベットは、その後今日にいたる塗炭の苦しみに陥ってゆくことになった。

清が内陸アジアの帝国であった頃、チベットは騎馬民族がこぞって篤く信仰するチベット仏教のまばゆいばかりの中心であった。加えて、朱子学・華夷思想原理主義に染まった漢人たちを牽制して、非漢人であってもよき文化を持つことを示すうえで、チベット仏教はその見本のようなものであった。チベット仏教は、清という帝国をもっとも特徴づける存在のひとつであり、安定の礎であった。

ところが、英国が交易路を調査・探検しようと試み、しかも芝罘協定がその動きを公式に認めた結果、清とチベットをかみ合わせていた歯車は根本的に狂い出す。なぜなら、当時英国はヒマラヤの南側にあたるネパールやブータンといった地域で影響力を拡大すべく紛争を繰り返しており、それはすぐ隣り合わせのチベットからみれば、チベット仏教徒が数多く暮らす地域が侵略に遭遇する「仏教の危機」にほかならなかったからである。もしヒマラヤで狼藉をほしいままにした彼らが、「通商という名の偽りの看板」を掲げて仏教の聖地ラサにいたるようなことがあれば、それは何を意味するのだろうか？　皇帝の正しい判断は、仏教の敵といたずらに結びついて利益を得るよこしまな官僚たちによって狂わされているのではないだろうか……？　そう考えたダライラマ政権は、もはや自力救済しかないと考え、以後ことあるごとに英国人の探検隊や通商要求を拒否しようと躍起になっていった。

仏光かがやく聖地から「暗黒の地」へ

チベット人たちの憂慮は、半分は外れていた。少なくともこの時点の英国は、重要な貿易相手である清を敵に回す意図は持たない以上、清の影響力が確実におよんでいると判断されたチベットを侵略する意図はなく、通商と遊歴をチベット人が認めるように北京の取りなしを期待するという立場であった。仏教、いや英国人からみておくれた「ラマ教」から、キリスト教文明へとチベット人を自然に導くことは遠い将来の課題であった。李鴻章や総理各国事務衙門のエリート、そして駐蔵大臣たちは、英国の意図に他意はないとみなし、安心して遊歴や通商を認めるようダライラマ政権に要求を繰り返したのであった。

しかし、チベット人たちの憂慮には、的を射ている部分もあった。李鴻章をはじめとする洋務官僚たちは、かつての満洲・モンゴルの旗人とはまったく異なる土壌から現れ、経世儒学の立場から西洋を評価する人々であり、チベット仏教には共感を感じていなかった。せいぜい、祖宗＝乾隆帝までの皇帝たちの習いにしたがって仏教保護を口にしていたにすぎない。

農奴の憤り　「暗黒を打破するチベット農奴」を表現した、文革期における「革命芸術の傑作」

要するに、清とチベットのあいだには、一九世紀の政治変動を通じて、もはや同じ版図とは呼べないほど溝が深まっていたのである。そこで洋務官僚たちはついに、英国人を排斥しようと必死に抵抗するチベット人に対し、それまでの「仏教文明の中心」という評価を一転させ、「世の中の流れを見ようともせず、時代遅れの仏教にしがみついて無駄な抵抗をする愚かな集団」とみなしはじめた。それは、清という帝国の形成において欠かせない存在であったチベットを見捨て、帝国主義の時代を生き抜くための通商パートナーとして英国を選び取ったことを意味する。

李鴻章は、英国との条約を確実に履行することによって、チベットをも通商と近代技術の恩恵に引き入れようという「親切心」からダライラマ政権に要求を繰り返し、それに対してチベット人が抵抗を繰り返すという悪循環が止まらなくなった。その行き着く先は、漢人による「暗黒でおくれたチベット」改造の正当化である。それに対してチベット人の側は「もはや自分たちが清を受け容れる理由がなくなったばかりか、抑圧ばかり被るようになった」という意識を強めていった。これこそ近現代のチベット問題の根源にほかならない。

それは、清が内陸アジアの帝国から近代東アジアの帝国へと実質的に転換し、東シナ海を取り巻く地域世界での動きを基準にすべてをとらえ、近代国際関係へと適応していった結果であり、世界認識の大転換がもっとも端的に表れた文明史的な大事件であった。

「未知の国家」日本の出現

「辺疆の喪失」

ところで先に、清はロシア・フランス・日本を次第に脅威とみなしてゆき、それに比べて相対的に英国をよりよき存在であるととらえたと述べた。それは、帝国主義列強が世界を余すところなく分割し、自らの支配や影響のもとに組み込もうとした荒々しい弱肉強食の時代にあって、清がそれまで版図または朝貢国としていた諸地域すら切り離されはじめたことへの危機感と隣り合わせであった。少しでも自らにとって脅威ではない国家と協力し、紛争の相手を牽制することによって、辛うじて自らのもとに残された版図や朝貢国を囲い込んでおきたい。もしそうしなければ、漢人と満洲人が住む「中国」の地すらも、またたく間に取り囲まれてしまうだろう。そうなったとき、果たして乾隆帝の輝ける遺産を保って清を立て直すという経世儒学・同治中興の理想を保つことができるだろうか？　——急速にそのような危機感にとらわれていった洋務官僚たちは、何とか自らの領域的な影響力を諸外国に対し示そうとして、ついに近代国際法が原則とする排他的な主権または宗主権の論理を身につけてゆくようになる。

その結果、皇帝が朝貢国に対して「天下」の秩序を認めさせながらも、同時に個別の権力の独自性を認めていた朝貢関係は、近代的な、より支配と服従の色合いが強い宗主権概念や保護国概念へと置き換えられてゆく。そして、清自身が朝貢国を自らのもとにとどめようとするあまり、朝貢国の外交や内政改良の代行という論理を掲げるようになった。こうして、朝貢国自身の政策決定の幅が大いに狭められ、やがては清と朝貢国とのあいだの激しい対立が引き起こされた。

この動きはとくに、明治日本が琉球＝沖縄および朝鮮への介入を進めようとした中ではっきりと表れた。その最終的な破局が日清戦争である。また、シベリア東部や内陸アジアでの領土拡張を狙うロシア、そしてインドシナを手中におさめようとするフランスとの利害が真っ向から対立した時代として、清にとっての一八七〇年代後半から一八八〇年代という時代がめまぐるしく展開する。これこそ、清にとっての「辺疆《へんきょう》の喪失」と呼ばれる政治過程にほかならない。

未知の国家・日本

この「辺疆の喪失」過程において、清に対して最も致命的な打撃を与えるのは日本である。そして、当時の清にとって、日本という存在と競争しなければならなかったことは、当時も今もおよそ日本人には想像もできないほど衝撃的で混迷に満ちたものであったと思われる。「日本と中国は《一衣帯水の隣国》であり、儒教や仏教が古来中国から伝来したのをはじめ、関係はそれなりに平和的かつ密接で、互いのことを知っていたに違いない。平和でありさえすれば今も昔も胸襟を開いてわかり合える」という発想は、日本人だけが持ちうる一方的なものにすぎず、近代の入り口における日清関係は知的にみてきわめて不均衡なものであった。それはなぜか？

清はこれまで、版図に収めた漢人地域と内陸アジアの藩部については、騎馬民族と経世儒学者のどちらも歴史と地理に強い関心を寄せていたこともあり、きわめて詳細な情報を持っていた。また、個別の朝貢国についても、程度の差こそあれそれなりに豊富な情報を持っていた。しかし日本については、倭寇や豊臣秀吉の朝鮮出兵もあって「遠ざけておいてもよい国」でしかなく、細々とした貿易関係しかない「互市」の国にすぎなかった。その結果、日本が一八七〇年に、日清間の対等な条約を締結して国交を樹立することを目指して使節団を派遣するまで、清の対日認識は基本的に『明史』に依拠することがもっぱらで、現実の日本の動きを探ろうという積極的な動機が欠けていた。要するに、日本は絶海の先にある西洋よりもはるかに遠い存在であった。

それでは、清が日本という存在をあくまで等身大の国家・社会として認識するようになるのはいつの頃からであろうか？　それはおそらく、一八七七年に洋務官僚の何如璋《かじょしょう》が東京に公使として着任し、多くの日本人と交流するなど、日本を直接観察するようになってからである。

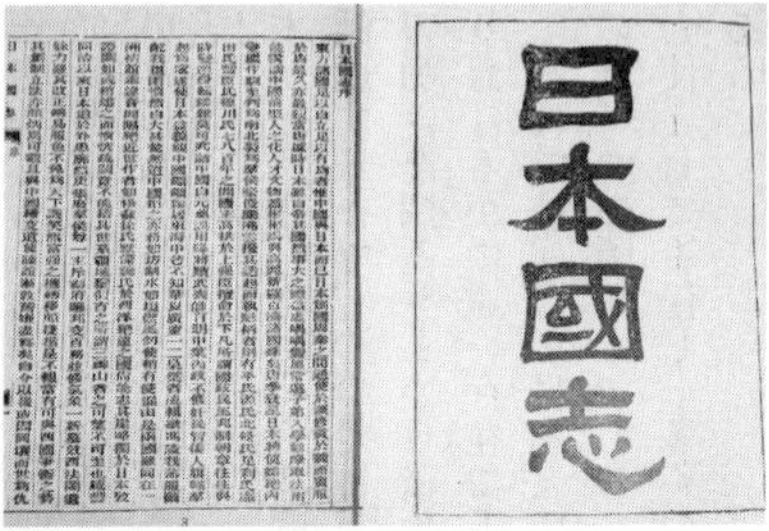

『日本国志』　日米英に赴任した外交官、黄遵憲の書

明治日本は、一面では西洋文明の摂取に努めていたが、いっぽう江戸時代を通じて儒学の知識が津々浦々まで浸透していった結果、儒学と漢文に対する知識と教養が日本史上絶頂に達した時代でもあった。そのような明治前半頃のエリート一般にとって、清という国家とその知識人は、一面では蘭学者がすでに「中華」「中国」という表現を拒んで「支那」と表現していたことにも象徴されるように、「文明の源」からは格下げされていたものの、もう一面では日本における漢字文化の祖国として、篤い思慕の対象でもあった。

そこで、何如璋はいたるところで格別の歓待を受け、日本の政治家や経済界の重鎮、そして文人たちとともに、温泉に出かけたり漢詩を詠みあうなどして交流を大いに深めた。そのついでに、在日清国公使館員たちは日本各地を旅行できたため、少なくとも彼ら公使館員を振り出しに、清の日本認識は次第に正確になっていった。

とくに、何如璋とともに東京に赴任した公使館員・黄遵憲《こうじゅんけん》が、その見聞や研究成果をまとめた『日本国志』を一八八〇年代末に執筆し、一八九五年に刊行したことは、清の対外認識の歴史における大きな転換点となった。『日本国志』の主な内容は、天皇家と歴代武家政権の系譜、隋唐を中心とした歴代帝国との交渉、一九世紀の外患の時代における日本の対応、そして日本の地誌、名所旧跡、風俗習慣、何如璋の交友録にあてられている。

しかし何といっても当時の読者に強い印象を与えたのは、本書全体を通じて、これまでのあらゆる時代の知識人たちが日本を海の彼方の野蛮国扱いして遠ざけ、西洋事情に通じた魏源すら日本の内情を知りも語りもしなかったことや、外患に襲われた日本の西洋文明導入を誰もが物笑いの種にしていたことを手厳しく批判する趣旨がにじみ出ていたことであろう。ただ、刊行の時点で清はすでに日本に敗れており、競争相手を等身大でみることの必要性からいって、清はあまりにも遅きに失していた。

琉球王国の日清両属

ともあれ、清はこうして未知の国家・日本と接触しはじめ、とくに一八七四年の日本の台湾出兵と、翌一八七五年の江華島《こうかとう》事件という二つの事件をきっかけに、日本を脅威とみなしていった。

日本軍が台湾に出兵したのは、近代東アジアの国際秩序が排他的な主権国家を単位として形成されつつあり、琉球王国を日本の国家主権のもとに置こうとする動きが強まったことによる。

もともと、前近代の琉球＝沖縄は日清両属と呼ぶべき政治的立場であった。琉球・沖縄というふたつの呼び方自体、それぞれ明清と日本を向いたときに用いるものであり、沖縄（う

謝名親方顕彰碑　那覇市の波上宮近くに立つ。筆者撮影

ちなー）とは、広義の日本語・かな文化を共有する沖縄の人々が、「大和《やまと》」と自らを対置する表現であり、のちにこのような意識をもとに「日琉同祖論」が唱えられた。

いっぽう琉球とは、一四世紀に成立した明が倭寇対策として当時の中山王《ちゅうざんおう》に朝貢をうながし、その見返りに与えた国号である。以来琉球は、朝貢貿易を通じて東シナ海をめぐる交易の相当部分を担うようになり、空前の繁栄を迎えた。

薩摩藩が一六〇九年に琉球を攻め落として実質的に植民地化し、抵抗する三司官（王を補佐する最高官職）・謝名親方《じゃなーうぇーかた》を鹿児島に連行して処刑したのは、琉球王国が生み出す貿易上の利益に着目したからである。しかし薩摩は、明が独立王国としての琉球の滅亡を見届けて朝貢を取り消すとすれば植民地化の意味がなくなるため、琉球には薩摩への服属の事実を隠して朝貢を続けさせた。

これに対し明、そして清は、琉球と薩摩の関係を見抜きながらも、日本との関わりという面倒を避けつつ「天下の主」として体面を保つために見て見ぬふりをして、琉球の頻繁な朝貢を受け入れてきた。徳川政権としても、琉球が清とのつながりを持ちながら独自の王国として存在し、しかも薩摩を通じて間接的に徳川にも服属していることは、徳川の「御威光」を輝かせる上で好都合であった。こうして、琉球には「幕藩体制の中の異国」としての立場が認められてきた。

日清両属の経緯をもっともよく伝えているのが、ほかでもない王宮・首里《しゅり》城である。眼下に那覇を見下ろす眺望絶佳の山頂に建てられた真紅の正殿は、北京の紫禁城やソウルの景福宮と同じ思想によってつくられた宮殿であることが一目瞭然である。正殿に入ると、康熙帝御筆「中山世土」をはじめ清の歴代皇帝から下賜された扁額《へんがく》が復元されており、当時の公文書もすべて「雍正」「乾隆」など清の正朔《せいさく》を用いて記録されていた。しかし、左右にある南殿と北殿はまったく様式が異なり、日本風の南殿は薩摩の役人を、正殿と同じ赤をまとった北殿は清からの冊封使《さくほうし》を接待する施設であった。琉球＝沖縄の微妙な立場は、何よりもまず首里城に集約されていたのである。

琉球王国から琉球藩へ

ところが、日本が近代主権国家・国民国家への急速な脱皮を目指して明治維新を断行し、いっぽうの清も軍備増強に走るようになると、琉球があいまいな政治的立場を許されながら結節点としての存在意義を保ち続けることは難しくなってしまった。琉球＝沖縄はこれまでさまざまな論者によって「東アジアの結節点」と位置づけられてきたが、それは日明・日清関係が疎遠なものだったことの裏返しでもある。近代東アジアの地域秩序が本格的に立ち現れ、日清両国が直面して摩擦を起こすようになった結果、逆にそれまでの誰からみても好都合な結節点は歴史の表舞台から去らざるを得なくなったところに、琉球王国がはらむ悲劇がある。

琉球の日清両属が問題になり、最終的には国王の存在と朝貢が廃されて沖縄県が設置されることになる直接のきっかけは、アヘン戦争以後条約港が開かれ、西洋各国の船舶がしきりに東シナ海を航行するようになったことである。とくにアメリカは中継地として日本と琉球の利用価値に着目し、まず日本とのあいだに和親条約を締結していた。いっぽうの徳川政権も、東シナ海の形勢がもはや差し迫っている以上、西洋諸国に遅れをとるわけにはいかないと感じ、「幕藩体制の中の異国」としての琉球が持つ軍事・通商上の価値にあらためて強い関心を寄せはじめた。

首里城正殿　紫禁城や景福宮と同様の構造をもつ。沖縄戦で破壊されたが、1997年に復元された。筆者撮影

この姿勢はおのずと明治新政府にも引き継がれた。とくに一八七一年に廃藩置県が実施され、全国が一律に天皇を頂点とする中央政府の直轄地とされると、琉球に対しても日本の国家主権を直接およぼす動きが強まった。まず、琉球はそれまで薩摩に服属していたことから、名目上は鹿児島県の管轄下に置かれる一地方とされた。

さらに一八七二年以後、明治政府が琉球に「東京に使者を派遣されたい」と求めたことで、事態は急転直下する。琉球はあくまで江戸時代と同じく「異国」としての立場からヤマトの新政府誕生を祝うつもりであったが、使節が東京に着くやいなや、その場で明治政府から「琉球王を新たに琉球藩王とし、華族に列する」と宣言されてしまった。これが琉球藩の設置である。

明治政府としては、一八七一年に日清修好条規を結んだばかりでもあることから、清を過度に刺激しないよう琉球を独自の王国から一気に県へと移行させることは避け、まず藩と位置づけた。それでも、もし安易に他の藩と同じく県へと改めれば、必ず清が朝貢関係を理由として介入し、日清関係はただちに暗礁に乗り上げるであろう。そこで明治政府は、近代国際法の論理にしたがって、琉球藩には日本の国家主権が完全におよんでおり、琉球人＝日本人であること、そして日清両属という枠組みはすでに終焉していることを国際的に認めさせるため、あらゆる機会をとらえて既成事実を積み重ねようとした。

台湾出兵

明治政府がまず着目したのは、一八七一年に宮古島の船が遭難して台湾に流れ着き、東海岸に住む原住民によって殺害された事件である（台湾原住民とは、漢人が移住する前から台湾に居住していたマレー系の人々を指す。彼らは「本省人」を名乗る漢人に対して「もとから住んでいる」ことを強調するために「原住民」の呼称を自ら掲げている）。このとき日本側はいちおう、清が台湾に官僚を派遣して管轄していたことにもとづいて抗議したところ、清はあろうことか「台湾は未開の蕃地（生蕃）であって、教化のおよばない《化外の地》である。したがって一切関知しない」という反応をとった。

ここで、主権国家からなる今日の世界の常識から考えれば、清は台湾に官僚を派遣しているにもかかわらず、なぜそのような無責任な認識ができるのか、という疑問が湧くであろう。しかし、清にとっての台湾は、福建あたりの流民が流れ着いた、いわば捨てられた民の島という意味合いが強かった。そして、ただでさえ移住者どうしや原住民との土地の奪い合い（械闘）が日常茶飯事であった中、言語が通じず統治にも服さない人々のことまで関心を寄せる暇はないと考えたのであった。万国公法がつかさどる国際関係の中で少しずつ利益を追求しようとしていた洋務官僚たちであったが、皇帝に従わない者は自ら放置されることを選んでも仕方がないという発想から完全には抜け出していなかったことも、そのような判断の背景にあった。

そこで日本政府は、台湾東部という地域はどの国の主権もおよんでいない「無主の地」である、と位置づけ、近代国際法が認める無主の地への「先占」の論理——誰も管理していない土地に有効な管理をおよぼした国家にはおのずと主権が認められる——にしたがって、「生蕃」に対する懲罰を行うという出兵理由を掲げた。これが、一八七四年の台湾出兵の真相である。

これに対して、清の外交を統括していた李鴻章や恭親王は、一体何が起こったのかまったく理解できず狼狽し、日本側の説明をくつがえすことができなかった。彼らは辛うじて「困難な遠征をした日本兵を思い、贈り物を与えて撤兵させれば、台湾を版図とする《天朝》の体面を維持できる」と判断したものの、もちろんそれすらも決して日本に対する適切な対応ではなかった。なぜなら、「日本兵を思う」ということは、日本兵が「琉球人＝日本人」に代わって復讐したことを、意図せずしてそのまま認めてしまうことを意味したからである。

こうして、日本は清に「琉球人＝日本人、琉球＝日本領」という図式を表明させることに成功した。

琉球処分

明治政府は台湾出兵の成果をもとに、あらためて琉球藩に冊封と朝貢を完全に断つよう要求した。もちろん琉球藩は朝貢の継続を嘆願したものの、明治政府がそれを認めるはずもなかった。やがて琉球の内部では、親日開化派と親清保守派の対立が日に日に深まってゆき、親清派はしきりに北京に向けて救援要請の使者を送った。それが目にあまるものであるとみなした明治政府は、一八七九年になると琉球藩を廃止して沖縄県を設置した。これを琉球処分という。

以上の経過は、琉球の属領的存在であった宮古・八重山において大きな波紋を呼び、「日本政府には従わない」旨の血判状がさかんに作られたほか、日本警察の通訳が裏切り者として殺される事件（日本の統治に賛成《サンシイ》した人物が狙われたので「サンシイ事件」という）が起こるなど、社会不安が激化していた。

こうした状況を眼にしていた李鴻章は、何とか宮古・八重山だけでも清の影響のもとに確保し、琉球王室を移して朝貢を継続させられないかと思案をめぐらせた。そこで清は一八八〇年になると、旅行の途上で北京に立ち寄った元米国大統領グラントに仲介を依頼し、グラントはその足で日本に向かって伊藤博文と協議した。

そこで伊藤博文は、日本人の欧米並み通商権を清が認める代わりに、日本は宮古・八重山を清に割譲する案を提示した。これは、領土と引き替えに日清修好条規を修正するという意味で「分島・改約案」と呼ばれる。しかし李鴻章はまたしても、将来の近代中国の国家主権に大きな禍根を残す判断をした。彼は、安易に日本に利権を与えれば、国内の商業秩序は混乱するに違いないと考えていたことから、伊藤の提案を拒否したのである。

宮古・八重山、そして古来石垣に付属してきた尖閣諸島は、ほとんど紙一重の外交史的展開によって、今日でも日本領となっている。この事例は、「固有の領土」という言説がいかに歴史的につくられたものであり、「周辺」とされた場所がいかに権力の都合によって翻弄されてきたかを示してもいる。

露仏との緊張と曾紀沢の主権国家論

ロシアの東進と南下

このように日本との関係で急激に朝貢国をめぐる情勢が動いていったことで、清は日本を未知の国から次第に競争相手・敵対国として位置づけていったが、ちょうどそのとき清はロシアからの脅威にも直面していた。

清からみたロシアは、とくに一八七〇年代になると日本とくらべても最悪の存在となる。しかし、一八六〇年頃までの露清関係はおおむね良好であった。なぜなら、かつて一七世紀にはモンゴル高原への侵犯を繰り返したはずのロシアが、康熙帝のモンゴル親征ののち南下の野望をあきらめ、一六八九年にはネルチンスク条約、一七二七年にはキャフタ条約を締結して国境交易に満足していたからである。以来、ロシアは理藩院が管轄する朝貢国という位置づけであり、朝貢国でありながら実際には対等な関係が注意深く保たれていた。

そのようなロシアは、英仏との関係に苦慮していた一八六〇年頃までは北京からみて「少しでもましな存在」であったものの、かねてから進めていたシベリア東進が当時ついに黒龍江の左岸（北側）に到達していたことから、アロー号戦争の混乱のなかで英仏への仲介の労をとる代わりに割譲要求を行うなど、清の利益を侵しはじめていた。これに対し「溺れる者は藁《わら》をもつかむ」状況に陥っていた清は、ロシアの侵略と仲介を秤にかけて、領土の喪失よりもロシアを使って英仏を牽制する＝「夷を以て夷を制する」方が有益であるという判断をし、黒龍江左岸の割譲に応じていた（のちに清はその承認＝愛琿《アイグン》条約を否定し、紛争が再燃する）。

しかし「英仏よりもましなロシア」という評価は、英国が条約港体制を通じて清に利益をもたらし、さらにロシアが一八七一年に新疆のイリを占領した結果、完全に逆転する。
ロシアがイリを占領した背景にあるのは、先に述べたインドへの通路の確保をめぐる英露間の激しい勢力圏争い＝「グレート・ゲーム」にほかならない。しかし、とりあえずこの地域が清によって管理される緩衝地帯でありつづけ、英国の影響下に入ることが決してないならば、それ以上の干渉はロシアにとっても必要でなかった。

ところが新疆では一八六〇年代になると、トルコ系のイスラーム教徒が清の緩みきった軍事支配と腐敗に反旗を翻して混乱のるつぼとなった。そして天山南路一帯で新たに成立したヤークーブ・ベグ王国は、あろうことか英国と接近してしまった。そこでロシアは、英国が新疆を手中にすればただちにロシア領中央アジアが危機に見舞われると深く恐れ、一八七一年にイリを占領して「清が新疆の秩序を回復すれば撤退する」と声明した。

その後、ロシアと英国の両者は、ともにヤークーブ・ベグ政権と通商条約を結び、ヤークーブ・ベグ王国は英露間の緩衝国として続いてゆくかにみえた。しかし、乾隆帝が残した神聖なる土地を失ってはならないと考えた洋務官僚たちが黙ってその状況を見ていたはずはない。最も有力な洋務官僚のひとり・左《さ》宗棠《そうとう》は、一八六〇年代に陝西・甘粛などで吹き荒れたムスリム反乱を鎮圧すると、さらに新疆に遠征してヤークーブ・ベグ王国を打倒した。

ペテルブルグ条約

このころ清の内部では、こうした新疆情勢と東シナ海情勢、さらに朝貢国ベトナムを狙うフランスの動向を秤にかけ、海の防衛と内陸の防衛のどちらを優先すべきかという議論が沸騰した。これは「海防・塞防論争」と呼ばれる。しかし、その議論の担い手たちはみな経世儒学の系譜につらなる洋務官僚たちであり、乾隆帝までの皇帝たちが残した遺産としての藩部と朝貢国はすべて守るべきだという二正面作戦に落ち着いた。

そこで新疆南部を回復した清は、日本やフランスの動向を睨みつつ、ロシアとイリ問題をめぐる交渉に入り、ひとまず一八七九年にリバーディア条約を締結した。この条約は、ロシアがイリを返還するかわりに清が占領費五〇〇万ルーブルを支払い、ロシアにきわめて有利な領土割譲に応じることなどを取り決めていたが、李鴻章は、さらにロシアとの再交渉を曾国藩の息子・曾紀沢の手腕に委ね、一八八一年二月にペテルブルグ条約が成立した。ロシアはイリを返還し、割譲範囲は大幅に減らされることとなった。李鴻章は、この条約の締結によって清が日本とロシアに挟み撃ちされる危険が緩和されたと胸をなで下ろした。

清仏戦争

清はロシアとの対立を一段落させたものの、今度は一八八〇年代前半を通じ、ベトナムをめぐる清仏対立で手痛い打撃をこうむった。

一九世紀に成立したベトナムの阮《グエン》朝は清の朝貢国のひとつであったが、かねてから北に位置する巨大な世界帝国との関係は曲折に満ちていた。今日のハノイ（河内）周辺にあたる紅河デルタの農業地域を中心に国力をたくわえた京《キン》人の国家は、次第に南下してメコンデルタまでを版図におさめ、北の帝国に対抗するために儒学・漢字文化を導入してベトナム風の「小中華」意識を抱きつつ、今日の東南アジアの仏教国、とくにラオスやカンボジアに対して優越した地位を保とうとしていた。このような京人の「小中華」国家は、明・清からみても手を焼く存在であり、一九世紀に成立した阮朝が「大南国」として朝貢を求めた際、清により「大」の字は不遜とされ、「南越《なんえつ》」という案も秦漢時代に今日の中国南部を支配した王国と重なるため却下され、「越南《えつなん》」となった。これが今日のベトナムという国号のおこりである。

そのようなベトナムに、フランスがアジア貿易と布教の拠点を設けようと手を伸ばしてきたことが清仏戦争の原因である。当時のフランスでは、普仏戦争でアルザス・ロレーヌを喪った代償として国威発揚が声高に叫ばれており、ベトナムは燃えさかるフランス植民地主義の対象とされてしまった。とくに、一八七四年に結ばれたサイゴン（西貢）条約以後、ベトナムは実質的にフランスの保護領とされた。

そこで清仏間にはベトナムに対する宗主権をめぐる対立が起こり、やがて全面的な清仏戦争へと拡大してしまった。しかもこの戦争は、フランス側の杜撰な外交交渉のために停戦がなかなか決まらなかっただけでなく、清は統一された指揮命令系統を持たなかったために孤立無援の福建艦隊を大敗北に追い込んでしまった（李鴻章が影響力を持つ北洋艦隊は日和見に徹し出撃しなかった）など、戦争終結への道は曲折に満ちたものとなった。

曾紀沢と近代主権国家・中国の誕生

ところで、日露仏などとの対立が深まりゆく中で、清は単純に敗北と妥協を繰り返していただけだったのだろうか？　もちろん、戦争や交渉の結果だけをみればそのような評価になるだろう。しかし、前にも述べたように、当時の荒波にもまれる中から、洋務官僚や条約港知識人のあいだで万国公法や西洋近代的なものへの適応が進み、そのことが清という世界帝国を近代主権国家・中国へと脱皮させることにもつながっていた。

この過程でとりわけ大きな役割を果たしたのが、曾国藩の長男でありながら科挙に三回失敗し、条約港知識人としての人間形成をした曾紀沢である。曾紀沢は、新疆イリ地方をめぐるロシアとの交渉、とくに仕切り直しのペテルブルグ条約で清の利益を確保するうえで大きな功績をあげただけでなく、清仏戦争でもフランスの国内政治がきわめて混乱していることを察知して、清が一致団結した強硬策をとればフランスの意図をくじくことができると主張していた。

そして曾紀沢は、藩部に対する清の影響力を国家主権、そして朝貢国に対する影響力を宗主権と定義することによって、清の外交当局者たちも近代主権国家と国際法の世界に適応するべきだと主張した。なぜなら、朝貢国をめぐる争いでは、必ずといってよいほど「自主的な政治運営をしている朝貢国＝属国は、果たして独立国か、それとも宗主国の下で主権を制限されている国なのか」という解釈の問題がつきまとっていたからである。もしここで、「自主的な属国は独立国である」という西洋列強や日本の議論を無制限に受け容れるとすれ

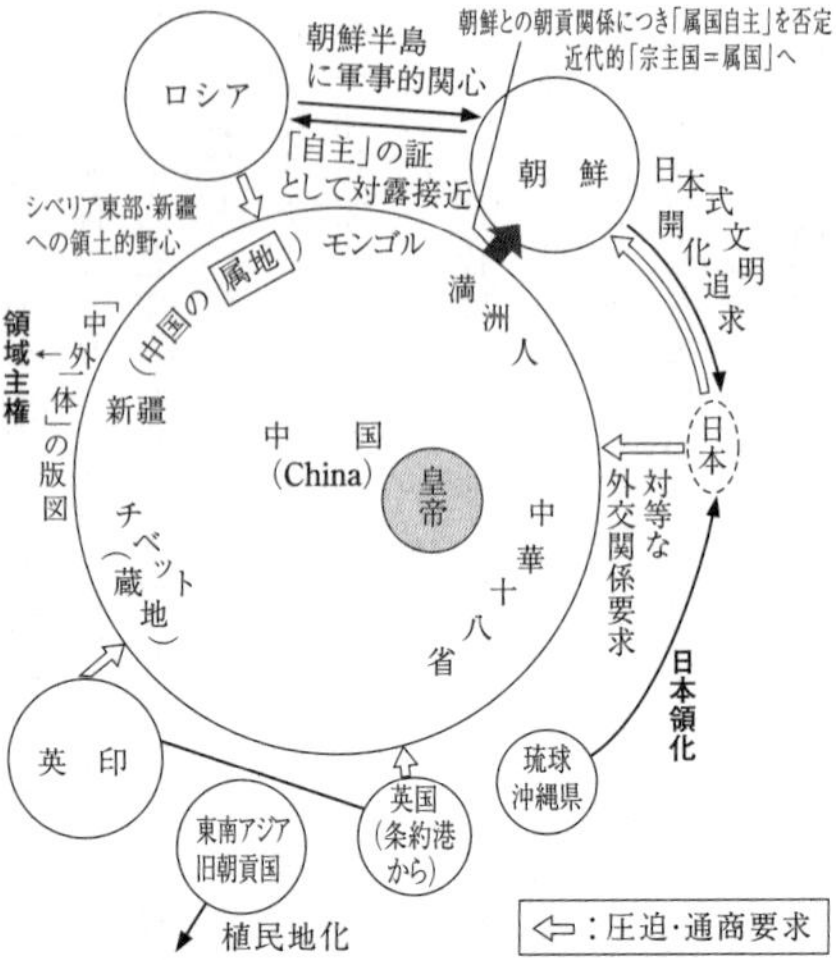

清の領域主権　乾隆帝の遺産であるチベット、モンゴルをも含む版図を、近代国家の枠組みで認識しはじめた

ば、自らの持ち分としての朝貢国がいよいよ激減してしまいかねないという懸念を曾紀沢は抱いた。

　さらに曾紀沢は、モンゴル・チベット・新疆といった、北京から大臣を派遣していちおう管理している版図としての藩部についても、もし清が厳密な定義を加えずに公文書などで「属国」と呼びつづけるとすれば、藩部が朝貢国と同じく自主的な判断で地域レベルでの統治を行っていることを根拠に「独立」と解釈されてしまいかねないという危機感を抱いた。とくに、清英両国間で結ばれた芝罘協定の規定を受け容れずに英国人の遊歴を拒むチベットなどは、「清の国家主権がまともにおよんでいないので独立」と判断される可能性がきわめて高かった。

　したがって、いまあらためてこれら藩部は自主・独立には分類されない「属地」として全世界に明示しなければならない。英国は藩部諸地域をめぐる交渉において常に「中国の主権

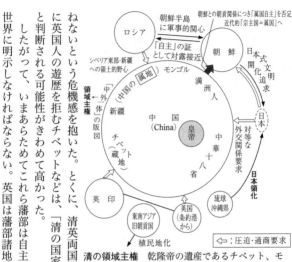

＝Chinese Sovereignty」を前提として尊重しているため、それにしたがって藩部を含む版図のすみずみまで《中国＝China》の排他的な国家主権をおよぼさなければならない。――曾紀沢は、このような主張を一八八〇年代半ばに説いたのである。

じっさい、この前後から清は新疆・モンゴル・チベットに対してはっきりと、直接統治の色合いがきわめて強い政策を打ち出していくようになる。その手始めとして、左宗棠が武力でムスリム反乱を鎮圧し、ロシアとの緊張も緩和された新疆では、一八八四年に省制が施行され、さらに清末にかけてモンゴル・チベットでも同じような動きが強まった。それは、洋務官僚たちの脳裏で、内陸アジアの帝国としての清がつくりあげた独自の国家体制が事実上終焉するとともに、近代領域主権国家としての《中国》がほぼ完成したことを意味する。すでに英国は清を外交交渉で「China」と呼んでいる以上、あとは国号を大清から《中国》に正式に切り替えるだけの問題にすぎない。これは裏を返せば、今日の近現代中国の全体が最初から古来「中国」「中華民族」なるものだったのではなく、あくまで西洋からの視線を拝借した近代的な現象として「中国」が創り出されたにすぎないことを意味している。

曾紀沢　曾国藩の長男で、外交官として活躍

曾紀沢は一八九〇年に死去するが、彼がもしその後も生き続け、日清戦争でもその外交手腕

を発揮したとすれば、その後の日清・日中関係や近代中国の外交環境は違ったものになっていたのかもしれない。

朝鮮問題と日清戦争への道

地域秩序転換の悲劇

以上にみてきたさまざまな経緯から、アロー号戦争後、日清戦争にいたる一九世紀後半の、近代東アジア地域形成にともなう最大の困難とは、明・清を中心とした階層的な世界秩序と、それには距離を置いた日本が採り入れた主権国家による近代的な国際秩序がまったく相容れないという問題にもとづいていることが、ほぼおわかりいただけたであろう。清としては、列国が競争し合う近代世界は受け容れざるを得ないと次第に認めるようになり、その中で自らも利益を受ける反面、これまで維持してきた周辺との上下関係は、たとえ建前であっても面子《メンツ》と防衛の両面にもとづいて維持したいと考えていたのであった。

これに対して、圧倒的な小国として近代の国際秩序の中に踏み出さざるを得ない日本としては、欧米列強だけでなく清までもが巨大な影響を日本の周辺でおよぼし続けることは好ましくない。いったんすべての朝貢関係を否定し、琉球の両属性は日本の主権に回収して整理したうえで、自主的な国家はすべて独立国と位置づけ、その中で日本の影響力を確保・拡大しようとしていたのである。とくに、林子平《はやししへい》『海国兵談《かいこくへいだん》』や会沢正志斎《あいざわせいしさい》『新論』などの対露軍備増強論が幕末に一世を風靡するなど、ロシアの南下に深刻な危機感を抱きつづけた日本としては、朝鮮をロシアに対する盾とすることを望んでいた。

こうした問題がもっとも悲劇的なかたちで表面化し、今日にいたるまでの近代東アジアという地域世界における相互の抜きがたい反目を決定づけてしまったのが、朝鮮をめぐる日清対立と、その破局としての日清戦争にほかならない。

朝鮮と日本の上下関係

朝鮮をめぐる日清対立が表面化するきっかけとなったのは、一八七一年の日清修好条規締結である。もちろんこの条約は、日清が対等をうたう条約であるから、朝鮮に直接の関係はない。しかし、周辺国との関係を対等な主権国家どうしの関係にしようとする日本は、この条約が朝鮮を刺激することで、日・清・朝が完全に対等になるという波及効果を狙っていた。

その波及効果とはどのようなものか？　この条約は日清対等の条約であるので、もし朝鮮が清との朝貢関係のみにこだわって日本と対等条約を結ばないのであれば、「朝鮮は清に朝貢する格下の国である」という論理にもとづいて、日本の朝鮮に対する優位が自ずと決まってしまう。

しかし、明のなきあと「中華」の正統を受け継いでいると自負する朝鮮としては、朝貢しない不遜な日本よりも格下であるという事態を受け容れられるはずがない。徳川将軍の代替わりのたびに江戸に送り込んでいた朝鮮通信使も、朝鮮側の意図としては、格下の日本に朝鮮の先進的な文物をもたらし「礼儀」の何たるかを知らしめるための使者であり、いわば清が朝貢国に送る冊封使と似た役割のものであった。徳川としても、「御威光」を輝かせるための象徴として隣国からの使節を位置づけていたので、朝鮮通信使は双方の自分本位の解釈のうえに成り立っていたのである。したがって、日清修好条規をうけて朝鮮がとりえた対応はただひとつ——日本よりも格下であることは容認できないので、日本と対等な条約を結ぶ、という対応であった。

いっぽう、日本にとって当面さし迫った問題として、対日優越意識にもとづく朝鮮側の対応を止めさせなければならなかった。たとえば朝鮮は、日本が送った王政復古の通知に「皇」「勅」という字が入っていたことに対し、清・朝鮮よりも格下で非朝貢国の日本がこのような表現を用いるとは無礼で許し難いという反応を示していた。しかも、日本の太陽暦と西洋式政治・社会制度・風俗文化導入は野蛮人のふるまいであるとみなしていた。これらが日本を大いに刺激した結果が征韓論の高まりであったが、それは国力が不足し、国内情勢も不安定であった明治政府にとって好ましいものではなかった。

江華島事件

朝鮮を対等条約締結の席につかせようとした日本は、朝鮮を刺激するため、一八七五年になると測量船雲揚《うんよう》号を江華島《こうかとう》に差し向け、朝鮮側と衝突した。これを江華島事件という。

江華山城　ソウルの西、江華島にある。筆者撮影

江華島は、ソウルの街を貫く漢江《かんこう》が黄海に注ぐ手前にある島であり、島の南部にある優美なたたずまいの摩尼山《まにさん》は、朝鮮半島の北端にある白頭山《はくとうさん》（中国側では長白山）と南端にある済州島《さいしゅうとう》・漢拏山のちょうど中間にあたる聖山とされている。そして、美しい緑に包まれた田園や古刹、静かな街など、ソウルの喧噪とはかけはなれた別天地が広がっており、魚介類や特産の人参入りマッコルリ（濁り酒）などの美食も楽しめる。

しかし、ここは高麗・朝鮮にとって、首都非常時の最前線でもあった。ソウルから江華の街に入ると、そのすぐ北には「江華山城」があり、元や豊臣の襲来など国難にあたっては、国王はここに逃れて必死の防戦を強いられていた。山頂の門から北を見れば、燃料不足で木を切り尽くして荒涼とした北朝鮮の風景が広がるなど、現在でも安全保障上の要地であることには変わりなく、漢江沿いから江華島の北岸にいたるまで鉄条網が延々と続く光景に嘆息せざるを得ない。そして、本土とを隔てる狭い海峡に面した断崖のあちこちには一九世紀の砲台が残されており、漢江をさかのぼろうとする船に鋭く目を光らせていたことがしのばれる。

とくに、アヘン戦争以来、西洋諸国の出現に刺激された朝鮮は、外国船と宣教師を一律に排除するという「衛正斥邪《えいせいせきじゃ》」

政策をとっていた。もちろん、西洋諸国が朝鮮沿岸にあらわれた最大の理由は、日本や琉球の場合と同様に通商や補給のためであり、先手を打って穏便に対応することもできたはずである。しかし、当時の朝鮮王室は、国王・高宗の父にして摂政をつとめていた大院君《だいいんくん》の勢力と、外戚にあたる閔《びん》氏の勢力に真っ二つに分かれてきわめて緊張しており、安易な外国との妥協はそのまま政治的な危機につながりかねなかった。

そこで、大同江をさかのぼって平壌《ピョンヤン》にいたったアメリカ船シャーマン号が襲撃されたり、江華島ではフランスとの戦闘が起こるなど、緊張が高まっていた。いま江華島に残る「海門の防守、他国の船、慎んで過ぎるなかれ」の碑はそのことを生々しく伝えている。明治政府の対等な外交関係の要求や文明開化などを「無礼」「野蛮」と拒否したのも衛正斥邪政策の延長であった。

しかし、一八七三年に閔氏がクーデタに成功すると、大院君の鎖国・斥邪政策を転換しはじめる。江華島事件では日朝関係が一時緊張し、朝鮮は圧迫を受けたかたちになったものの、新しい日清関係にもとづいて朝鮮が日本よりも格下である状況は解消しなければならなかったこともあり、最終的には日本の要求を受け容れて、一八七六年に日朝修好条規が締結された。

清の積極的朝鮮政策

しかし、日朝修好条規の締結によって、今度は清に大難題がふりかかった。なぜなら、日朝修好条規では「朝鮮は自主の邦であり、日本と朝鮮は対等である」と規定していたからである。

しかも日本からみれば、清が朝貢国を属国と位置づけながら、それは主に儀礼が中心であって、朝貢国の内政・外交に直接関与せず「属国＝自主」であると考えているのであれば、それは近代国際法では独立国と位置づけられるべきものであった。日・清・朝が対等であるという明治日本の外交目標はこれで達成される。

とはいえ、清としては朝鮮と自らが対等であると認めた覚えはない。朝貢はあくまで践《ふ》みおこなわれるべきであり、朝貢国と第三国が交わした取り決めに拘束されるいわれはない。たとえ全世界レベルでの対等な国際関係が身の回りにおよぼうとも、朝貢国＝属国は、あくまで属国でなければならない。それが朝貢関係における《名分》というものである。上下関係をはっきりとさせ、「天朝」の面子を守るためにも、朝貢国である朝鮮がこれまで享受していた自主を完全に否定しなければならない！

悩みに悩んだ末、一八八〇年頃を境にこのような発想に転換した李鴻章は、朝鮮が外国船を排除する戦いに明け暮れてはそのたびごとに敗北しており、条約の利益と西洋事情に通じていないという理由で、これからは朝鮮に代わって清が介入して欧米と交渉するという方針を立てた。李鴻章は一八八一年になると、朝鮮に関連した事務の所管を礼部から北洋大臣＝彼自身に移し、朝鮮はもはや朝貢国＝属国であるがゆえに外交上の自主権を持たない「中国の属邦」になるべきだとして、その国際的地位の格下げを図っていった。

こうした日清双方の思惑や、それに巻き込まれて自主を奪われていった朝鮮の怒りが、一八八〇年代以後の朝鮮問題をさらに緊張させていったのである。

壬午事変

とくに、そのきわめて重大な転機となったのが、一八八二年に漢城で起こった日本公使館襲撃事件と、それに対する日清の出兵（壬午《じんご》事変。韓国では軍乱と呼ぶ）である。

その背景にあるのは、引きつづく大院君と閔氏の抗争である。一八七三年に政権を握った閔氏は、それまで大院君が行っていたキリスト教弾圧・重税による景福宮再建などの抑圧的な諸政策に対抗するため、次第に日本風の内政改革を目指し、日本式の近代軍を養成していた。

しかし、兵制改革で職にあぶれたかつての兵士たちが閔氏政権に恨みを持ち始めていただけでなく、現役兵士も給与を得られず不満を持ち始めていた。加えて、日本との貿易が次第に活発化した結果、大量の米が輸出に回され米価が上昇してしまい、都市の民衆は急速に反日感情を強めていった。そこに目をつけたのが、政権復活を狙う大院君であり、彼の煽動によって日本公使館が焼き討ちに遭った。そこで日清両国が軍事介入した結果、清は漢城を占領し、閔氏政権を復活させて大院君を天津に拉致した。いっぽう、日本は閔氏政権と済物浦《さいもっぽ》条約（済物浦は今日の仁川市内）を結び、日本公使館護衛のための駐兵権を認めさせた。

ところが、再建された閔氏政権は、日本式改革が引き金になった壬午事変に恐れをなしただけでなく、清の後ろ盾で政権の座に戻ることができたため、日本寄りの立場を捨てて清に依存し「事大党《じだいとう》」と呼ばれるようになった。「事大」とは「大につかえる」という意味で、朝貢国としての従属的な立場をとることを意味する。

この事件を境として、李鴻章は日本をはっきりと仮想敵国とみなして北洋艦隊の増強を急ぐいっぽう、朝鮮に対しては大院君以来つづいていた衛正斥邪政策を完全に撤廃するよう要求した。そこで事件直後、朝鮮国王・高宗は「開国・開化を国是とし、邪教（＝キリスト教）を退けるものの西洋の器（＝技術・軍事・制度）は学ぶべきである」という趣旨の教書を下した。これを「東道西器論」といい、「中体西用」の朝鮮版である。

遅れてきた帝国主義

さらに一八八二年九月、李鴻章は「皇帝が臣下・属国を優遇する」という「美名」のもと、清の貿易商に著しく有利な協定を朝鮮とのあいだに締結した。これを「中朝商民水陸貿易章程」という。この協定では、清が朝鮮の利益を独占するため「他の条約国は最恵国待遇にあずかることはできない」と明記していたほか、この協定を改定するときは北洋大臣と朝鮮国王が交渉にあたり、清の皇帝の許可を得て施行することとされていた。要するに、自主なのは皇帝ひとりだけであり、朝鮮国王は李鴻章と同格だというのである。そして李鴻章は、彼の懐刀である袁世凱《えんせいがい》を朝鮮に送り込み、その内政と外交を厳しく監督させた。

『清季外交史料』にみる、中朝商民水陸貿易章程の締結をめぐる李鴻章の説明は、これまで自主を享受してきた朝鮮の人々の忍耐をおよそ超えるものであったことは疑いない。

朝鮮は東の僻地にあって、貧弱であることすでに久しい。臣（李鴻章）はさきに、朝鮮に代わって米・英・独の各国と開港・通商をとりきめたが、それは朝鮮を富み盛えさせ、かつロシアに備えて抗日させ、その風気を導くためである。さらに中国は地大物博《ちだいぶつはく》であり、朝鮮はもっとも緊密な存在であるので、華貨の販路としても有望である。朝鮮がもし海禁を解除しないのであれば、両国の物産は余り相通じず、いたずらに東洋（日本）と西洋の商船が利益を得ることになってしまう。

このような李鴻章の発想は、一八八一年に朝鮮側の招きに応じて李鴻章が派遣した招商局員（経済産業省の官僚にあたる）の次のような報告とも関係していよう。

（朝鮮の）鉱産資源は日本の数十倍であり、海陸の産物は日本に劣らない。しかし人の剛健さは日本が勝ること甚だ遠い。前の轍をくつがえして新しきを求めることは、高麗が自らを全うする術であるのみならず、中朝（清）にとっても東の顧慮から解放されることを意味する。その醜く小さいありさまは、まさに想うべし。政治は因循し、風俗は小さく凝り固まった状態である。（呉鍾史「高麗形勢」『小方壺斎・輿地叢鈔』）

従来、この時期の清と朝鮮の関係を論じる際には、宗主国と属国の関係が互いに再確認されたと論じるのが一般的である。しかしそれ以上に、李鴻章や彼の周辺の洋務官僚たちの「遅れてきた帝国主義」と呼ぶべき発想をも合わせて考える必要があろう。

甲申事変から巨文島事件へ

こうした情勢をうけて、日本は清の干渉を嫌う朝鮮内部の急進開化派を必死に下支えしようとした。それはひとえに、清がこれまでの「朝鮮は属国であっても自主」という立場を捨て、日本側の「朝鮮が他国に従属しないよう、我々が支えなければならない」という強者の論理とまったく同じ立場をとりはじめたからである。

その後、朝鮮をめぐる情勢は、朝鮮における「洋務」あるいは「文明開化」をいったいどのように進めるのかという争点をはらみつつ、一気に険悪になった。急進開化派のリーダーである金玉均《きんぎょくきん》・朴泳孝《ぼくえいこう》らは、一八八四年末に福州艦隊がフランスとの戦闘で全滅したことを知ると好機到来と判断し、閔氏を排斥するクーデタ（甲申《こうしん》事変）を計画、日本公使・竹添進一郎もクーデタに荷担した。このクーデタは当初成功し、朝貢関係の破棄や急進開化派に権限を集中した近代化が新政策として打ち出されたものの、ただちに清軍が出兵して金玉均らは日本に亡命を余儀なくされただけでなく、日本公使館も焼き討ちに遭った。

こうして日清関係が一触即発の危機に陥る中、一八八五年春に天津で李鴻章と伊藤博文が激しく争論したあげく、天津条約が結ばれた。これは、当面の衝突を防ぐための両国軍隊の撤退と、派兵を要する際の相互照会を定めており、最低限の妥協であった。

ところが、これ以後李鴻章がことあるごとに朝鮮の内政と外交に干渉したことから、高宗は清を嫌悪してロシアに接近し、軍事秘密協定を締結しようとした。そこで李鴻章は高宗の動きを牽制するため、朝鮮外交の実権を完全に掌握する役職に袁世凱《えんせいがい》を任命し、彼には朝鮮における諸外国の公使とは別格の地位と待遇、そして国王・政府を指導する絶大な権限が与えられた。

こうした中、朝鮮との関係を深めようとするロシアの動きに対して、英国がきわめて敏感に反応した。英国はロシア極東艦隊の通路を塞ぐため、一八八五年に対馬海峡に面した巨文《きよぶん》島《とう》を占領してしまう。これに対してロシアも対抗すると声明したため、血相を変えた李鴻章は英露両国に必死に働きかけ、両国とも朝鮮領を占領しないという妥協を成立させ、英国を巨文島から撤退させた（巨文島事件）。

李鴻章はもはや不安の塊となった。彼は袁世凱に命じ、ことあるごとに「中華に背けば一体どうなるか」と高宗を脅迫した。そして、朝鮮が各国に派遣する公使を清国公使の部下扱いにしようとした。これに対して朝鮮はますます「自主の邦」として激しく抵抗し、自主のあかしとして各国へ使節を派遣することに固執した。

甲午農民戦争

こうして、朝鮮の自主を否定しようとする清と李鴻章の思惑は破綻に向かっていただけでなく、日本との全面衝突も秒読みとなった。対等なのか、上下関係なのかという、あまりにも不毛で不幸な争いが、近代東アジアの地域形成をここまで歪めてしまったのである。あとは、どのようなきっかけが堰を壊し、矛盾と不信の激流を一気に氾濫させるのかという状態であった。

その伏線となるのが閔氏政権の開化政策である。開化推進のために外国から受けた借款は、利子の支払いだけでも過大な負担となっただけでなく、やがて外国人教官への俸給の支払いも難しくなった。また、閔氏政権の長期化とともに深刻化した官職の売買や汚職は、閔氏政権の足下をすくった。地方官が官職購入費用や賄賂を稼ぐために、住民を著しく搾取したのである。いっぽう、日本への米の輸出は米価の高騰につながり、都市住民の不満をかきたてていた。

こうして一八九〇年代になると、あらゆる現実に不満な朝鮮民衆の反乱が日常化していった。とくに、民衆の不安や不満の受け皿として、一八六〇年に慶州出身の崔済愚《さいせいぐ》が始めた、朝鮮古来のシャーマニズムを中心に救世主信仰を組み込んだ新興宗教「東学《とうがく》」が急速に勢いを拡大していった（「東学」とは、キリスト教＝「西学」に対抗するという意味である）。一八九三年になると、東学は忠清道で二万の教徒を集めて「斥倭《せきわ》洋《よう》」の狼煙《のろし》を上げただけでなく、さらに一八九四年には全羅道で一層大規模な民衆反乱を起こした。これはやがて農民軍として組織され、日清戦争の直接の導火線である甲午農民戦争へと拡大していった。

ちょうどこの一八九四年、甲申事変に敗れて日本に亡命していた親日急進開化派の代表・金玉均が、朝鮮政府の刺客におびき出されて上海へ向かい、射殺されてしまう。その遺体は

日清戦争　開戦直前の1894年6月、朝鮮の仁川に上陸した日本軍

上海の共同租界から清に引き渡されて仁川へ運ばれ、さらに裁判にかけられて晒《さら》し首になってしまったため、これが日本の対清・対朝世論を沸騰させてしまった。

破局

日清両国の相互不信が頂点に達していた中で、甲午農民戦争の自力救済をあきらめた閔氏政権が袁世凱に清軍の出兵を要請したのは、まさに最悪の展開であった。第二次伊藤内閣としては、朝鮮での「権力の平均を維持」するために、一八八五年の天津条約を根拠として出兵を決断しただけでなく、強硬な世論を後ろ盾に、朝鮮問題打開のためには日清衝突も辞さないという方針に転じた。ここで日本は、日清両国共同で朝鮮の内政改革を行うよう提唱し、清が拒んだ場合は日本が単独で朝鮮に内政改革を行わせるという方針を決めただけでなく、朝鮮政府が清に依存することそのものが、朝鮮の自主独立を定めた日朝修好条規第一条に違反するという論理を組み立てた。要するに、朝鮮政府が清軍を撤兵させられないならば、日本軍が朝鮮の自主独立を確保するためにこれを追い払うということである（以上の政策決定は、陸奥宗光《むつむねみつ》『蹇蹇録《けんけんろく》』にくわしい）。

そして日本側は、一八九四年七月二三日についに軍隊を景福宮に侵入させて閔氏政権を打倒し、「中朝商民水陸貿易章程」を廃止、隠棲中の大院君を擁立して「甲午改革」を開始した。

こうして、朝貢関係の存在そのものがついに日本によって開戦原因とさせられ、しかも清軍が壊滅的な敗北をこうむったことによって、世界帝国としての清の体面は完全に崩壊した。

それは果たして李鴻章の自業自得だったのであろうか？　それとも「日本帝国主義の罪」なのだろうか？　いや、それはあくまで、既存の「天下」に組み込まれた矛盾が、近代国際関係の建前である対等・平等の原則によって露呈し、無残に崩壊したことを意味する。その中での被害者は決して、「東海の小国」日本に敗北するという前代未聞の屈辱を味わった清ではない。それは、近代国際関係に一歩出遅れてしまったという問題はあるものの、自主の願望も空しく日清両大国のあいだで翻弄された朝鮮（そして琉球）であった。あるいは李鴻章すら、このような歴史の荒波の中で判断の基準を失って翻弄された存在だったのかもしれない。

春帆楼の桜は、李鴻章の苦渋を少しばかりは慰めるかのように、いまも壇ノ浦の風に吹かれて咲き誇る。そしてソウルの独立門は、朝貢関係を理由に執拗に朝鮮の自主を否定しようとした清、そして李鴻章や袁世凱への怨念をとどめて、今日も屹立している。

終章　未完の清末新政

自強のうねり

ヌルハチの草創から約三〇〇年。かつて清は破竹の勢いで内陸アジアに覇をとなえ、さらには漢人や朝貢国にも号令したはずだった。しかし日清戦争に惨敗し、これからは諸列強がひしめく国際関係のなかにさまよう一国家としての立場をかみしめて生き残りを図ってゆかなければならない。清の曲折に満ちた歴史をたどってきた本書の「旅」は、いま振り出しに戻った。

優勝劣敗の悪夢

天下の主としての自負や、漢人の士大夫が本来の儒学的な「中華」を取り戻そうとしてきた一九世紀半ば以来の流れは、彼らにとって最も遠い存在だった日本によって挫かれた。文化面では「中華」「文明」への自信、軍事面では乾隆帝を受け継ぐものとしての威光を打ち砕かれたいま、一体どのように喪失感を癒せばよいのだろうか？　あるいは、それはもう手遅れで、自ら変わることができなかった「文明」は淘汰されるしかないのだろうか？

生物の進化と同じく、社会にも進化があり、おくれた社会は進んだ社会によって淘汰されるという可能性を示したハックスレー『進化と倫理』が、条約港知識人・厳復《げんぷく》の翻訳で一八九八年に『天演論』として出版されると、清末の政治エリートは弱肉強食・優勝劣敗の生々しいイメージに呑みこまれてゆく。とくに若いエリートたちは、自分たちは社会進化論が示した「絶対的な真理」の中でも、何としてでも「優勝」の側に食い込まなければならないという激しい焦りに駆られてゆく。これこそ、近現代中国ナショナリズムの根底に流れる悲壮な覚悟なのである。

三国干渉

しかもその恐怖は、日清戦争後の清がおちいった国際的境遇によっていっそう深まった。かねてから対清貿易の拠点確保に深い関心を持っていた諸列強は、清の決定的な弱体化に乗じて、さらに勢力圏として市場を囲い込むと同時に鉱山・鉄道利権を設定しただけでなく、ほかの列強がそこに割り込まないよう清に確約すら迫ったのである。そして、この勢力圏設定競争が、やがて日露戦争を皮切りに、清・近代中国を舞台とした国際紛争の大きな原因になってゆく。

下関条約で規定された遼東半島の日本への割譲を断固として阻止するため、李鴻章《りこうしょう》が必死になって招き寄せた露・独・仏の三国干渉は、その重大なきざしであった。李鴻章は、日本が遼東半島を領有するようになれば、ロシアの主導で干渉がなされるだろうと計算したうえで下関条約に調印したのである。日清戦争の軍事費がかさんだ日本には、ただちにロシアと交戦する余裕はなく、遼東半島の領有については放棄せざるを得なかった。

こうして、三国干渉は「成功」した。しかし長期的にみれば、ロシアに頼ろうとした李鴻章の発想は、むしろその後の清・近代中国にさらなる苦しみを強いることになる。彼が頼ろうとしたロシアは、果たして領土的野心のない善意の国家であっただろうか？　李鴻章は洋務官僚として、黒龍江や新疆を脅かすロシアの存在を眼にしてきたはずではなかったか？

あるいは、李鴻章ひとりにその責任を帰するだけでは不公平なのかもしれない。なぜなら、北京の官界でも当時はロシア頼みの気運がにわかに盛り上がっており、遼東半島の維持の謝礼として新疆の一部をロシアに割譲する案や、朝鮮半島を中露共同保護とすることで東《とう》三省《さんしょう》（遼寧・吉林・黒龍江）の安定を保つという案が次々に浮上していたからである。その背景には、現在のロシアは強く、彼らが新疆や朝鮮に対して触手を伸ばせば制しきれないため、先に割譲や共同保護という手を打って、ロシアに恩を売り日本を抑えた方が得策だという考えがあった。

露清密約——満鉄の起源

ところが、そのような態度が今度は、自国の領域内で日露が戦うという屈辱を許してしまう。その直接の導火線になるのが、いっとき清露蜜月の象徴となった鉄道利権である。

当時のロシアには、露仏同盟にともないフランスの資本が大量に流れ込んでいた。シベリア鉄道の建設に熱中していた蔵相ヴィッテは、その資金を活用して露清銀行を設立し、黒龍江省と吉林省を横断してウラジオストクにいたる短絡線＝東清《とうしん》鉄道の建設に融資しようとしたのである。その目的はもちろん、極東における日英の脅威を念頭に、軍事力をすみやかに移動させるためであった。そこでロシアは一八九六年になると、李鴻章をニコライ二世の戴冠式に招き、日本の脅威に対する相互援助と引き替えに、東清鉄道の敷設権と経営権を露清銀行に帰属させることを認めさせた。東清鉄道の本線は一九〇四年に開通したほか、ロシアは一八九八年になると遼東半島の先端にあたる旅順《りょじゅん》と大連《だいれん》を租借《そしゃく》し、ハルビンから大連にいたる鉄道を建設していった。

　東清鉄道の建設と、ウラジオストクおよび旅順での軍港の拡充は、日本を強く刺激したことはいうまでもない。それは、李鴻章の日本に対する怨恨がロシアに対する過剰な思い込みを生み、そのことがよりにもよって満洲人の故地である地域を、朝鮮と並ぶ帝国主義列強の角逐の場に変えてしまったことを意味する。

　なお、流れが前後するが、日露戦争ののち今度は日本が旅順・大連を租借しただけでなく、東清鉄道の長春以南の経営権ならびに沿線の付帯地や鉱山の管理権をも手にすることになった。そこで、日本はこれらを一体として運営するため、新たに国策会社として南満洲鉄道（満鉄）を設立した。満鉄はやがて、かつて満洲人が駆けめぐった曠野の中にまったく独自の西洋近代的な空間を出現させ、国の中の国というほどに拡張されていった満鉄・日本の利権は、のちの張作霖《ちょうさくりん》爆殺事件や満洲事変、そして日中全面衝突の原因を作ってゆくことになる。

いっぽう、狭い日本では実現できない新基軸を採り入れた満鉄の技術力は、戦後日本に帰国した関係者たちの手でやがて新幹線を花開かせただけでなく、いまや東北新幹線車両のライセンス生産というかたちで中国の大地に「里帰り」を果たして「和諧号」として走り始めた。日清戦争以後の錯綜きわまりない日中関係史を、これほど象徴している存在はほかにあるだろうか？　和諧＝調和という列車名は、果たして日中関係のひずみを解きほぐすことができるだろうか？

「戊戌の変法」の破綻

話を日清戦争直後の情勢に戻そう。二億両の賠償金、台湾・澎湖島《ほうことう》・遼東半島の割譲、通商権益の拡大を盛り込んだ下関講和条約の日本案が伝わると、北京には「和平を拒み、李鴻章を弾劾せよ」と求める上奏文が殺到した。

こうしたなか、当時の高級官僚のひとりである康有為《こうゆうい》は、遷都のうえ「変法・自強」の名のもとですべてを刷新するよう求める「公車上書《こうしゃじょうしょ》」（公車とは、科挙を優秀な成績で合格した官僚に許される称号）を合計六〇三名の連署とともに提出した。

康有為は、もはや洋務のさらなる拡大による富国強兵の徹底は待ったなしであり、そのためには従来多くの士大夫たちがとってきたような、西洋の学問をごく一部の条約港知識人が学ぶ卑しいものと決めつけるような態度を完全に捨て去らなければならないと考えていた。なぜなら、康有為のみるところ、「皇帝が一統する世」は農業こそ国家の基本であるが、「列国が並び争う世」は工業・商業こそ国家を成り立たせる基本だからである。

そこで康有為は、自らの著作『孔子《こうし》改制考《かいせいこう》』のなかで、「孔子は教条主義的な人物ではなく、春秋戦国という時代に合わせて制度を定めた改革派の人物であった」と位置づけ、もしこのような精神をいまの世に生かすとすれば、たんに西洋の技術だけでなく、西洋の知識の全般を儒学の伝統と結びつけることこそ欠かせないのだと喝破し、何としてでも多くの士大夫に西洋の学問の重要性を知らしめようとした。

康有為はやがて「強学会」という政治結社を組織し、会長には清末を代表する洋務官僚の張之洞《ちょうしどう》が就任、李鴻章のもとで剛腕を揮った袁世凱も加入した。そして、のちに近代中国ナショナリズム最大の立役者となる梁啓超《りょうけいちょう》が編集主任となって『強学報』を発行した。このような発想が当時の青年士大夫層に絶大な影響を与えたことで、西洋由来の「発展」を至上命題とする近代中国の自意識は、日本のそれと密接につながりはじめる。おそらくこの「強」という字こそ、近代中国ナショナリズムをつらぬく精神を象徴していよう。

こうして変法・自強の声が強まった結果、光緒《こうしょ》帝は一八九八年の夏になると自ら変法を正式な政策と定め、立憲制へ向けての全面改革（戊戌《ぼじゅつ》の変法）の舵を切った。しかし光緒帝や変法派は、必

康有為　戊戌の変法の中心人物

光緒帝と西太后　西太后（左）は甥の光緒帝（右）を幽閉して実権を握る。チベットのポタラ宮所蔵の画像

ずしも権力が盤石でないまま制度改革を急ごうとして、ただちに満洲貴族をはじめとした既存の勢力の利害と衝突してしまう。

変法派は、それまでの満洲・モンゴル人を中心とした特権階層と、漢人を中心とした科挙官僚、そして条約港から生まれた新しい知識人の枠を超えて、より優秀な人材を積極的に登用することを目指して「満漢不分」という目標を掲げていた。しかし、その原則をただちに徹底させるとすれば、たんに凋落著しいだけでなく西洋の知識にも疎い旗人たちがその地位を失うことは明らかだった。そこで、立憲制が皇室の立場を狭めることを嫌う西太后《せいたいこう》は、「満漢不分」を恐れる保守派とともにクーデタを起こし、戊戌の変法はわずか一〇〇日で破綻した。

その結果、康有為や梁啓超は日本亡命を強いられることになるが、彼らが描いた強国への夢は、むしろ日本という場を得ることでさらに巨大なうねりとなる。

近代中国のゆりかごとしての日本

　ところでこの頃、「強学会」の会長をつとめた洋務官僚・張之洞は『勧学篇《かんがくへん》』を著し、将来有望な若い学生は日本に留学せよと呼びかけて大きな反響を呼び起こしていた。張之洞は、日本が今や列強として興隆しているのは、若い学生の欧州留学の成果を存分に生かしているからだと強調し、「外国留学の一年は中国での学習の三年に勝る」と檄を飛ばした。

　張之洞の親日留学論の背景には、三国干渉で痛手を受けた日本外交の側の思惑もあった。とくに参謀本部は欧州各国の今後の出方を恐れ、ポスト李鴻章時代の改革派の代表人物である張之洞に対して、日清提携論を積極的に働きかけていた。

　さらに、日本側では一八九八年になると、経済・教育・文化活動を中心とした日清提携を通じて日本の国際的地位を確保することを目指す「東亜同文会《とうあどうぶんかい》」が発足し、会長の近衛篤麿《このえあつまろ》（貴族院議長）は、日清戦争後の列強各国による勢力圏分割への警戒感をにじませつつ「支那の保全」を説いた。一九世紀末には、西洋列強をにらみながら富国強兵を急ぐ変法派と日本の思惑が、日清戦争による深い亀裂を超えて急速に接近していたのである。

　それでは、なぜ日本留学が有効なのだろうか？　張之洞のみるところ、たんに日本は距離が近く、漢字を用いているので文化的に近いだけでなく、何といっても西洋の膨大かつ複雑な学問を日本がすでにかみ砕いて解釈を加えているからだという。

　変法の先頭に立って旗を振った康有為や梁啓超も同じことを考えていた。クーデタに敗れた梁啓超は亡命先の日本で、自ら編み出した「和文訓読法」（日本語文のうち漢字だけを拾って論旨を汲み取る方法。漢文調だった当時の日本語だからこそ可能な荒業であろう）を用いて集中的に西洋・日本の社会科学諸学説を翻訳し、自ら創刊した雑誌『新民叢報《しんみんそうほう》』を通じて、変法の断行はますます緊急の課題だと訴えたのである。

とくに梁啓超は「変法通議」と題する文章の中で、インドやトルコが「守旧の国」であったために英領化・諸列強による分割の命運をたどったことや、ベトナム・ビルマ・朝鮮といった「中国の服属国」が「良からぬ雰囲気に染まって政治に弊害をきたした」ことを挙げながら、もし自ら変わることができなければどのような運命が待ち受けているかを生々しく示した。そして、そうならないためには「自ら変わることができた日本」「わが琉球を奪い、台湾を割いた日本」に学ばなければならないことを、ほとんど「法則」として示した。

こうして日本の近代と中国の近代は、侵略と抵抗という抜きがたい問題を生じたにせよ、明治維新・文明開化・殖産興業・富国強兵といった同じ基本的価値を共有するにいたった。それ以来の日本と近現代中国のあいだの問題は、つまるところ西洋に対する同じ悩みを抱えた後発国どうしが優劣・前後を争ってきたことの問題である。

これ以来、後述する義和団《ぎわだん》事変、清末新政（改革）による科挙の廃止、そして日露戦争といった重大な出来事がたび重なるごとに、自強の夢を求めて多くの留学生が日本へと渡り、さかんに西洋・日本の近代的知識を身につけたのである。

義和団事変・日露戦争の衝撃

義和団事変

ところで、西太后のクーデタが成功した直後の北京の政界では、変法なるものが既存の儒学社会や満洲人の立場を揺るがしたことに対する反発から、西洋排斥の気運がにわかに高まった。

ちょうどそのような動きに呼応するかのように、華北一帯では不穏な情勢が強まっていた。当時、黄河の流域では大氾濫に見舞われて無数の難民が発生し、日々困窮の度合いが強まっていた。そのいっぽう、列強諸国から輸入された木綿製品や灯油などの日用品は市場に浸透してゆき、彼我の落差を痛感した人々が不満の矛先を外国人宣教師に向けていった結果、宣教師や教会が危害に遭遇する事件（仇教案《きゅうきょうあん》）が頻発していた。

こうした社会不安の中、やがて拳法や武術を身につけた農民の自衛集団が広まりをみせ、彼らは三国志や西遊記のような通俗小説の登場人物や道教の神仙に救いを求めただけでなく、一種の催眠術で「刀も槍も自分の体を貫かない」という不死身の確信を抱くことによって、華北一帯で排外的な暴動を繰り返しはじめた。これが義和拳教《ぎわけんきょう》＝義和団である。しかも彼らは、多くの農民反乱のように、時の権力を倒すために暴動を起こしたのではなく、「扶《ふ》清滅洋《しんめつよう》」という目標を掲げ、清を支えるという大義名分のもとに教会とキリスト教徒を襲撃していた。そこで西太后や官界としては、義和団を一体どのように位置づけるのかという難しい判断を迫られた。

もしここで西洋的なものの排斥を進めるならば、扶清の旗印を掲げる義和団の存在は頼も

義和団事変　北京・菜市口の刑場に連行される義和団員

しい。しかも、日清戦争にともなう財政上の打撃が癒えない清としては、各地で頻発する他の反乱を封じ込めるため、何らかの地方的な軍事力（団練《だんれん》）に頼らざるを得ない。それでは、義和団を都合よく団練に組み入れて、彼らの行動に国家的なお墨付きを与えればよいのではないか？

　しかし、清はすでに主権国家からなる国際関係の中のひとつの国にすぎない。たとえ列強による圧迫はあるとしても、あくまで国際法を遵守して外国人の合法的な権益を守ることは、自らの国際的な地位を保つうえでやはり欠かせないことなのではないか？

　こうして北京の政界は、義和団への対応をめぐって真っ二つに割れた。かねてから李鴻章の部下として華北で絶大な影響力を持っていた袁世凱は、変法と西洋列強との関係強化を支持する立場であり、義和団を徹底的に弾圧しようとした。すると義和団は、ますます荒れ狂った勢いで教会・鉄道・電線など西洋伝来のものを破壊し、彼らが一九〇〇年春に北京に到達すると、軍機大臣は義和団を「義民」と位置づけて歓迎してしまった。

　そして西太后はついに義和団を立てて列強への宣戦を布告してしまい、北京の各国公使館はたちまち義和団によって包囲されてしまった。

列強諸国は、この前代未聞の事態をうけて八ヵ国連合軍を組織のうえ北京を占領し（兵力の半分は日本軍）、一九〇一年に講和条約である北京議定書を締結した。列強の軍事力に恐れをなした西太后は、ほとんど拉致に近いかたちで光緒帝を引き連れ、西安に落ち延びることを余儀なくされた。議定書の中で清は、日清戦争の賠償金をはるかに上回る四億五〇〇〇万両の支払いを求められただけでなく、北京における公使館区域の設定と、北京と天津港の

八ヵ国連合軍の北京占領　紫禁城の神武門前に集結し（上）、乾清宮を占拠した連合軍（下）

あいだの外国使節の自由往来を保証するために各国が軍隊を駐留させることを承認させられた。日本軍が公式に北京（のちに北平）・天津に派兵されることをも意味するこの規定は、のち一九三七年に盧溝橋《ろこうきょう》事件で日中両国の軍隊が衝突することにもつながってゆく。

清末新政の開始と「武士道」

こうして、西太后のクーデタ以来にわかに勢いづいていた排外・保守派は完全に失速した。もはや表だって変法・自強の旗印に真っ向から反対することは難しくなった。そこで一九〇一年以後、上からの全面的な近代化運動として、教育・立憲・軍事改革を三本柱とした「新政」が始まった。この運動は結果的にみれば清末に展開されたので「清末新政」と呼ばれる。

もっとも、清末新政は戊戌の変法と比べると、当初それほど急速に進展したわけではない。

その中でも、教育改革と軍事改革についてはいち早く取り組みが始まった。とくに教育面では、張之洞らの上奏文による改革の提案をうけて、科挙の試験での形式的な文体（八股《はっこ》文《ぶん》）の廃止や、京師《けいし》大学堂《だいがくどう》（今日の北京大学）を頂点とする近代教育の整備、そして海外留学生への科挙の資格付与などが決まるなど、これまでの儒学と科挙を中心とした漢人の知的伝統は一変を迫られた。その結果、一九〇五年には科挙が廃止され、学問による立身出世の道は近代教育に一本化された。

軍事面では、八旗・緑営・北洋軍・地方軍事力など、これまで雑多な軍事力のあいだで指揮命令が一貫しなかったことが弱体化と敗北の原因であると痛感されたことから、軍事組織の統一と軍人の資質の改善が急務とされた。そこで一九〇一年には、軍人の科挙にあたる「武挙」が廃止されて武備《ぶび》学堂（軍事大学に相当）が設置され、さらに一九〇四年には日本に範をとった近代軍制が施行された。このことは、騎馬民族の時代がすでに終わって低迷していた満洲・モンゴル人たちの立場に完全にとどめを刺すことを意味していたため、とくに貴族・王公の子弟を職業軍人として再教育するという救済策がとられた。また、近代兵器を操るにふさわしい能力を持った健康な者のみを軍人として採用することになった結果、流民やアヘン吸飲者が兵士となることはなくなり、むしろ留学や新式学校への入学を望みつつもその機会を得られない若手士大夫が、みずから「自強」の担い手になろうとして一気に軍人の道へと流れ込んだ。

これ以来、従来は文人として身を立てることが至上の価値であったはずの漢人社会で、軍人としての立身出世を通じて自らの社会を救うという価値が新たに注目された。しかし、これまでの儒学の伝統だけでは、どうしても武人という立場を至上のものと位置づけきれない。

そこで発見されたのが、明治維新と日本の近代化を成功に導いた原動力とされた節制と忠義の精神——武士道である。とくに、梁啓超が亡命先の日本で、歴史上の武人たちに日本の武士道と同じ精神を見出す「中国之武士道」を著すなど、「武」の精神は「強」の精神と密接に結びつき、漢人が最も誇るべき「伝統」とされた。そして、皇帝の専制支配が漢の時代以来連綿とつづき、自由闊達な精神が失われてしまったことこそ、武士道を失った最大の原因なのだとされた。これこそ、「伝統」が外界の刺激で常に新しく作られることの最たるものだが、「伝統」と近代のあいだで新たに漂流をはじめた独立不羈《ふき》の「武人」たちが専制支配の道具となることを拒んだ瞬間から、天命の名のもとにおける支配の「正しさ」には完全に先が見えてしまった。

ところで、日本の武士道に刺激された清末の若いエリートたちが、できることなら武士道の本場で真の軍人への道を究めたいと思うのは自然ななりゆきである。そこで、清の留学生が日本の陸軍士官学校を目指す動きが活発になったが、日本陸軍もそのための予備校として「振武《しんぶ》学校」を設立するなど積極的に対応した。とくに、のちに一時代をつくりあげる蔣介《しょうかい》石《せき》が、振武学校から陸軍士官学校へ進んでいることは注目に値しよう。

思想的衝撃としての日露戦争

教育・軍事面での新政に比べ、当初必ずしも大きな進展がなかった立憲面での新政も、海外への亡命者や留学生が得た知識が次第に清末社会へと浸透していったことにより、ついに大きなうねりとして清末社会を揺り動かすときがきた。

とくにその決定的なきっかけとなったのは、「立憲は専制に勝つ」という強烈なメッセージを非ヨーロッパ全体に発した日露戦争である。ロシアの脅威にさらされていたオスマン帝国やペルシャなどでは、西洋でなくとも近代化し、しかも列強に勝利できるのだという確信が生まれ、それが長らくイスラーム圏での親日観の大きな基盤となった。そして同じように清末のエリートも日本の勝利に大いに刺激され、立憲と富国強兵の使命感を強めたのである。

日清戦争の屈辱と三国干渉からわずか一〇年しか経っていなかったにもかかわらず、清末のエリートがロシアを倒した日本への賛辞を惜しまなかったのはなぜか？　その最大の背景は、すでに東北における鉄道利権を確かなものにしていたロシアが、義和団事変の混乱に乗じてさらに広大な地域を占領したまま返還に応じなかったという問題である。一九〇二年に日英同盟が締結されると、ロシアは日英両国の圧力を感じて清と「満洲還付条約」を締結したものの、それをロシアが履行しなかったことで、清末のエリートたちはいっそう反露感情をつのらせた。そこで、ポーツマス条約でようやく清の主権が確認されると、彼らは大いに溜飲を下げたのである。

しかし、肝心の戦闘は満洲人の故地を踏みにじっただけでなく、清の主権回復も日本の手でなされたことは、やはり複雑な反応を呼び起こした。ロシアから鉄道利権を引き継いだ日本が、そのことを清に認めさせる際に高圧的な態度をとったことも、小さくない波紋を投げかけた。

したがって、日露戦争はたんに「立憲が専制に勝利した」一大事件だっただけでなく、「自強できなければ自国の領土でも強国のもてあそぶままとなってしまう」という危機意識を清末のエリートに植えつけた。

いっぽう同じ頃、北米では低賃金で働く華僑《かきょう》が白人労働者の失業を招いていたことから、華僑排斥問題と黄禍《こうか》論が激化しており、清としても米国製品のボイコットで応酬しようとしていた。

時代はいまや、黄色人種と白色人種が食い合う世界である——これこそ、日露戦争や黄禍論がまざまざと見せつけた現実であり、教訓であった。

そこで、日露戦争の結果にはいくらかの遺憾を感じながらも、それでも日本に渡って明治維新の成功に学び、黄色人種の連帯を図ろうと考える留学生の数が、一九〇五年以後さらに激増して毎年数千人におよんだ。その規模は、今日とは比較にならないほど交通が不便だった時代であることを考えれば破格のものであった。

過熱する立憲論議

ところで、一九〇五年から目まぐるしい展開を見せる立憲政治への移行過程（立憲予備運動）は一体どのようなものであったのだろうか？

まず、一九〇五年末になると、清は明治維新直後に欧米に派遣された岩倉使節団の事績にならい、五名の大臣を日米欧への視察に向かわせ、彼らは各国での立憲政治のありかたを大いに見聞した。その視察報告書はおしなべて立憲の利益を強調するものであり、日本亡命中の梁啓超がその作成に深くかかわっていたとされる。

たとえば、考察憲政大臣として日本に派遣された満洲貴族の達寿《たつじゅ》は、日本の立憲政治を通じて世界の情勢を以下のようにとらえた。（『東方雑誌』一九〇八年七月）

現在の天下は国際競争の天下であり、それは国と国との競争ではなく、民と民との競争である。したがって、いま立国しようとするならば、国民の競争力を厚くしなければならない。国民の競争力とは、戦闘の競争力、財富の競争力、文化の競争力であり、これらが揃えば帝国主義となることができる。帝国主義とは何か？　それは全国人民の視線を全世界に注ぎ、人を侮り侵略を欲するものである。

立憲国家では納税と兵役の義務があり、それに応じて国民は参政権を得て、国家についての思想をやしなう。憲法は国民の権利を保障し、国民は国会を通じて君主の立法を協賛し、国家の財政を監督する。その結果、上下・朝野が一気につながりあう。

ここに現れている願望は「われわれは弱者としての正義を掲げ、全世界での公正さを回復するために、富国強兵を行い実力を蓄える」というものではない。むしろ、自らが弱者に分類されないよう、強者として弱者をむさぼる側に何とか回りたいという発想であろうか。

また、立憲をめぐって北京に続々と寄せられた上奏文も、その多くが各種の近代的なメディアを通じて「愛国」の精神を養うことを主張していた。たとえば、人心を正し、愛国心を養う基礎は宗教であることから、中国では孔子教を軸として、教員は学生を率いて孔子廟に赴いて礼拝・唱歌を行い、経典の中から忠君・愛国・自強の要義を解説するようにせよ、と説く議論や（のち、民国時代になると康有為はこのような発想をもとに「孔教運動」を起こす）、日本の小学校のように算数の加減の問題に軍艦や兵隊を用いたり、学生服に軍服を採用するのがよいと説く議論があふれた（『清末籌備立憲檔案資料』中華書局刊）。

こうした議論を通じても、日本の近代のうち、とくにいわゆる「軍国主義」「帝国主義」的な側面を中心に高い関心が集まったという、近代的な思想的連鎖を確認できよう。

清末新政の意義

ともあれ、立憲すなわち強国という観念がほぼ固まった結果、一九〇六年秋になるとついに、「大権は朝廷のもとに統一され、政治はもろもろの世論を公平に反映する」という、いわば「五箇条の御誓文」を引き写した宣言とともに、立憲への移行が決定された。そこで、既存の官庁である「六部」（吏・戸・礼・兵・刑・工の各部に加え、総理各国事務衙門あらため外務部）を中心とした官制は廃止され、計一一の部（省）が設けられた。

一九〇七年夏には、中央に「資政院」、地方に「（各省）諮議局」が設立されるなど、民意を速やかに集めてより良き立憲政治への移行を進めるための対応がとられた。

一九〇八年秋になると、憲法草案「欽定憲法大綱」が発布された。その第一条は「大清帝国皇帝は万世一系」と定めており、明らかに大日本帝国憲法に範をとっている。

こうした動きに対して、とくに各省の諮議局では、一刻も早く正式に国会を開設し、行政が立法府に対して責任を負う責任内閣制を実現せよという要求が強まった。なぜなら、中央の民意集約機関である資政院の権限はまだ弱く、しかも議員の半分は皇族や満洲・モンゴルの貴族などが占めていたからである。

その勢いはまさに、対応を一歩間違えれば新政の旗印を大きく傷つけかねないものとなったため、ついに国会を一九一三年に繰り上げて開設することが決まった。また一九一一年には「君主立憲重要信条十九条」が発布され、皇帝の権力を憲法の範囲内に限定することを規定した。それは、皇帝権力が民意により制限され、その監督を受けることを意味しており、大日本帝国憲法を超える画期的な内容であった。

もっとも、以上の流れは一九一一年に起こった辛亥《しんがい》革命と清の崩壊によって中断される。そして、革命を成功させた側としての中華民国と中華人民共和国では、長らく清末新政は「歴史の表舞台から退場するべき封建王朝のその場しのぎの延命策」であると位置づけられてきた。

しかし、もし清末新政がその場しのぎだったとすれば、なぜ各省の諮議局という民意集約機関に陣取った士大夫たちや日本留学経験者たちが、立憲への移行過程の遅さを非難して、改革の加速をうながしたのだろうか？　たとえ改革が及び腰であったり、自己保身のための見せかけの「改革」だったとしても、こうして立憲の方針が示されたからこそ、《富国強兵の理想を共有し、民主的な立憲政体によって一致団結した、新しい国民国家》を創ろうとする欲求が、いよいよ大きく解き放たれて激しく噴出したのだと考えられる。

瓦解

モンゴルとチベットの情勢

清末新政における国民国家形成は、いっぽうで大きなしわ寄せをともなった。それが最も集中的に表れたのは、長らく清の藩部として優遇されてきたモンゴルとチベットである。

すでに述べたように、モンゴルとチベットは清という帝国の重要な構成要素であった。しかし、洋務官僚からみて騎馬兵力はすでに使い物にならず、仏教を理由に通商を拒むチベットは愚かであり、多くの男性が出家する「ラマ教」の現実は、諸国が商業や工業の総力戦で争う時代に適合していないととらえられた。モンゴル人やチベット人が住む広大な地域は、そのまま均質な国民国家の一部として、そして殖産興業の舞台として造りかえられるべき存在となっていった。

とりわけ、立憲面での新政が本格化する一九〇五年頃から、モンゴル・チベットでも富国強兵・殖産興業を目指す新政が大々的に打ち出された。均質な国民づくりの第一歩は言語と思想の画一化であると考えた出先の官僚たちは、モンゴル・チベット人に対して漢語教育と儒学教育の推進を掲げた。また、モンゴル各盟旗の王公や、チベットのダライラマ政権・土司・寺院などによる従来の地域支配は次第に否定されてゆき、北京の中央政府が派遣する官僚による管理へと改められることによって、行政面でも全国一律の秩序に属するべきものとされた（土官を改めて流官に帰する＝「改土帰流《かいどきりゅう》」という）。また、明治日本が近代化を進める過程で廃仏毀釈《はいぶつきしゃく》を実施したことを例に、仏教、いや「おくれたラマ教」から徐々に離れるべきだという方針も示された。

なお、内陸アジアでの新政の重要な背景としては、一九世紀末から二〇世紀初頭にかけてのチベットをめぐる英露の対立があった。英国の脅威にさらされ、李鴻章ら洋務官僚の仏教嫌悪にも不満をつのらせていたチベットは、ロシア領ブリヤート出身の僧・ドルジエフを仲介役として、新たな保護者を求めてロシアに接近する。しかし、それは英領インドからみれば、ヒマラヤの真北からロシアがただちにインドを狙う最悪の事態を意味した。しかもそれは、清がチベットに対して影響力を行使できているという、英国の対清政策の基本的前提を揺るがすものでもあった。

ギャンツェ城　1904年、英領インド軍がチベットに侵入したとき、戦場になった。筆者撮影

そこで英領インド当局は、一九〇三年冬からヤングハズバンド武装使節団をラサに差し向け、翌年、チベット軍と全面衝突した。この結果、清としては藩部勢力の勝手な行動が国家主権を著しく損ねるという事態に業を煮やし、だからこそすべての権力を北京に帰属させ、国民としての意思を統一させなければならないと考えたのである。

「中華民族」とは何か？

しかし、チベット人やモンゴル人からみて、彼らの自主性を無視した清末新政のやり方は到底受け容れられないものであった。チベット仏教を中心とした社会を否定することは、歴代皇帝によるチベット仏教の保護を否定するものではないか？「中国」「中華」に、なぜチベットやモンゴルが組み込まれるのだろうか？

この点をめぐって、すでに一九世紀の経世儒学以後の官僚や知識人にとっては、「乾隆帝の聖なる版図・領域」の一体性のイメージや西洋との外交を通じて、清＝China＝中国であることは自明だった。しかも、序章で紹介した梁啓超の「中国史」構想からいって、いまや清＝中国のなかに含まれるすべての民族の治乱興亡も「中国史」という連続した枠組みに組み込まれていた。しかし、そのような認識枠組みの形成過程に、モンゴル人やチベット人は加わっていない。今までは、清の皇帝を尊敬し受け容れてきたにすぎなかったはずが、ある日突然「これからは漢字と儒学を学び、均質な中国国民・臣民の一部となれ」といわれても、誰も納得できなかった。

こうして、モンゴル・チベット人からみた新政は、既存の仏教中心の社会を解体し、強制的に漢人との同化を迫るものとしてとらえられてゆき、たとえば北モンゴル（今日のモンゴル国）における独立運動や、武力をもってチベット社会の近代化と廃仏毀釈を断行しようとする川滇《せんてん》（四川・雲南）辺務大臣・趙爾豊《ちょうじほう》の軍隊に対する激しい反発が発生した。このような摩擦は、清とモンゴル・チベット人双方の対応をいっそう強硬なものにし、清の崩壊をきっかけとした独立（モンゴル）、または事実上の自立（ダライラマ政権）へと追いやった。

清末以後の漢人を中心とした中国ナショナリズムと「周辺」の民族との関係は、古い帝国の器を近代国家へと脱皮させる過程の当初から大きく挫折してしまったのである。

そこで、来たる中華民国・中華人民共和国の国民共同体を指す概念として、漢人国家論に代えて浮上してきたのが「中華民族」なる存在である。「中華民族」は、漢・満・モンゴル・チベットなど多数の民族を含んでいるという点で多様である。しかし同時に、長い「中国史」を通じて複雑に交渉・交流しあうことによって生活空間と命運をともにし、ついには帝国主義に対する抵抗を通じてひとつの「中華民族」としての意識を共有すれば、純粋な単一民族国家と同じ力量を発揮できるであろう……。それは、現実と理想のあいだの著しい乖《かい》離《り》を穴埋めするために、妥協を重ねて「多民族性をそなえた単一民族」を創り出そうとしてきたことにほかならない。

ここで、新たに「中華民族」の中の「少数」民族とされた人々は、もちろん漢人主導の「中華」「中国」という国号には不満や馴染めなさを感じつつも、とくに清末新政のような強圧的な政策が繰り返されさえしなければ争うことはせず、むしろ実質的な利益を享受しようという反応をとることもあった。しかし、孫文や毛沢東のように、積極的に漢人への同化（あるいは、社会主義化という名のもとにおける民族ごとの個性の否定）を進めることによって、「中華民族」内部の差異を完全に解消することこそ善であると考える発想がしばしば前面に出た結果、二〇世紀には不必要で不幸な流血や対立が繰り返された。

排満の論理

清という帝国が長年その巨大な版図を保ってきたのは、多文化・多民族的な状況のそれぞれに対して、皇帝が配慮し立ち回ってきたからであった。しかし清末新政は、そのような上からの原理に代えて「中国」の名のもとにおける国民形成を進め、そのうえで皇帝が立憲と民意の名のもとで推戴されるという、いわば「下からの原理」によって国家の統合を実現させようとした。しかも、その「下からの原理」を実現するために、上からの原理による社会の改造が進められるというところに、後発国の近代化に典型的な悩みと矛盾がある。

そうなると今度は、満洲人の皇帝はもとより、満洲・モンゴル人の貴族・旗人やチベット仏教の活仏などが特権を享受することは、果たして国民の平等という理念に照らして許されるのかという問題が生じる。さらに、かつて明末清初の混乱の中で漢人に屈辱を強いただけでなく、たび重なる弾圧と失政によって漢人を苦難と混乱に陥れて萎縮させた張本人である満洲人とその専制支配を、これ以上容認するべきなのだろうか……？　新たに「中華の伝統」を創出しようとしていた漢人のエリートたちは次第に、満洲人を権力の座から追い払わなければ「中国の自強」は実現しないと確信しはじめたのである。

とくに排満革命派は、満洲人そのものよりも、満洲人の支配をこれまで支えようとしてきた漢人の洋務官僚と、いま改めて「立憲」の美名のもと、満洲人皇帝の存在を「万世一系」

の名のもとに固定しようとする体制内立憲派＝変法派（とくに康有為や梁啓超）を目の敵にして、「漢奸《かんかん》」（漢人の裏切り者）と呼んだ。

洋務・変法派は、清が実質的に儒学・漢字の文明と西洋文明を結びつけた新しい国民国家・中国になり、満洲人やモンゴル人もそれを支える存在になりさえすればよいと考えていた。しかし、革命派のみるところ、単に満洲人は野蛮で抑圧的な外来勢力だっただけではない。雍正帝『大義覚迷録』でもいうとおり、満洲人はあくまで「外国」であると開き直っていたはずであるし、固有の習俗を保つために漢人への文化的同化を防ごうと躍起になっていた。したがって、満洲人こそ「中国」を拒絶し漢人に寄生する害悪にほかならなかった。

たとえば、法政大学に留学していた若き排満革命の理論家・汪兆銘《おうちょうめい》（精衛《せいえい》）は、革命派の機関誌『民報』（後述）の記念すべき創刊号巻頭論文「民族の国民」の中で、満洲人と漢人のあいだに横たわるこのような矛盾を徹底的に暴露した。汪兆銘は、今や漢人の方が圧倒的に優勢な状況のもとでは、満洲人は権力を放棄して漢人に同化し、単一民族の国民になることによってしか、国民国家・中国での居場所を得られないと断じたのである。

漢奸の図　曾国藩・李鴻章・左宗棠が獣扱い。『民報・天討増刊』より

また、日本に亡命して漢人革命の理論を探究していた知識人・章炳麟《しょうへいりん》も、民族精神を共有できない「異種」「外国」の満洲人は中国から切り離し、モンゴルやチベットの帰趨は彼らの意思に任せ、むしろ日本こそ漢人と同族として連帯するべきであると説いた。そして、朝鮮やベトナムなど、儒学を共有するかつての朝貢国は当然中国の一部分であるとした。近代国民国家・中国のあるべきかたちは、清末まで揺らぎの中にあった。

孫文と中国革命同盟会

こうして排満革命の気運が高まる中、革命の星として現れたのが孫文（字は逸仙、号は中山）である。孫文は広東の出身で、華僑の兄を頼ってハワイに渡り、近代的な知識を学ぶことで欧米と自らの落差を痛感しながら、満洲人を排斥しなければ漢人の復興はあり得ないという考えを深めてゆき、一八九四年にハワイで「中華を振興する」興中会を興した。孫文はさらに、ロンドン亡命中の清国公使館による拉致と英国世論の後押しをうけた解放という奇跡的な経緯や、日本での宮崎滔天や犬養毅といったアジア主義者との交流、そして南洋・北米華僑との密接な人脈により、排満をかかげる漢人革命の先鋒として注目をあつめていった。

このような孫文の尽力によって、一九〇五年には清の打倒を目指す革命家や留学生が東京で大同団結し、中国革命同盟会が発足する。その綱領では、「韃虜《だつりょ》（野蛮な韃靼＝満洲人）を駆除し、中華を恢復《かいふく》し、民国を創立し、地権を平均にする（土地改革を行う）」ことをうたっていた。孫文は、同盟会の機関誌『民報』の創刊の辞で、「民族」「民権」「民生」の価値を強調し、これがのちに「三民主義」と呼ばれるようになる。『民報』は編集方針として、これらの綱領のほか「中日両国人民の団結」「諸外国に中国の革命事業への理解を求める」旨を掲げていた。

また孫文は、これまでのような専制政治がはびこる状況の中で、民衆の能力が制約されていた状況のまま、突然立憲政治や富国強兵を実現することはできないという立場から、国家建設は「軍法の治」「約法の治」「憲法の治」という道筋をたどることが必要であるとした。これは後に軍政・訓政・憲政として定式化され、「先知先覚」の少数のエリートによる「後知後覚」な民衆への絶対的な指導を正当化した。蔣介石の独裁政治や、中国共産党による集権体制を支える理論は、基本的にはこのとき用意され、そこにやがてソ連由来の一党支配システムが接ぎ木されるようになる。

孫文　中国・台湾では今も「国父」として尊敬されている

そういう意味で、中国国民党と中国共産党は、「中国の富強」という目標を同じくしながら、その具体的な方法として市場経済と計画経済のいずれをとるかをめぐって近親憎悪を繰り返してきた兄弟である（いまや中国共産党は市場経済重視に乗り換えたので、その最大の違いは「憲政」への近さ＝基本的人権の尊重や自由化の程度であろう）。

辛亥革命

ともあれ、清末新政という名の体制内改革に到底飽き足らない人々を吸収して、東京から排満革命の狼煙《のろし》が上がった。しかし、孫文が提唱した、彼の故郷・広東での突発的な武装蜂起をやがて北上させて全国におよぼす構想＝広東革命論にはほとんど現実味がなく、清の当局による厳しい取り締まりに遭遇した。また、『民報』最大の論客のひとりである汪兆銘は、一九一〇年に摂政王暗殺未遂事件を引き起こして逮捕され、あわや処刑の境遇に陥ってしまった。こうして、突発的な蜂起を唱える孫文は革命派の中で次第に孤立していった。

では、実際の辛亥革命はどのようにして起こったのか？　それは革命派単独ではなく、華中を中心とした鉄道国有化反対運動をきっかけに、複数の勢力が合流するかたちで進んだ。

清末において鉄道国有化反対運動が激化したのは、当時の清が列強各国の鉄道利権に縛られていたこととの裏返しであった。鉄道が外国の手に握られるということは、沿線開発の主導権もひとえに外国が握ることを意味していた。そこで、立憲をめぐる議論を中心に世論が過熱した一九〇五年以後、各地の士大夫や現地資本（民族資本と呼ばれる）は相次いで鉄道利権回収運動を起こし、民間資本を広く募集して鉄道を運営しようとした。

ところが、華中ではその資本募集がうまくいかなかったことから、鉄道を管轄する洋務官僚・盛宣懐《せいせんかい》は、民営鉄道を国有化してあらためて外国資本を導入しようと考えた。こうなると、もはや華中のエリートからみて、清は売国的な政権としかみえず、各地に「保路同志会」が組織され、各省の諮議局とも連動して北京に強い圧力をかけた。とりわけ、四川省での保路運動は過激化し、四川総督・端方《たんぽう》が虐殺されるなどの流血沙汰が蔓延した。

このとき、清にとって致命的だったのは、各地の軍事力に革命派が浸透しつつあって、一枚岩ではなかったことである。とくに、保路運動が激化した長江中流域にある交通の要衝・武漢《ぶかん》では、革命派若手指導者のひとりである宋教仁《そうきょうじん》が、駐屯軍を革命派に寝返らせることに成功し、保路運動・清軍・革命派の協力の気運がにわかに加速していった。宋教仁はかねてから、広東革命にこだわる孫文に反発して、全国への革命の波及が容易な華中での革命を唱え、革命派内部で広く支持を集めていたが、ついにその構想を実践するときが来たのである。

武漢の革命派は当初、一九一一年一〇月一六日に武装蜂起する計画を立てた。しかし、革命派のアジトで誤って爆薬が発火したことから、急遽一〇日に武装蜂起した。そして、軍隊に寝返られた当時の湖広総督はなすすべもなく逃亡したことから、連鎖反応が一気に各省に波及し、合計一三省が清の中央権力からの独立を宣言した。こうして、清の権力はある意味あっけなく雲散霧消してしまった。これが辛亥革命であり、一〇月一〇日が中華民国の建国記念日＝双十節とされる（なお、中華民国元年は翌一九一二年となっている）。

袁世凱　清末政界の実力者。梁啓超が主宰した『大中華雑誌』より

もっとも、武漢での革命当初、革命派の側ではこれほど革命がすみやかに波及するとは

黄昏の北京故宮　故宮の北の人工の山、景山からの眺望。筆者撮影

予想しておらず、しかも路線対立の根深さもあって、全国政権の首班を誰にするかを決めていなかった。そこで、臨時大総統としてあらためて白羽の矢が立ったのが、国際的に最も知名度の高い孫文であった。ただ、新しい中華民国の大部分の大臣や官僚は、人材の不足や外交・国家建設の連続性という観点ゆえに、清の官僚や体制内改革派に頼らざるを得ず、彼らは模様眺めを決め込んで孫文の思いどおりには動かなかった。また先述のとおり、清の崩壊をきっかけに北モンゴルとダライラマ政権のチベットが独立・自立へと動き、両者の後ろ盾である英露との関係が緊迫を迎えていたことから、政権の指導力不足はただちに新生・中華民国の息の根を止めかねなかった。

そこで孫文は、民国への忠誠を条件として袁世《えんせい》凱《がい》に大総統の地位を譲るとともに、排満の看板をやむを得ず下ろして、当面は清の皇室の存続や、満洲・モンゴルの貴族、そしてチベット仏教の活仏の特権的地位を保つことを受け容れた（清室優待）。そして、満洲・モンゴル・チベット・トルコ系ムスリムを漢人と対等な存在と位置づける「五族共和」を打ち出すことで、清から引き継いだ領域が四分五裂するのを防ぐという選択をした。

こうして清は、瀋陽で建国を宣言して以来、あまりにも曲折と変転に満ちた二百七十余年の歴史の幕を閉じた。しかし、近現代中国が巨大な領域を得るきっかけをつくったことや、混迷の中で漢人の知識人に「中華」とは何かという問題を投げかけ、危機の中で発見・創出された「伝統」と近代を結びつけさせたことなど、今日にいたる大きな影響をもたらしつづけている。そして、その中で引き起こされた矛盾も依然大きい。たとえば日本への認識不足と対立の歴史は、「東アジア」を果たして共有できているのかという問題に直結するし、内陸アジアの諸民族との民族問題、そして富国強兵の近代化を急ぐことにともなう問題もある。清末の諸課題は、未だに解決されていないものばかりである。

そのような清、あらため近代国民国家・中国をどのようにとらえればよいのか？　そして、矛盾と対立の集合体である近代東アジアを、これから相互協力の地域として真に実体化するとしたら、その方法はどのようなものであろうか？　このことはまさに文明史的な課題であり、日本にとって古くて新しい問題である。少なくとも、「文明からの距離」をめぐる感覚が今も昔もこの地域に不毛な上下意識をもたらしてきたことを問題視し、できるだけそのような発想から離れ、互いに受け容れられる実務的な関係を積み重ねることが必要なのではあるまいか。

あとがき

古今の歴史を見回すにつけ、大清帝国ほど、建国から崩壊にいたるまでのあいだにその性格が大きく変わった国家は多くない。内陸アジアの帝国から近代東アジアの帝国へ。多文化帝国から「中華」の近代国家へ。そのことが、この帝国自身や、その中から生まれてきた近代中国という国家をとらえることを難しくしている。本書の「旅」は、個々の歴史的事件で立ち止まって、その背後にひそむ意味を確認しながら、清が歴史の表舞台から去るさまを見届けたことになるが、結局このような問題があらためて痛感され、もどかしさを禁じえない。その中でひとつ結論を導くとすれば、なるべく偏りを排した複眼的な思考を心がける、ということであろうか。

清の歴史は、単純に「満洲人が《中華》を蚕食《さんしょく》した」歴史ではない。その中に透徹した思考の持ち主が現れ、後世に大きな影響をおよぼしたことは、たとえば雍正帝、魏源、曾紀沢といった人々をみれば明らかである。ただし、彼らの認識とその社会的な影響力にも限界があった。さらに、指導者や社会全体がひとたび一定の枠組みや偏見に安住してしまうと、矛盾が拡大して破滅的な事態にいたることを、清の歴史は示している。

では日本はどうだったか？　一九世紀以後、多様な情報源の確保につとめ、世界の変動に機敏に対応したときは総じて「成功」した。このことへの羨望が清末史を突き動かし、中国（そして韓国）が今も日本に向ける視線の根本をも規定している。しかし日清・日露戦争から第一次大戦を経て、失地回復を強く意識した近代東アジア諸国のナショナリズムが、まさに明治維新の伝播として表れたことを日本は低くみてこなかっただろうか。

日本は、たとえば福沢諭吉の『文明論之概略』が説く「惑溺《わくでき》」の打破、そして中江兆民《なかえちょうみん》の『三酔人経綸問答《さんすいじんけいりんもんどう》』が説く外交・文明のバランス感覚によって近代国家となりえた（はずである）。しかし今日、明治の先人を超える新しい局面と視角を切り開けているだろうか？百数十年来の混乱を挟んで、所与のものだと思っていた「東アジア」という地域が、じつは矛盾と誤解の集積であったことを目の当たりにしたわれわれの「旅」は、途中駅に着いたところで行き先を迷っているようなものである。旅は決して終わらない。

なお本書は、筆者の博士論文『清帝国とチベット問題』（名古屋大学出版会刊）、そして大学での「アジア政治外交史」講義、世田谷市民大学・かわさき市民アカデミーでの市民講座を土台としている。講義や市民講座での質疑応答などの機会を通じ、学生や聴講生の皆さんから「ぜひ現代に通じるわかりやすい読み物を書いてほしい」と励ましていただいたことは、多忙・個別地域史からの厳しい批判・歴史認識をめぐる対立などが重なって、なかば自分を見失っていた筆者にとって、辛うじて自分を奮い立たせて本書を書き下ろす原動力となった。複雑な歴史の見取り図をわかりやすく示すという目的を果たしているか心許ないものの、まずは筆者を支えて下さった皆様に心より感謝申し上げたい。

二〇〇七年六月

平野　聡

学術文庫版のあとがき――未完の清末は今後も続く

大清という帝国の栄枯盛衰を、儒学・チベット仏教・近代主義など異なる文明のせめぎ合いという観点から説き起こした本書の刊行から、早いもので一〇年経った。改めて文庫版というかたちで世に問う機会を与えて下さった講談社には心よりお礼申し上げたい。

政治学者としての訓練を受けてきた筆者が、本書執筆時に限らず今まで一貫して考え続けているのは、専制体制であれ自由で民主的な体制であれ、ある秩序が長続きする（または失敗して衰退する）ような政治的正当性とは一体何なのかということである。

そして、清末における最大の知識人である梁啓超《りょうけいちょう》も、同じような問題意識を抱き、中国の生き残りから富強へと至る夢を描いた。本書執筆から一〇年を経た中国の変化は、それと比較してどのようなものといえるのか。

かりに「一君万民の専制支配で息苦しい」と称される体制があるとしよう。しかし実際には、十分な通信・輸送手段も整わない中、わずかな統治エリートが専制君主の顔色を窺いつつ支配の体裁を取り繕うばかりで、権力が社会の隅々を把握しきれないのであれば、それは「緩やかな専制」であり、極端にいえば「非専制」とすら言える。人々は専制君主に対して不遜な振る舞いこそなし得ないものの、専制支配は自らに何かを提供することも強要することもなく、時に税金を取り、労役に動員するだけの存在に過ぎない。したがって、専制権力と人々との間には距離が生じ、自由に活動しうる（勝手気ままに振る舞う）余地が大きい。だからこそ、「専制支配」はあっさりと受け入れられて持続する。

　このような状況のもと、統治エリートのあいだでは主従関係が確認され、その持続のためにも様々な儀礼が発達する。そして、下位のエリートが責任を果たすのは専ら「上」に対してであり、庶民に対してではない（民衆は「由《よ》らしむべし、知らしむべからず」の対象である）。民衆は、このようなエリートが担う政治のありかたや国家そのものに対して愛も責任感も抱きようがない。

　梁啓超は、これこそが日清戦争における清の敗因であると見なした。そして梁啓超以下清末の知識人は、新政派であれ革命派であれ、朝野ともに責任をもって政治を行っているように見えた日本に憧れ、立憲の夢を実現しようとした。

　しかし、清末以後の近現代中国と「東アジア」の歩みは、大きな曲折ないし挫折に直面してきた。とりわけ、中国が有り余る経済力を得て実現させようとしている「夢」は、清末における国民国家建設の夢とは必ずしも符合していない。

　そもそも、梁啓超自身の立場が揺れていた。彼は立憲政治の重要性を説きつつも、近代中国のように民衆がこれまで政治に責任を負った経験がなく、したがって国民意識もなく、社会的分断や民族問題が顕著な国家、そして多くの外敵に取り囲まれ内紛の傷も癒えていない国家においては、性急な自由化と民主化は逆に命取りになると考えた。そこで梁啓超は、長い目でみて安定的に立憲制へと向かうためにも、当面は少数のエリートが開明的な精神をもってする専制、すなわち「開明専制」が必要だと考えた。このような発想は、少数の儒学者が「正しい」政治を行い、民衆を教化するという伝統的な手法とも親和性がある。

いっぽう清末以後、このような手法では中国は変わり得ず、個人の尊厳を確立して社会のあらゆる場面での自発性を盛り上げてこそ、責任感を自覚した人々が生み出されて自由の空間が拡大し、成熟した国家へと脱皮することができ、行く行くは諸外国と互いに尊重し合うことができるという発想が流布した。その代表例は、文学を通じて人々に対し、儒学的な発想から徹底的に距離を置くよう訴えた魯迅《ろじん》、あるいは自由主義の立場から自生的な社会像を構想した胡適《こてき》である。この流れは毛沢東の独裁のもとで一旦封じ込められたものの、中国がようやく改革開放を迎え、人々の考え方も多様になる中、今こそ改めて国家と人民の関係を再構築し、双方が責任を負うような自由で民主的な社会を求める動きが生まれた。一九八九年の民主化運動や、二〇〇八年に劉暁波《りゅうぎょうは》氏が中心となって起草され、中国共産党の独裁を批判した「零八憲章」は、このような流れの代表例である。

しかし、中国共産党がこだわったのは結局のところ、梁啓超流の「開明専制」の道であった。中国は依然として貧富の格差や民族問題を抱え、国際環境も決して安定していないことから、中国共産党こそが中国社会に物質的豊かさと団結をもたらし、国際社会での存在感を増すため、引き続き国内を指導し続けるのだという。

この試みは、物質的な発展によってある程度「成功」した。しかし、依然として中国の内外が完全に安定し、巨大な国家にふさわしい国際的な尊厳を得られているとは言えない状態が続いている。そこで中国共産党は、単なる「開明」よりもさらに踏み込んだ専制支配へと向かおうとしている。

内政面では、有り余る経済力とIT技術を結びつけた、史上かつてない「社会の安全」のための監視社会が生まれつつある。しかし、このような国家における人々の忠誠心や社会に対する責任感は本物なのか。自由な言論の積み重ねによる人々の相互信頼や妥協に基づいた柔構造の社会とは全くの別物の、相互監視で分断されたガラス細工のような社会は、ある日何らかのきっかけで一変しかねない。

清の不完全な専制や、民国期の混沌、そして改革開放当初の活気のもとでは、事実上緩やかな「自由」の領域が存在し、その中から生まれた思想や文化が、中国と国際社会に新たな刺激をもたらし続けた。二〇一七年の夏、「零八憲章」を起草した後、中国当局に拘束されていた劉暁波氏が獄中で発病し死去したという痛ましい出来事は、この党と国家が多様性や自由を本質的に恐れ、「開明専制」とは対極の世界に向かいつつあることを端的に示している。

外交面では、リーマン・ショック以来凋落の一途をたどっているように見える欧米を尻目に、かつての「天朝」のありかたを理想としたような「親・誠・恵・容」の大国外交を打ち出し、中国に従う国は優遇し、中国と利害を異にする国には様々な圧迫を加えるようになっている。のみならず、「西側の立憲・自由・民主は社会的な問題を効率的に解決し得ず、むしろ『正しい党中央』が指導する中国の道こそ、中国と世界に真の安定と発展をもたらす」と強調するようになった。これが、習近平政権のもとでの「中華民族の偉大な復興」「中国夢（チャイナ・ドリーム）」である。彼らは、「西側」が世界を席巻した近現代の歴史は何かの間違いであると見なし、「中国が本来世界史上において占めていた指導的立場を回復」しようとする。しかし、そのような「中国の道」「中国夢」が、果たして清代における周辺への影響力を上回る何かを実現しうるのか、筆者にとっては疑わしい。

今や中国は、「西側」も中国の経済的な恩恵なしでは生きられないという認識のもと、英国のケンブリッジ大学出版局に対し、同出版局発行の中国研究誌の公式サイトにおいて、チベット問題など中国にとって敏感な問題に関する論文への、中国国内からのアクセスを遮断するよう求め、外国の学問の自由に対して公然と干渉するまでになった。では、外国の自由な言説を阻害することによって、自国の問題がこの世から消えるのか。それはあり得ないし、むしろ問題を一層解決から遠のかせることであろう。二〇〇八年に独立運動が起きたチベット問題、二〇〇九年に不満が噴出したウイグル問題にせよ、ここ数年軋轢《あつれき》が強まりつつある香港・台湾をめぐる問題にせよ、中国が一方的に愛国主義を強調するのみで、個別地域の声を全く顧慮しないことによる。したがってそれは、現在の領域を実現させた清の最盛期のやり方からはいよいよ遠くなっていると言わざるを得ない。

このような国家は、大清の継承国家としてふさわしくない。

したがって清末の諸課題は、物質的な豊かさを実現させつつあることを除けば、あらゆる面で未だ道半ばであることが、ここ一〇年来いっそう明確になった。海を隔てて間近に向き合う日本としては引き続き、その動向に注目せざるを得ない。ただ最も憂慮すべきは、近年の中国が日本に振り向けた強硬な外交姿勢のために、日本社会一般における中国のイメージが一変し、中国に対する多面的な関心が薄らいでしまったことである（あるいは、このことすら中国の長期的な計算であるのかも知れない）。この問題は今後、日本という国家の興亡に直結する問題となることであろう。

二〇一七年一二月

平野　聡

・村田雄二郎「ラスト・エンペラーズは何語で話していたか？―清末の「国語」問題と単一言語制」『ことばと社会』第３号　三元社　2000年
・毛里和子『周縁からの中国―民族問題と国家』東京大学出版会　1998年
・毛里和子編『現代中国の構造変動７　中華世界―アイデンティティの再編』東京大学出版会　2001年
・茂木敏夫「李鴻章の属国支配観―一八八〇年前後の琉球・朝鮮をめぐって」『中国・社会と文化』第２号　東大中国学会　1987年
・茂木敏夫「中華世界の「近代」的変容―清末の辺境支配」溝口雄三ほか編『アジアから考える２　地域システム』東京大学出版会　1993年
・茂木敏夫「清末における「中国」の創出と日本」『中国―社会と文化』第10号　中国社会文化学会　1995年
・茂木敏夫『変容する近代東アジアの国際秩序』山川出版社・世界史リブレット　1997年
・茂木敏夫「東アジアにおける地域秩序形成の論理―朝貢・冊封体制の成立と変容」高山博・辛島昇編『地域の世界史３　地域の成り立ち』山川出版社　2000年
・森正夫・野口鐵郎・濱島敦俊・岸本美緒・佐竹靖彦編『明清時代史の基本問題』汲古書院　1997年
・森山茂徳『近代日韓関係史研究―朝鮮植民地化と国際関係』東京大学出版会　1987年
・矢野仁一『近代蒙古史研究』弘文堂書房　1925年
・山内昌之・増田一夫・村田雄二郎編『帝国とは何か』岩波書店　1997年
・山口瑞鳳「ダライラマ五世の統治権―活仏シムカンゴンマと管領ノルブの抹殺」『東洋学報』第73巻第３号　1992年
・山室信一『キメラ―満洲国の肖像』中公新書　1993年
・山室信一『思想課題としてのアジア―基軸・連鎖・投企』岩波書店　2001年
・山室信一『日露戦争の世紀―連鎖視点から見る日本と世界』岩波新書　2005年
・余英時『中国近世の宗教倫理と商人精神』森紀子訳　平凡社　1991年
・横山宏章『孫文と袁世凱―中華統合の夢』岩波書店　1996年
・吉澤誠一郎『天津の近代』名古屋大学出版会　2002年
・吉澤誠一郎『愛国主義の創成―ナショナリズムから近代中国をみる』岩波書店　2003年
・渡辺浩『近世日本社会と宋学』東京大学出版会　1985年
・渡辺浩『東アジアの王権と思想』東京大学出版会　1997年

- 濱下武志『朝貢システムと近代アジア』岩波書店　1997年
- 濱田正美「「塩の義務」と「聖戦」の間で」『東洋史研究』第52巻２号　1993年
- 原武史『鉄道ひとつばなし』講談社現代新書　2003年　▶鉄道というシステムがいかに近代国家形成をうながし、日本と近代東アジアの政治史を規定したか——鉄道と公共交通の存在感が揺らぐいまこそ、この厳然とした事実をあらためて一人でも多くの方に痛感していただきたい。
- 坂野正高『近代中国政治外交史』東京大学出版会　1973年
- 尾藤正英『江戸時代とはなにか—日本史上の近世と近代』岩波現代文庫　2006年
- 平石直昭『一語の辞典・天』三省堂　1996年
- 平勢隆郎『中国の歴史２　都市国家から中華へ』講談社　2005年
- 平野聡『清帝国とチベット問題—多民族統合の成立と瓦解』名古屋大学出版会　2004年
- 古田博司『東アジア・イデオロギーを超えて』新書館　2003年
- 古田元夫『ベトナムの世界史—中華世界から東南アジア世界へ』東京大学出版会　1995年
- 間野英二・中見立夫・堀直・小松久男『地域からの世界史６　内陸アジア』朝日新聞社　1992年
- 溝口雄三『中国の公と私』研文出版　1995年
- 溝口雄三・濱下武志・平石直昭・宮嶋博史編『アジアから考える１　交錯するアジア』東京大学出版会　1993年　▶特に鳥井裕美子論文「近世日本のアジア認識」、中見立夫論文「地域概念の政治性」。
- 溝口雄三・濱下武志・平石直昭・宮嶋博史編『アジアから考える３　周縁からの歴史』東京大学出版会　1994年　▶特にウルフ論文「シベリア・北満をめぐる中国とロシア」、新免康論文「「辺境」の民と中国—東トルキスタンから考える」、中見立夫論文「モンゴルの独立と国際関係」。
- 三谷博『明治維新とナショナリズム—幕末の外交と政治変動』山川出版社　1997年
- 三谷博『明治維新を考える』有志舎　2006年
- 宮崎市定『中国に学ぶ』中公文庫　1986年
- 宮崎市定『宮崎市定全集14　雍正帝』岩波書店　1991年
- 宮脇淳子『最後の遊牧帝国—ジューンガル部の興亡』講談社選書メチエ　1995年
- 宮脇淳子『世界史のなかの満洲帝国』PHP新書　2006年
- 村田雄二郎「中華民族」『岩波現代中国事典』岩波書店　1999年

- 周婉窈『図説台湾の歴史』濱島敦俊監訳　石川豪・中西美貴訳　平凡社　2007年
- シュウォルツ，ベンジャミン・I.『中国の近代化と知識人—厳復と西洋』平野健一郎訳　東京大学出版会　1978年
- シュミット，アンドレ『帝国のはざまで—朝鮮近代とナショナリズム』糟谷憲一・並木真人・月脚達彦・林雄介訳　名古屋大学出版会　2007年
- ジョンストン, R. F.『紫禁城の黄昏』入江曜子・春名徹訳　岩波文庫　1989年
- 鈴木中正『チベットをめぐる中印関係史』一橋書房　1962年
- 鈴木中正『中国史における革命と宗教』東京大学出版会　1974年
- 武田幸男編『世界各国史２　朝鮮史』山川出版社　2000年
- 田山茂『蒙古法典の研究』日本学術振興会　1967年
- ダライ・ラマ『チベットわが祖国—ダライ・ラマ自叙伝』木村肥佐生訳　中公文庫　1989年
- チベット亡命政府情報・国際関係省『チベットの現実』南野善三郎訳　風彩社　1995年
- 手塚利彰「青海ホショト部のチベット支配体制」『日本西蔵学会会報』第44号　1999年
- 東洋史研究会編『雍正時代の研究』同朋舎出版　1986年
- ドムチョクドンロプ『徳王自伝—モンゴル再興の夢と挫折』森久男訳　岩波書店　1994年
- 長尾雅人『蒙古学問寺』中公文庫　1992年
- 長尾雅人ほか編『岩波講座東洋思想11　チベット仏教』岩波書店　1989年
- 並木頼寿・井上裕正『世界の歴史19　中華帝国の危機』中央公論社　1997年
- 西嶋定生「総説」『岩波講座世界歴史４・古代４・東アジア世界の形成』岩波書店　1970年
- 西村成雄編『現代中国の構造変動３　ナショナリズム—歴史からの接近』東京大学出版会　2000年
- 朴忠錫・渡辺浩編『日韓共同研究叢書３　国家理念と対外認識　17—19世紀』慶應義塾大学出版会　2001年
- 橋本萬太郎編『民族の世界史５　漢民族と中国社会』山川出版社　1983年
- 濱下武志『近代中国の国際的契機—朝貢貿易システムと近代アジア』東京大学出版会　1990年

屋大学出版会　2004年
・片岡一忠『清朝新疆統治研究』雄山閣出版　1991年
・加藤聖文『満鉄全史—「国策会社」の全貌』講談社選書メチエ　2006年
・紙屋敦之『琉球と日本・中国』山川出版社・日本史リブレット　2003年
・河口慧海『チベット旅行記』講談社学術文庫　1978年
・川島真『中国近代外交の形成』名古屋大学出版会　2004年
・川島真・服部龍二編『東アジア国際政治史』名古屋大学出版会　2007年　▶この地域の国際関係史を専門的に学ぶのに適した教科書。
・菊池秀明『中国の歴史10　ラストエンペラーと近代中国』講談社　2005年
・岸本美緒『清代中国の物価と経済変動』研文出版　1997年
・岸本美緒・宮嶋博史『世界の歴史12　明清と李朝の時代』中央公論社　1998年
・キューン，フィリップ・A.『中国近世の霊魂泥棒』谷井俊仁・谷井陽子訳　平凡社　1996年
・コーエン，ポール・A.『知の帝国主義—オリエンタリズムと中国像』佐藤慎一訳　平凡社　1988年
・小島晋治・丸山松幸『中国近現代史』岩波新書　1986年
・小島毅『東アジアの儒教と礼』山川出版社・世界史リブレット　2004年
・小島毅『中国の歴史7　中国思想と宗教の奔流』講談社　2005年
・小島毅『近代日本の陽明学』講談社選書メチエ　2006年
・後藤多聞『遥かなるブータン—ヒマラヤのラマ教王国をゆく』ちくま文庫　1995年
・小松久男編『新版世界各国史4　中央ユーラシア史』山川出版社　2000年
・子安宣邦『「アジア」はどう語られてきたか—近代日本のオリエンタリズム』藤原書店　2003年
・坂元ひろ子『中国民族主義の神話—人種・身体・ジェンダー』岩波書店　2004年
・佐口透『新疆民族史研究』吉川弘文館　1986年
・佐口透『新疆ムスリム研究』吉川弘文館　1995年
・佐々木信彰編『現代中国の民族と経済』世界思想社　2001年
・佐々木揚『清末中国における日本観と西洋観』東京大学出版会　2000年
・佐藤慎一『近代中国の知識人と文明』東京大学出版会　1996年
・シャカッパ，W. D.『チベット政治史』貞兼綾子監修　三浦順子訳　亜細亜大学アジア研究所　1992年

参考文献

以下は入手・閲覧しやすい日本語の単行本を中心に選んでいる。本来ならば章ごとに整理するべきかもしれないが、それぞれの本にあらわれる問題意識は個別のテーマを超えて清、そして近代中国を考えようとしていることが多く、本書も時系列を超えて過去と現在のあいだを往復するような記述になったため、著者名の五十音順に配列した。興味を持たれた方は、文庫・新書・選書、あるいは『中国の歴史』（講談社）などシリーズ講座ものから入ってみるとよい。

- 安部健夫『清代史の研究』創文社　1971年
- アンダーソン，ベネディクト『想像の共同体—ナショナリズムの起源と流行』白石隆・白石さや訳　リブロポート　1987年　▶インドネシアを題材とした、ナショナリズムの形成を考えるうえで必読の論考。
- 石井米雄『上座部仏教の政治社会学—国教の構造』創文社　1975年　▶タイ政治史に関する専門書であるが、仏教と政治の関係を考えるうえで有益。
- 石橋崇雄『大清帝国』講談社選書メチエ　2000年
- 石濱裕美子『チベット仏教世界の歴史的研究』東方書店　2001年
- 井上章一『夢と魅惑の全体主義』文春新書　2006年
- 伊原弘・小島毅編『知識人の諸相—中国宋代を基点として』勉誠出版　2001年
- 入江曜子『溥儀—清朝最後の皇帝』岩波新書　2006年
- 上田信『中国の歴史９　海と帝国』講談社　2005年
- 臼井武夫『北京追想—城壁ありしころ』東方書店　1981年
- 内田知行・柴田善雅編『日本の蒙疆占領　1937—1945』研文出版　2007年
- 梅棹忠夫『文明の生態史観』中公文庫　1974年
- 梅棹忠夫『回想のモンゴル』中公文庫　1991年　▶「日本はアジアなのか、アジアは一つか」をめぐる、社会人類学からの問題提起。
- 王柯『多民族国家中国』岩波新書　2005年　▶中国の立場からみた「中華民族」のあらましを知るうえではよい。
- 大谷敏夫『清代政治思想史研究』汲古書院　1991年
- 岡田英弘『歴史とはなにか』文春新書　2001年
- 岡本さえ『清代禁書の研究』東京大学出版会　1996年
- 岡本隆司『属国と自主のあいだ—近代清韓関係と東アジアの命運』名古

西暦	近現代中国関連	その他の世界
1950	朝鮮戦争勃発。人民解放軍チベット進撃開始、翌年ラサ制圧	国
1956	毛沢東、百花斉放・百家争鳴を提唱。社会主義化加速	1951年、サンフランシスコ講和会議開催
1957	毛沢東、反右派闘争に転換、異論を封殺	
1958	大躍進で餓死者大量発生。青海・四川でチベット人の抵抗運動激化。台湾海峡危機	
1959	チベット動乱でダライラマ14世インド脱出	
1963	中ソ論争激化する	
1965	日韓基本条約締結	米軍、ベトナム北爆開始
1966	プロレタリア文化大革命発生	
1971	林彪事件（クーデタに失敗し逃亡中死亡）。国連代表権が中華人民共和国へ	
1972	ニクソン訪中。日中国交回復	
1975	蔣介石死去	1973年、第1次石油危機
1976	周恩来死去、追悼者と公安が衝突（天安門事件）。毛沢東死去。四人組逮捕。文革終了	
1979	韓国で朴正熙大統領暗殺。台湾で美麗島事件	米中国交回復。第2次石油危機
1980	韓国で光州事件発生	
1987	台湾で戒厳令解除。韓国で全斗煥大統領政権委譲宣言、大統領選挙実施	1986年、ソ連、チェルノブイリ原発事故
1988	蔣経国死去、後任総統に李登輝就任	
1989	チベット・ラサでの独立運動を鎮圧。北京での民主化運動、六・四事件（第2次天安門事件）で鎮圧	東欧革命。ベルリンの壁崩壊
1992	鄧小平、南巡講話を行う	1991年、ソ連邦が崩壊
1996	中国、台湾総統選挙に際しミサイル訓練	
1999	ベオグラードの中国大使館誤爆される	
2002	中国共産党、「三つの代表」論を掲げて階級政党から脱却	2001年、アメリカ同時多発テロ
2005	北京・上海で大規模な反日デモ	

西暦	近現代中国関連	その他の世界
	帝退位し清帝国滅亡。チベット・モンゴルの地位をめぐる英露との対立激化	
1913	ダライラマ政権とモンゴル、相互の独立を承認。チベットの地位をめぐるシムラ会議・モンゴルの地位をめぐるキャフタ会議開催	
1914	孫文、東京で中華革命党結成	第一次世界大戦（～18）
1915	日本、対華21ヵ条要求を行う。陳独秀ら『青年雑誌（のち新青年）』創刊。袁世凱、帝制運動を起こす	
1916	袁世凱、帝制を取り消す	
1917	民国、ドイツに宣戦布告	ロシア革命
1919	朝鮮で三・一独立運動起こる。パリ講和会議に反対する五・四運動発生。ソ連、カラハン宣言。孫文、中華革命党を中国国民党に改組	国際連盟発足。ヴェルサイユ条約調印
1921	中国共産党、上海で創立	
1924	第１次国共合作。モンゴル人民共和国成立	1923年、関東大震災
1926	中国国民党、北伐を決定し蔣介石を総司令に	
1927	蔣介石、上海で反共クーデタ、南京国民政府を樹立。中国共産党、南昌で蜂起	日本で金融恐慌
1928	済南事件発生（北伐軍と日本軍衝突）。北伐完了。張作霖爆殺される	
1931	満洲事変勃発	1929年、アメリカで株価大暴落、世界恐慌
1932	日本、満洲国を建国	
1934	中国共産党、長征へ。翌年陝西北部に到達	
1936	西安事件起こる（翌年、第２次国共合作）	二・二六事件起こる
1937	盧溝橋事件、日中戦争勃発、日本軍南京占領	
1938	国民政府、重慶へ遷都（重慶国民政府）	
1939	張家口に蒙古連合自治政府成立	第二次世界大戦（～45）
1941	真珠湾攻撃、太平洋戦争勃発	
1945	日本敗戦、台湾を中華民国に返還。国共内戦	ヤルタ会談、ポツダム会談開催
1947	台湾で二・二八事件発生	
1949	中華人民共和国成立	1948年、イスラエル建

西暦	近現代中国関連	その他の世界
1901	総理各国事務衙門を外務部とする。八ヵ国連合軍撤兵、北京議定書成る。李鴻章死去	イギリスのヴィクトリア女王死去
1902	日英同盟締結。満漢の通婚を承認。梁啓超、横浜で『新民叢報』を創刊。露清、東三省撤兵条約締結	アメリカ、中国人移民禁止法成立
1903	ロシア、東三省からの撤兵を中止。東清鉄道開業。ヤングハズバンド率いる英国軍、チベットへ侵入	
1904	日露戦争勃発。チベット軍とヤングハズバンド軍衝突、ダライラマ13世モンゴルに逃亡	
1905	ポーツマス講和会議。中国革命同盟会、東京で結成、機関誌『民報』発刊。科挙廃止。立憲準備本格化。チベット・モンゴルでの新政（脱仏教化）開始。考察政治大臣載沢ら、西洋・日本視察旅行出発。韓国、日本の保護国化	第１次ロシア革命。イランで立憲革命（～11）
1906	満鉄設立。清、日本の関東都督府・関東州設置に抗議。清、新官制と満漢不分原則施行	
1907	韓国で親日派の李完用内閣成立、ハーグ密使事件起こる。日露協約調印	
1908	清、9年後の憲法制定と議会招集を定める。『民報』発禁。光緒帝死去、翌日西太后死去、宣統帝溥儀即位。北京訪問のダライラマ13世冷遇される	オスマン帝国で青年トルコ人革命
1909	各省諮議局代表会議開催、国会早期開設要求高まる	
1910	チベットで新政への反発激化、ダライラマ13世インド亡命。満洲人の「奴才」自称廃止。民営の粤漢・川漢鉄道会社設立。日韓併合	大逆事件起こる。南アフリカ連邦成立
1911	責任内閣制を施行し軍機処廃止。鉄道国有化令公布され保路運動激化。辛亥革命起こる。北モンゴルの王公会議、清から独立する	
1912	中華民国成立。孫文が臨時大総統就任。宣統	

西暦	近現代中国関連	その他の世界
	題をめぐる交渉でリバーディア条約調印	
1880	曾紀沢、ロシアと再交渉。八重山の帰属と通商をめぐる日本との分島・改約問題立ち消えに。フランス、清の対越宗主権を否定	
1881	曾紀沢、ロシアとペテルブルグ条約締結	
1882	仏軍ハノイ占領、清仏間で局地戦。朝鮮で壬午事変勃発	アメリカ、中国移民排斥法成立
1884	李・フルニエ協定締結するもフランス履行せず、清仏間の全面戦争へ。新疆省建省。朝鮮で甲申事変、金玉均ら日本に亡命	
1885	日清両国、天津条約締結。ベトナム、フランスの保護国化。英国、巨文島を占領	福沢諭吉『脱亜論』発表
1886	英国の対ビルマ主権を清が承認する	
1887	英国巨文島撤退。チベット軍、シッキム越境	
1890	シッキムに対する英国の保護権確定	1889年、大日本帝国憲法発布
1891	ロシア、シベリア鉄道着工	
1893	朝鮮の東学が急進化。毛沢東生まれる	
1894	甲午農民戦争と日清戦争勃発。孫文、ハワイで興中会を創立する	
1895	下関条約締結。三国干渉起こる。康有為ら公車上書。強学会設立。台湾民主国成立。朝鮮で閔氏殺害事件発生	
1896	康有為ら上海で『強学報』刊行。朝鮮で『独立新聞』刊行。李・ロバノフ密約成る	
1897	朝鮮の高宗、皇帝に。国号を大韓と改称	
1898	英国、九龍を租借。戊戌の変法、西太后のクーデタで潰える	
1899	義和団による排外暴動が頻発する	ボーア戦争（～02）。
1900	義和団北京到達。八ヵ国連合軍北京入城。アメリカ国務長官ジョン・ヘイ、門戸開放宣言。ロシア、東三省占領。光緒帝と西太后、西安に逃亡	第1回ハーグ平和会議

西暦	近現代中国関連	その他の世界
1861	総理各国事務衙門設立。咸豊帝、熱河離宮で死去。穆宗同治帝即位、西太后が垂簾政治	アメリカ南北戦争（～65）
1862	陝甘回乱起こる	生麦事件起こる。アメリカ、奴隷解放宣言
1864	洪秀全自殺、太平天国滅亡。陝甘回乱、新疆へ波及。ロシアとタルバガタイ議定書締結、新疆の対露境界を画定。朝鮮で高宗即位、父・大院君の執政開始。東学の崔済愚、処刑	
1865	ヤークーブ・ベグ、新疆各地を制圧し、翌年ヤークーブ・ベグ王国成立	
1866	左宗棠、陝甘総督となり反乱鎮圧開始。平壌でアメリカ船シャーマン号襲撃される。フランス、宣教師殺害の報復で江華島を攻撃	
1868	杜文秀率いる雲南ムスリム反乱、昆明攻撃	1867年、大政奉還
1869	ロシアと北モンゴル周辺の境界を画定する	
1870	天津事件発生	
1871	ロシア、イリを占領（イリ問題）。朝鮮、江華島で対米交戦。日清修好条規締結	廃藩置県施行
1872	ヤークーブ・ベグ、ロシアと通商条約締結。雲南回乱の指導者・杜文秀自殺	福沢諭吉『学問のすゝめ』初編刊行
1873	同治帝親政。朝鮮で閔氏クーデタ	
1874	ヤークーブ・ベグ、英国と通商条約締結。日本、台湾に出兵。フランス、第２次サイゴン条約でベトナム南部を領有	
1875	同治帝死去、徳宗光緒帝即位。西太后の垂簾政治再開。左宗棠、陝甘回乱をほぼ鎮圧、さらに新疆を攻略。雲南でマーガリー事件発生。日朝間で江華島事件発生	
1876	芝罘協定締結。日朝修好条規締結	
1877	日本、琉球の対清朝貢を禁止。ヤークーブ・ベグ自殺	西南戦争起こる
1878	清、イリを除く新疆を回復する	
1879	日本、琉球処分断行。欽差大臣崇厚、イリ問	

西暦	近現代中国関連	その他の世界
	スト、天津に至るも三跪九叩頭を拒否し退去	
1820	嘉慶帝死去、宣宗道光帝即位。新疆でジハンギールの乱（～27）	
1823	アヘン積載船の入港やケシ栽培禁止	
1836	アヘン厳禁論と緩和論の争いが過熱	1833年、イギリス東インド会社の中国貿易独占を廃止
1838	湖広総督林則徐、アヘン厳罰論を支持、欽差大臣に任命され広州へ	
1839	雲南で漢人と回民衝突。林則徐、アヘンを焼却。アヘン戦争勃発	
1840	林則徐、両広総督となり対英貿易を停止。英国軍、広州を封鎖し戦争が本格化する	
1841	英国、香港島を占有し自由港とする	
1842	南京条約締結。魏源『聖武記』完成	
1843	魏源『海国図志』完成。洪秀全、拝上帝会の布教を開始する	
1844	対米望厦条約、対仏黄埔条約締結	
1845	雲南の漢回衝突激化。青海で牧地争い激化	
1846	キリスト教禁令を緩和する	
1850	道光帝死去。文宗咸豊帝即位。拝上帝会、広西の金田村で挙兵する	
1851	拝上帝会の洪秀全、太平天国を建国	
1853	洪秀全、南京を天京とし、天朝田畝制度制定	ペリーが浦賀来航
1854	曾国藩、湘軍を組織。ロシアのシベリア総督ムラヴィヨフ、黒龍江を下る	日米和親条約、日英和親条約、日露和親条約締結
1856	太平天国で内紛。広州で清の官憲、アロー号の英国旗を引き降ろし、アロー号戦争勃発	
1857	英仏連合軍、広州を占領する	
1858	露清両国、愛琿条約を締結、黒龍江以北をロシア領に。英仏米露と天津条約を締結	ムガール帝国滅亡
1860	清、天津条約の批准と実行を拒否。英仏連合軍、北京に入城し頤和園と円明園を破壊。北京条約締結。朝鮮の崔済愚、東学を創始	

西暦	近現代中国関連	その他の世界
	ーロッパ船の来航を広州に限定する	
1759	タリム盆地のホージャ家、清に帰順（ジュンガル・回部の平定完了＝新疆成立）	1762年、ロシアでエカチェリーナ２世が即位
1766	カスティリオーネ死去	
1768	ビルマとの戦闘で将軍・明瑞が戦死。辮髪を切る邪教、華中から華北へ波及する	クックの第１次南太平洋探検（～71）
1771	金川で再び反乱（～76）	
1772	『四庫全書』の編纂開始	
1778	『満州源流考』完成	1775年、アメリカ独立戦争（～83）
1780	パンチェンラマ６世、乾隆帝と対面する	
1782	『四庫全書』完成	
1786	朝鮮、西洋の学問を禁止する	1787年、寛政の改革（～93）
1788	グルカ、チベットに侵入する	
1789	清、ビルマの朝貢を認める	フランス革命始まる
1791	グルカ、再びチベットに侵入	
1792	フカンガ（福康安）、グルカを掃討してネパールに進攻。降伏したグルカの朝貢を承認。金瓶くじ引き制度制定。乾隆帝「御製十全記」を著し「十全老人」を自称する	
1793	英国使節マカートニー、熱河で乾隆帝に謁見	
1795	苗族の反乱が再燃	
1796	乾隆帝、退位して太上皇帝に。仁宗嘉慶帝即位。白蓮教徒の乱発生	
1799	太上皇帝（乾隆帝）死去。嘉慶帝親政	オランダ東インド会社解散
1801	朝鮮、キリスト教徒を大弾圧（辛酉の教獄）	
1802	ベトナムの阮福映、嘉隆帝と称し阮朝成立	
1803	阮福映、清への入貢にあたり国号「南越」を希望するも、清は越南と称させる	江戸幕府、英米の通商要求を拒否
1807	この年以後アヘン厳禁令が頻繁に発令される	
1810	モンゴルでの漢人入植・開墾禁止される	
1813	満洲人の漢人との通婚や漢姓使用禁止される	1812年、ナポレオンがロシアに遠征
1816	英印とネパールの紛争激化。英国使節アマー	

西暦	近現代中国関連	その他の世界
1712	清、長白山で朝鮮との境界を定める	
1716	『康熙字典』完成	享保の改革（～45）
1717	ジュンガルのツェワン・アラプタン、ラサを攻撃する	
1718	清のジュンガル征討軍、北京を出発	
1720	清軍、ジュンガル勢力をチベットから駆逐、チベットを版図に収める	
1722	康熙帝死去、世宗雍正帝即位	
1723	キリスト教布教厳禁、宮廷内以外宣教師追放	
1724	『聖諭広訓』頒布。チベット攻略の論功行賞に由来するロブサンテンジンの乱、鎮圧	
1725	ツェワン・アラプタン、清と和解する	ベーリング、北太平洋探検（～30）
1727	ロシアとキャフタ条約締結。ツェワン・アラプタン死去、後継者ガルダン・ツェリン、清と再対立	
1728	清、チベットの内紛を機に駐蔵大臣職を設置	
1729	呂留良事件で雍正帝、『大義覚迷録』を頒布	
1732	軍機処が成立する	
1735	ジュンガル、清に関係改善申し入れ。貴州の苗族土司、改土帰流に反対し反乱。雍正帝死去、高宗乾隆帝即位。『大義覚迷録』禁書に	
1739	清とジュンガルの境界が画定する	
1740	苗族の反乱、広西・湖南に拡大する	
1745	ガルダン・ツェリン死去、ジュンガルで内紛	1742年、英仏植民地抗争始まる
1746	漢人一般民の山海関以北への出関厳禁	
1747	チベット高原東部で金川の乱起こる	
1750	チベットで郡王ギュルメ・ナムギェル、反乱	
1751	チベット内政改革、ダライラマの下に4名のカルン（大臣）を置き権力を分散	フランスで『百科全書』刊行開始
1755	ジュンガル内紛。清はイリへ出兵。ジュンガルのアムルサナ、いったん清に降るも反乱	
1758	アムルサナ死去。清、ジュンガルを平定。ヨ	

西暦	近現代中国関連	その他の世界
	る。朝鮮に大挙侵入（丙子の胡乱）	
1639	呉三桂、遼東総兵官となる	1637年、島原の乱
1642	グシ・ハーン、征服地をダライラマ５世に寄進（ダライラマ政権成立）	イギリスでピューリタン革命（～49）
1643	ホンタイジ死去。世祖順治帝即位	
1644	李自成、西安で大順を建国し北京占領。崇禎帝自殺し明は滅亡。呉三桂、清に投降。順治帝、北京に遷都する	
1645	李自成自殺	
1646	清、張献忠を征討。明の残党、永暦帝を擁立	
1648	鄭成功、永暦帝に忠誠を示す	ウェストファリア条約締結
1652	順治帝とダライラマ５世、北京で対面する	
1657	呉三桂、雲南を征討する	
1659	鄭成功、江南攻略に失敗する	
1661	順治帝死去。永暦帝、ビルマから引き渡され翌年処刑。聖祖康熙帝即位。鄭成功は台湾に拠り、遷海令発令	
1669	フェルビーストの暦の正確さが証明される	
1672	ガルダン・ハーン、ジュンガル部長となる	
1673	呉三桂、清に反旗を翻し三藩の乱発生	
1681	清、三藩の乱を鎮圧する	1680年、徳川綱吉、将軍になる
1682	儒学者・顧炎武死去。ダライラマ５世死去	
1684	清、台湾を平定し福建省所属とする	
1688	ガルダン・ハーン、ハルハ部を攻略	
1689	清とロシア、ネルチンスク条約締結	
1690	康熙帝、ウランプトンでガルダンを破る	
1696	康熙帝、ジョー・モドでガルダンを大破する	1694年、ロシアでピョートル大帝の親政開始
1697	康熙帝、三たびガルダンを討ちガルダン死去、清は北モンゴル全体を版図に収める	
1705	ラザン・ハーン、ダライラマ摂政サンギェー・ギャムツォを殺害してチベット王に即位	1700年、北方戦争（～21）
1706	ダライラマ６世、北京へ連行中に死去	

年　表

西暦	明・清および周辺国	その他の世界
1368	朱元璋、明を建国。洪武帝を名乗る	
1392	高麗の李成桂、李朝建国、翌年国号を朝鮮に	
1401	朝鮮、明から冊封を受ける	
1443	朝鮮の世宗、ハングルを創始する	
1449	モンゴル、明の正統帝を拉致する(土木の変)	
1541	アルタン・ハーン、明に交易を拒否される	
1571	明、アルタン・ハーンと妥協	1558年、イギリスでエリザベス1世即位
1578	ソナム・ギャムツォ、アルタン・ハーンと対面しダライラマの号を贈られる	
1588	ヌルハチ、ジュシェン建州部を統一する	
1592	豊臣秀吉、朝鮮に出兵する	
1593	ヌルハチ、海西部などの連合軍を破る	
1598	朝鮮の李舜臣、豊臣軍を破る	
1600	マテオ・リッチ、北京に至る	イギリス東インド会社設立
1603	ヌルハチ、ヘトゥアラ（赫図阿拉）に遷都	江戸幕府開かれる
1608	遼東総兵官の李成梁、解任される	
1609	朝鮮、対馬の宗氏と通商を約する	
1616	ヌルハチ、後金国を建国する	1613年、ロシアでロマノフ朝始まる
1618	ヌルハチ、明への攻撃を開始する	三十年戦争（～48）
1619	サルフの戦いで後金軍、明軍を破る	
1621	ヌルハチ、遼陽に遷都する	1620年、清教徒の米国移住
1624	オランダ人、台湾にゼーランディア城を築く	
1625	ヌルハチ、瀋陽に遷都する	
1626	ヌルハチ死去、ホンタイジがハーンに即位	
1627	後金、朝鮮に侵入（丁卯の胡乱）	
1628	後金、モンゴルのチャハル部に出兵する	
1630	張献忠、陝西で反乱を起こす	
1632	李自成、河南で反乱を起こす	
1635	後金、元・伝国の印璽を入手する	幕府、日本人の海外往来を禁止
1636	ホンタイジ、国号を大清、元号を崇徳とす	

孫文（中山・逸仙） Sun Wen（Zhongshan・Yatsen）（1866～1925）

広東省出身の政治家。ハワイ華僑であった兄を頼ってハワイで学ぶ過程で、漢人の中国を積弱から救うためには満洲人を排除することが必要だと考え、1894年に興中会を創立した。それ以来、ロンドンで拉致されるなどの災難に遭遇しながらも、滅満興漢の革命を追求し、日本のアジア主義者たちと密接な関係を築いていった。その結果、日本は革命の根拠地となり、1905年には東京で中国革命同盟会が発足した。しかし、孫文が唱えるような広東からの革命構想は主流になりえず、華中革命論と鉄道国有化反対運動が結合した武昌での蜂起・辛亥革命も孫文が指導したものではなかった。それでも、孫文が中華民国臨時大総統に就任したのは、揺れ動く情勢や革命派内の対立の中で辛うじて孫文が知名度を誇る存在であったことによる。袁世凱に大総統を譲ったのちは下野して、1914年に中華革命党を組織し、世界的な社会主義運動の高まりの中で中国国民党へと改組、さらには国共合作を推進した。孫文の主張は「民権・民生・民族」の三民主義に集約されるが、彼の漢人第一主義と多民族国家の現実との落差はなかなか埋まらなかった。

革命論、そして社会主義諸思潮が急速に席巻する清末・民国期には影響力を失っていった。

袁世凱　Yuan Shikai（1859〜1916）　清末・民国初期の軍人・政治家。軍人を多く生んだ一族の出身で、早くから李鴻章の幕僚として才覚を現した。日本との対立が激化した1880年代以後、皇帝と李鴻章の名代として朝鮮政策に深く関与し、朝鮮国王の上位に位置する権力をふるった。日清戦争後は新式軍隊の整備を進めたいっぽう、康有為らが進める変法運動に賛同し「強学会」にも加入した。しかし戊戌の政変で保革間の緊張が高まると、急激な改革が逆に清を混乱に陥れかねないとみて保守派に寝返った。それでも、基本的には近代化を重視していた袁世凱は義和団の動きを鎮圧し、李鴻章の死後は彼の権益を継承して北洋軍閥の台頭を推し進めた。ただ、そのことはついに満洲人に警戒され、1909年に病気療養を理由に下野させられた。とはいえ、袁世凱の強力なイメージは少しも減退せず、新生・中華民国が孫文の指導力だけでは立ちゆかなくなった結果、大総統として推戴された。袁世凱の政治生命が決定的に傾くのは、1915年に山東半島権益をめぐる日本の対華21ヵ条要求を受け容れたことと、すでに時代錯誤と一般にとらえられていた帝制を画策したことによる。

梁啓超　Liang Qichao（1873〜1929）　広東省出身の政治家・思想家・ジャーナリスト。代表的ペンネームは「飲冰室主人」。科挙を目指して勉学に努めていた広東での青年期に康有為と知り合い、彼の思想から大きな影響を受けただけでなく、1895年の公車上書、そして1898年の戊戌の変法など、康有為を支えて改革を推進しようとする重要な役割を果たした。しかし、日本に亡命してからは康有為と異なり、日本語に翻訳された西洋の文献や、近代に直面した日本人の思索を膨大に読みこなしたうえで、『清議報』『新民叢報』といった自ら主宰するメディアを通じて、近代中国ナショナリズムの性格を今日に至るまで規定するさまざまな議論を提示した。とりわけ、明治日本の理念・精神を引き写しながら、優勝劣敗・生存競争の世を生き延びるにふさわしい「中国の歴史・国民・政治」の姿を模索し、それをできるだけ速やかに実現するために、まず少数のエリートが混乱を収拾し、多数の無知な民衆が近代的な国民に生まれかわるよう指導してゆく開明専制が必要であると説いた。辛亥革命後は袁世凱政権を支持したものの、対日政策の失敗や帝制運動をきっかけに袁世凱から離れ、時折公職・大学教職に就きながら最後までジャーナリスト・思想家としての本領を貫いた。

張への認識の甘さは、自国の領土・領海で日露が激突することへの局外中立宣言という屈辱にもつながった。こうした諸々の失策が、清末の革命運動を燃え上がらせ、とくに李鴻章ら満洲人皇帝につかえる官僚たちは「漢奸」と呼ばれることになった。

曾紀沢 Zeng Jize（1839～90） 1870～80年代に活躍した外交官で曾国藩の長男。少年期に太平天国の混乱に直面し、揺れ動く情勢の中で西洋近代的な知識・英語を含むさまざまな学問を学んだ結果、科挙には合格しなかったものの、1872年に父の侯爵位を継いで、西洋事情に明るい外交官として草創期の総理衙門外交を担った。とくに、1876年に初代駐英仏公使となった郭嵩燾の後継者として1878年にロンドンに赴任してからは、ベトナムをめぐる敵・フランスの内情把握に努めたほか、1880年には駐露公使も兼任し、新疆イリ問題をめぐるロシアとの再交渉・ペテルブルグ条約の締結に大きく貢献した。また、チベットや朝鮮をめぐる緊張も念頭におきながら、従来の版図や朝貢国と皇帝との関係を完全に近代的な国家主権・宗主権の関係へと切り替えなければならないと説いたり、中国は現在は眠っているが将来は必ず覚醒すると説くなど、日清戦争を控えた時期の清が近代国際関係の論理に適応してゆくにあたり不可欠な役割を果たした。曾紀沢の早過ぎる死は、その後の近代中国にとって巨大な損失であった。

康有為 Kang Youwei（1858～1927） 広東省出身の清末の政治家・思想家。科挙に合格した1895年に下関条約が結ばれ、義憤に駆られた康有為は、これまでの洋務の不十分さが対日敗戦を招いたと考え、徹底的な改革の推進と抗日を主張する「公車上書」を行い、一気に注目を集めた。しかし、抗日が不可能であるとみると、むしろ西洋近代文明を成功裏に導入した日本に学ぶことが得策であると考え、梁啓超らとともに変法・自強を推進、とくにその運動の母体となる「強学会」の設立にかかわった。そして1898年には、立憲君主制の実現を目指す急進改革である戊戌の変法に着手したものの、西太后のクーデタに遭遇して日本に亡命を強いられた。彼の主張は基本的に、古典の精神を現代に活かそうとする経世儒学に連なるものであるが、とくに『孔子改制考』では「孔子の本質は改革者である」と主張したほか、「大同書」では生存競争の世界が究極的には単一の調和ある「大同社会」へと向かうことを示し、当時のエリートに多大な影響を与えた。もっとも、政治体制の選択をめぐる康有為の主張は一貫して立憲君主制擁護、そして近代的な国民宗教としての孔子教の確立であり、である客家の出身で、貧困の中から立身出世を図るために科挙を何度も受験するも失敗。広東の港から徐々に入り始めたプロテスタントの教義に触れて新興宗教・拝上帝会を興した。拝上帝会は既存の神降ろしなどの民間信仰的性格を強めながら急進化し、唯一神である上帝への絶対的信仰と万人の平等を掲げて1850年に広西省金田村で挙兵、翌年太平天国を建国、1853年に南京を攻略して首都・天京とした。しかし、男女の隔離・集団生活や私有財産の放棄など、一般民衆には軍事共産主義的生活を強要したかげで、首脳陣の贅沢な生活や内訌を食い止めることはできず、太平天国を略奪団体、さらには無政府状態へと転落させ、最終的には武装した漢人士大夫率いる軍事力によって息の根を止められた。

西太后（慈禧皇太后） Xitaihou（Cixi Huangtaihou） 本名孝欽 Xiaoqin（1835〜1908） エホナラ（葉赫那拉）氏出身の咸豊帝夫人。同治帝の即位後、幼少の帝に代わり東太后・恭親王らとともに垂簾政治を行ったが、早くからさまざまな策を弄して自らに対抗する勢力を封じ込めた。いちおう、太平天国で疲弊した体制を経世儒学的な方法で立て直そうとした同治の中興と、西洋近代技術の導入＝洋務を認めたという点で、西太后の業績にはそれなりに大きなものがあった。しかし、海軍費を流用して頤和園の再建費用に注いだことや、1898年からの全面的体制改革＝戊戌の変法をクーデタで潰し、さらには排外と保守にこだわろうとして義和団の狼藉にお墨付きを与えるなど、その事績は、仏教を深く信仰する慈愛深き「老仏爺」の尊称とは裏腹に、清の命運を苦境に追い込んだ。

李鴻章 Li Hongzhang（1823〜1901） 安徽省出身の政治家。父親の李文安が曾国藩と親しい関係にあったため、早くから曾の恩寵を受けてエリートの道を歩み、太平天国の乱にあたっては淮軍を組織して鎮圧に功を立てたことで政治家としての存在感を不動のものにした。しかし、その後は目まぐるしく変動する情勢にじゅうぶん機敏に対応しえたわけではなく、むしろ数々の判断の甘さが清の命運を大いに傾けた。たとえば、洋務運動では、近代的な軍需工場や軍隊の整備に努め、自らも直隷総督として華北・華東を中心に権勢をふるうようになるものの、清仏戦争に際して北洋艦隊の出動を渋ったことは南洋艦隊の壊滅的打撃を招いた。また、1871年の日清修好条規締結を機に本格的にかかわった外交においても、琉球・八重山をめぐる交渉では日本の主権をみすみす認めただけでなく、朝鮮をめぐる交渉では袁世凱を使って朝鮮に過度の圧力をかけ、朝貢国朝鮮の怒りと日本の干渉ならびに日清戦争を招いた。また、ロシアの東方拡

魏源　Wei Yuan（1794～1857）　湖南省出身の歴史・地理学者。15歳で科挙の「秀才」号を得るほど才気煥発だった魏源はさらに儒学と歴史を深く学び、20代で当時のさまざまな政論を集大成した『皇朝経世文編』（賀長齢編）の編集に加わった。その後、北京で実施される科挙の「会試」では合格を逃したものの、内閣（公文書館）に職を得て各種の檔案や古今の史料を閲読する機会に恵まれただけでなく、龔自珍や林則徐といった知識人・官僚と密接なかかわりを持った。その結果魏源は、あらゆる面で行き詰まった19世紀半ばの清にあって、古典や史実の中に流れる精神や教訓を汲み取ろうとする経世儒学を花開かせる立役者となった。とくに、最大の著作である『聖武記』は、乾隆帝に至る清の歴代皇帝の事績と、彼らが造り出した版図を神聖化することによって、近代中国の領域的基盤を描き出しただけでなく、林則徐から得た海外情報を集大成した『海国図志』は当時の日本にはかりしれない衝撃をもたらし、明治維新とその後の近代東アジアの激動の起爆剤となった。筆者の私見では、魏源以来今日までが近代東アジア地域形成の時代であり、魏源こそが近代中国の祖である。

曾国藩　Zeng Guofan（1811～72）　湖南省出身の政治家。1838年に科挙で進士となったエリートであり、儒学の知識と伝統文化に篤く、主に礼部に属して礼典を司った。太平天国の乱が既存の「礼」をすべて破壊しようとしたことに対してはかりしれない危機感を抱いた曾国藩は、故郷・湖南の士大夫ネットワークを糾合し、儒学的な社会を防衛することを目指して湘軍（湘は湖南省の意）を組織し、1864年に太平天国が崩壊するまで討伐の最前線に立った。しかし、八旗ではない軍事力の台頭は満洲人たちに警戒されたため、その後は湘軍を解体し、初の近代的製鉄所設立など洋務運動の推進に邁進した。また、1870年の天津事件に際しては、万国公法と長期的な通商の利益に即した穏便な解決を指揮し、混乱を食い止めなかった天津当局者を処罰した。このような曾国藩の事績は、民衆の満洲人専制権力や帝国主義列強に対する抵抗を至上価値とする革命史観のもとでは「民族の裏切り者」の最たるものであり、長らく「漢奸首切り人」と呼ばれてきた。しかし、極端な宗教反乱や暴動による社会的な混乱を回避し、伝統と近代の調和や国際協調を目指す立場から見れば、道徳と胆力を兼ね備えた曾国藩の一生はむしろ模範的でもあり、今日の中国では評価が劇的に改まりつつある。

洪秀全　Hong　Xiuquan（1814～64）　1850年代の清を激しく揺るがした太平天国の指導者。華南の山岳部に多く住む漢人のサブ・エスニックじめ漢人の文化に強く親しみ、科挙を重視していたこともあり、朱子学関係の書物の流布に寛容であったが、それが同時に呂留良の尊明・反満思想の拡大にもつながり、雍正期に厳しい言論弾圧が行われる遠因にもなった。

世宗・雍正帝　The Emperor Yongzheng　本名胤禛　Yinzhen（1678～1735）　清の第5代皇帝。居ならぶ皇子たちの激しい後継者争いを生き残った雍正帝の性格は厳格きわまりないものであった。各地に派遣した総督・巡撫など、信頼できるごく少数の高級官僚と皇帝を機密性の高い書簡で結ぶ奏摺制度の設立や、迅速着実な政務処理のために八旗・科挙官僚を問わず良質のエリートを揃えた軍機処の創設など、清の政治体制は雍正帝のもとで確立したといえる。また、天命の名のもとにおいて反満思想を撲滅しようとした『大義覚迷録』の完成は、儒学・漢字文明中心の「東アジア」世界とチベット仏教・イスラーム中心の内陸アジア世界がひとつの帝国のもとに統合され「中外一体」となったことを宣言するものであり、その後の歴史にはかりしれない影響をもたらした。しかし、余暇と騎馬民族の団結のために行われる狩猟訓練を主催せずに早朝から深夜まで政務処理に没頭したことは、透徹した政治的資質の持ち主であった雍正帝の寿命を縮めた。

高宗・乾隆帝　The Emperor Qianlong　本名弘暦　Hongli（1711～99）　清の第6代皇帝。宿敵ジュンガルの滅亡と最大版図の実現に成功した乾隆帝は、帝国の全盛を表現するため北京の郊外で頤和園・円明園を、熱河離宮の周辺でチベット仏教寺院群「外八廟」を造営し、内陸アジアの諸民族はもとより各国の朝貢使節をも呼び寄せて栄華を誇示した。しかし、康熙・雍正と続いた「盛世」は彼の時期に爛熟を迎え、相対的に安定した時代が長続きしたことによる体制全体の緊張感の薄れが進み、それはとくに満洲・モンゴル人たちの華美な生活と実力の喪失へと結びついた。このため乾隆帝は、騎馬民族が独自性と実力を失えば体制が危機に陥ると考え、満洲人やモンゴル人が固有の言語や文化を保持するよう強要するいっぽう、民族差別的表現への弾圧を強めるなど、焦りを深めていった。それでも、晩年まで繰り返された遠征は苦戦や失態が続き、最終的には一握りの腹心たちの努力によって辛うじて「勝利」を得て「十全老人」を名乗ることができた。ただ、「十全」の名で最大版図を誇ろうとしたことは、のちに魏源が乾隆帝を輝く帝王として理想化することにもつながった。

主要人物略伝

太祖・ヌルハチ（奴爾哈赤） Nurhachi（1559～1626） 清およびその前身・後金の建国者。東北アジアの遼東から吉林を中心とした地域に居住していた騎馬民族・ジュシェン（女真）のうち建州部の出身で、アイシンギョロ（愛新覚羅）氏族に属する。撫順などの都市で行われていた明との毛皮交易を通じて次第に実力をつけ、ジュシェン内部の抗争を制してヘトゥアラ（赫図阿拉）に都を置いた。1616年になると後金を建国し、明への恨みを掲げて挙兵、1619年にサルフの戦いで明軍を打ち破った。そして1625年に瀋陽を都として盛京と称し、明に対抗する新興国家としての地位を不動のものとし、息子・ホンタイジも父の遺業を受け継ぎモンゴル諸部との統合を推し進めた。

ダライラマ５世 The Fifth Dalai Lama 本名ンガワン・ロサン・ギャムツォ（1617～82） チベット仏教ゲルク派（黄帽派）の最高位活仏。1578年の青海湖におけるソナム・ギャムツォ（ダライラマ３世）とアルタン・ハーンの会見で確実なものになったゲルク派のモンゴル諸部への拡大の流れを受けて、青海モンゴルのグシ・ハーンから今日のチベット自治区の主要部にあたる広大な征服地を寄進された。それを受けて、政教一致のダライラマ政権を創始、それまでの他宗派との対立を完全に制してポタラ宮殿の造営を進め、「偉大なる５世」と称された。その後、モンゴルとの密接な関係の延長で、ダライラマ５世は順治帝の招請を受けて北京を訪問したものの、雲南での茶馬貿易を通じて呉三桂と関係を深めたことが清の疑念を招いただけでなく、ジュンガルとの接近を図る摂政サンギェー・ギャムツォの存在もあり、清との関係は微妙なものであった。

聖祖・康熙帝 The Emperor Kangxi 本名玄燁 Xuanye（1654～1722） 清の第４代皇帝。明末清初から続いていた漢人地域での混乱を、鄭成功への圧迫（遷海令）や三藩の乱鎮圧などで完全に収拾したのち、モンゴルでの覇権をめぐるジュンガルとの抗争に親征、ウランプトンとジョー・モドの戦いでガルダンを破った。いっぽう、モンゴルをめぐって抗争したもうひとつの大国・ロシアとは、来京宣教師のラテン語能力を活用して交渉を進め、ネルチンスク条約を締結した。総じて、康熙帝は持ち前の軍事的智略を活かして対立勢力との抗争を有利に進め、清の拡大の基盤を固めるのに大きな功績を残した。文化政策的には『康熙字典』の編纂をは

〈ヤ行〉

〈ラ行〉

〈ワ行〉

〈ハ行〉

〈マ行〉

〈ナ行〉

〈タ行〉

索 引

「清」「漢人」「満洲人」など、本巻全体にわたって頻出する用語は省略するか、主要な記述のあるページのみを示した。
＊を付した語は巻末の「主要人物略伝」に項目がある。

〈ア行〉

〈カ行〉

本書の原本は、二〇〇七年一〇月、「興亡の世界史」第17巻として
小社より刊行されました。

平野　聡（ひらの　さとし）

1970年神奈川県生まれ。東京大学大学院法学政治学研究科博士課程単位取得退学。博士（法学）。現在，東京大学大学院法学政治学研究科教授。専門はアジア政治外交史。著書に『清帝国とチベット問題―多民族統合の成立と瓦解』（サントリー学芸賞受賞），『「反日」中国の文明史』など。

講談社学術文庫

定価はカバーに表示してあります。

興亡の世界史

大清帝国《だいしんていこく》と中華《ちゅうか》の混迷《こんめい》

平野《ひらの》　聡《さとし》

2018年1月11日　第1刷発行

発行者　鈴木　哲

発行所　株式会社講談社

東京都文京区音羽2-12-21　〒112-8001

電話　編集（03）5395-3512

販売（03）5395-4415

業務（03）5395-3615

装　幀　蟹江征治

印　刷　大日本印刷株式会社

製　本　株式会社国宝社

ISBN978-4-06-292470-2

「講談社学術文庫」の刊行に当たって

これは、学術をポケットに入れることをモットーとして生まれた文庫である。学術は少年の心を養い、成年の心を満たす。その学術がポケットにはいる形で、万人のものになることは、生涯教育をうたう現代の理想である。

こうした考え方は、学術を巨大な城のように見る世間の常識に反するかもしれない。また、一部の人たちからは、学術の権威をおとすものと非難されるかもしれない。しかし、それはいずれも学術の新しい在り方を解しないものといわざるをえない。

学術は、まず魔術への挑戦から始まった。やがて、いわゆる常識をつぎつぎに改めていった。学術の権威は、幾百年、幾千年にわたる、苦しい戦いの成果である。こうしてきずきあげられた城が、一見して近づきがたいものにうつるのは、そのためである。しかし、学術の権威を、その形の上だけで判断してはならない。その生成のあとをかえりみれば、その根は常に人々の生活の中にあった。学術が大きな力たりうるのはそのためであって、生活をはなれた学術は、どこにもない。

開かれた社会といわれる現代にとって、これはまったく自明である。生活と学術との間に、もし距離があるとすれば、何をおいてもこれを埋めねばならない。もしこの距離が形の上の迷信からきているとすれば、その迷信をうち破らねばならぬ。

学術文庫は、内外の迷信を打破し、学術のために新しい天地をひらく意図をもって生まれた。文庫という小さい形と、学術という壮大な城とが、完全に両立するためには、なおいくらかの時を必要とするであろう。しかし、学術をポケットにした社会が、人間の生活にとってより豊かな社会であることは、たしかである。そうした社会の実現のために、文庫の世界に新しいジャンルを加えることができれば幸いである。

一九七六年六月　　　　野間省一

森谷公俊著
興亡の世界史 アレクサンドロスの征服と神話
奇跡の大帝国を築いた大王の野望と遺産。一〇年でギリシアとペルシアにまたがる版図を実現できたのはなぜか。どうして死後に帝国がすぐ分裂したのか。栄光と挫折の生涯から、ヘレニズム世界の歴史を問い直す。
2350

森安孝夫著
興亡の世界史 シルクロードと唐帝国
従来のシルクロード観を覆し、われわれの歴史意識をゆさぶる話題作。突厥、ウイグル、チベットなど諸民族の入り乱れる舞台で大役を演じて姿を消した「ソグド人」とは何者か。唐は本当に漢民族の王朝なのか。
2351

杉山正明著
興亡の世界史 モンゴル帝国と長いその後
チンギス家の「血の権威」、超域帝国の残影はユーラシア各地に継承され、二〇世紀にいたるまで各地に息づいていた！「モンゴル時代」を人類史上最大の画期とする、日本から発信する「新たな世界史像」を提示。
2352

林 佳世子著
興亡の世界史 オスマン帝国500年の平和
中東・バルカンに長い安定を実現した大帝国。その実態は「トルコ人」による「イスラム帝国」だったのか。スルタンの下、多民族・多宗教を包みこんだメカニズムを探り、イスタンブルに花開いた文化に光をあてる。
2353

姜尚中《カンサンジュン》・玄武岩《ヒョンムアン》著
興亡の世界史 大日本・満州帝国の遺産
岸信介と朴正熙。二人は大日本帝国の「生命線」たる満州の地で権力を支える人脈を築き、戦後の日本と韓国の枠組みを作りあげた。その足跡をたどり、蜃気楼のように栄えて消えた満州国の虚実と遺産を問い直す。
2354

カルピニ、ルブルク著／護 雅夫訳
中央アジア・蒙古旅行記
一三世紀中頃、ヨーロッパから「地獄の住人」の地へとユーラシア乾燥帯を苦難と危険を道連れに歩みゆく修道士たち。モンゴル帝国で彼らは何を見、どんな宗教や風俗に触れたのか。東西交流史の一級史料。
2374

外国の歴史・地理

土肥恒之著
興亡の世界史 ロシア・ロマノフ王朝の大地
欧州とアジアの間で、皇帝たちは揺れ続けた。民衆の期待に応えて「よきツァーリ」たらんとしたロマノフ家の群像と、その継承国家・ソ連邦の七十四年間を描く。暗殺と謀略、テロと革命に彩られた権力のドラマ。
2386

栗田伸子・佐藤育子著
興亡の世界史 通商国家カルタゴ
前二千年紀、東地中海沿岸に次々と商業都市を建設したフェニキア人は、北アフリカにカルタゴを建国する。ローマが最も恐れた古代地中海の覇者は、歴史に何を残したか？ 日本人研究者による、初の本格的通史。
2387

小杉 泰著
興亡の世界史 イスラーム帝国のジハード
七世紀のムハンマド以来、イスラーム共同体は後継者たちの大征服でアラビア半島の外に拡大、わずか一世紀で広大な帝国を築く。多民族、多人種、多文化の人々を包摂、宗教も融和する知恵が実現した歴史の奇跡。
2388

原 聖著
興亡の世界史 ケルトの水脈
ローマ文明やキリスト教に覆われる以前、ヨーロッパ文化の基層をなしたケルト人は、どこへ消えたのか？ 巨石遺跡からアーサー王伝説、フリーメーソン、ナチス、現代の「ケルト復興」まで「幻の民」の伝承を追う。
2389

林 俊雄著
興亡の世界史 スキタイと匈奴 遊牧の文明
前七世紀前半、カフカス・黒海北方に現れたスキタイ。前三世紀末、モンゴル高原に興った匈奴。ユーラシアの東西で草原に国家を築き、独自の文明を創出した騎馬遊牧民は、定住農耕社会にとって常に脅威だった！
2390

氣《け》賀《が》澤《さわ》保規《やすのり》著（解説・上野 誠）
則天武后
猛女、烈女、女傑、姦婦、悪女……。その女性は何者か？ 大唐帝国繁栄の礎を築いた、中国史上唯一の女帝、その冷徹にして情熱的な生涯と激動の時代を、学術的知見に基づいて平明かつ鮮やかに描き出す快著。
2395

《講談社学術文庫 既刊より》